모험은 문밖에 있다

NOTE 1. 영국에서 통근 열차는 한국의 지하철, 버스와 비슷한 개념으로 볼 수 있습니다.
   2. 책 속의 QR 코드는 저자가 이 책을 쓰며 직접 경험한 마이크로 어드벤처 영상입니다.

For Lucy, Tom and Sarah

Originally published in English by HarperCollins Publishers Ltd under title:
MICROADVENTURES: Local discoveries for great escapes
Text © Alastair Humphreys, 2014
Photography © Alastair Humphreys except those noted below

pp.101, 317 © Shutterstock ; p.331 (maps) © 2009 Microsoft Corporation ; pp.336-7 ©
Geoff Waugh ; p.375(Figure of Eight and Bowline) © Andy Lidstone/Shutterstock ; pp.374-
5(Clove Hitch, Double Sheet Bend and Trucker's Hitch) © Yuttasak Jannarong/Shutterstock
; p.376 top left, bottom right, p.377 top left, top right, bottom right, p.379 bottom right ©
Paul Sterry/Nature Photographers ; p.376 top right, bottom left, p.377 middle left, middle
right, © Andrew Cleave/Nature Photographers ; p.377 bottom left © Laurie Campbell/Nature
Photographers ; p.379 bottom left © R.T.Smith/Nature Photographers ; p.379 top © Philip
Newman/Nature Photographers ; p.367 © Crown copyright 2011 / produced by the Met
Office (www.metoffice.gov.uk) / Contains public sector information licensed under the Open
Government Licence vi.o.

저녁 6시부터 다음 날 오전 9시까지 일상 속 마이크로 어드벤처

모험은 문밖에 있다

알리스테어 험프리스 사진, 글 · 김병훈 옮김

MICROADVENTURES

윌북

CONTENTS

모험이란
새로운 것을 시도하는 정신이며
편안한 영역에서 벗어나는 행동이다.
열정과 야망, 열린 마음
그리고 호기심에 관한 것이기도 하다

INTRODUCTION

2004년 나는 집을 떠나 아프리카에서 1년의 시간을 보냈다. 그때 모험에 완전히 매료되었다. 이후 모험을 쫓아 세계를 떠돌며 길 위에서 몇 년을 머물렀다. 전 세계 거의 절반의 나라에 가보았고, 지금도 여전히 모르는 지역을 탐험하고 싶어 몸이 근질거린다.

오직 노만 이용해 바다를 건넜고, 사막을 걸어서 횡단했으며, 자전거로 대륙을 일주했다. 재미있기에 했다. 고달프고 어렵기에 했다. 복잡하게 뒤엉키고 귀찮은 현대인의 일상보다는 모험이 여러 면에서 더 쉽다고 생각한

다. 나는 자연을 좋아하고, 지구 위 한적한 장소들의 적막한 아름다움을 사랑한다. 북적거리고 활기로 가득한 지구도 좋아하고, 길에서 우연히 마주친 70억 명 중의 한 사람과의 놀랍고 잊지 못할 만남도 좋아한다.

모험은 세계와 나 자신에 대해 많은 것을 가르쳐주었다. 예전의 나보다 더 많은 집중력과 목적의식, 안목을 갖게 해주었다. 그러나 모험하는 중간 중간 청구서를 결제하고 세금을 제때 내는 것을 잘하기까지는 또 몇 년이 걸렸다.

미지의 땅이 남아 있지 않은 영국을 1년간 여행하려고 했을 때 처음엔 좀 주저했다. 하지만 나는 소소하고 작은 모험을 하고 싶었다. '모험!' 했을 때 흔히 떠올리는, 경력에 쓸 만큼 거창한 모험을 생각한 게 아니었다.

나는 대부분의 사람들이 원하는 일만 하면서 살 수 있는 돈과 시간이 없다는 사실을 잘 안다. 하지만 이것이 모험을 제약하는 절대 요소가 아니라는 것을 지난 몇 년간 깨달았다. 그리고 모험을 통해 얻는 이익과 즐거움이 너무나 크기에 가능하면 많은 사람들과 공유하고 싶었다. 그동안 사람들과 SNS를 통해 소통하면서 몇 가지 분명한 깨달음을 얻었다. 첫째, 사람들은 모험을 원한다. 노스 요크셔 여성 기구에 속한 아주 고루해 보이는 사람들도 오지 이야기와 자연의 매혹을 즐긴다. 이들의 열정은 켄달 마운틴 영화제나 로열 지오그래픽 소사이어티에 고어텍스 복장으로 참여한 관객들과 비교해 절대 뒤지지 않는다.

둘째, 스스로를 '모험가'라는 싸구려 명함에 가두면 사람들과 거리감이 생긴다. 나는 이런 말을 수없이 들었다. "당신은 모험가지만 나는 그저 평범한 사람이거든요." 솔직히 이건 완전히 헛소리다. 나는 모험가지만 동시에 평범한 사람이다. 유일하게 다른 점이 있다면, 탐험을 위해 시간과 돈, 장비, 몸을 만들었다는 것뿐이다. 나는 절대 보통 사람들보다 더 강하거나 영웅이 아니다.

수많은 사람들이 모험을 즐기고 싶어 하고, 또 하고 싶어 한다. 하지만 동시에 자전거로 세계 일주를 할 정도의 여유 시간이나 돈은 없다고 생각한다. 모험은 모험을 위해서만 존재해서는 안

된다. 난 모험을 가로막는 장애물을 없애고 싶다. 그래서 태어난 것이 바로 '마이크로 어드벤처'다.

마이크로 어드벤처가 어떤 것인지 설명하기 전에 먼저 모험이 무엇인지부터 알아야 한다. 이런 정의가 중요한 이유는, 마이크로 어드벤처를 모험의 대용품으로 생각해서는 안 되기 때문이다. 결코 그렇지 않다. 마이크로 어드벤처는 진짜 모험이다.

모험은 사람마다 다른 의미일 수 있다. 분명한 것은 모험이란, 새로운 것을 시도하는 정신이며 편안한 영역에서 벗어나는 행동이다. 열정과 야망, 열린 마음 그리고 호기심에 관한 어떤 것이기도 하다. 꼭 사막을 횡단하거나 산을 등정하는 것만 모험이 아니다. 언제 어디서나 할 수 있는 것이며, 단지 어떤 마음으로 하느냐에 달린 것이다.

> 모험은 우리 주변 어디에나 있고, 언제나 있다.
> 경제적으로 힘들수록 자연 속으로 들어갔을 때 더욱 활력을 얻을 수 있다.
> 오히려 그 어느 때보다 중요하다.

항상 거창한 모험을 할 수는 없지만(현실의 책임과 한계는 분명히 있다) 마이크로 어드벤처는 언제라도 할 수 있다. 황야나 아름다운 경치를 찾으러 굳이 지구 반대편으로 날아갈 필요가 없기 때문이다. 모험은 스스로 정신적, 육체적 또는 문화적으로 확장하는 행위다. 평소에 하지 않던 일을 하는 것이고, 스스로를 끝까지 몰아붙여 능력의 한계를 발휘하는 것이다. 그렇다고 프로가 될 필요도 없고, 전문적으로 훈련 받을 필요도 없다. 게다가 꼭 부자가 아니어도 된다.

마이크로 어드벤처는 집 근처에서 할 수 있는 작은 모험이다. 비용이 적게 들고, 간단하며, 걸리는 시간이 짧으면서도 매우 효과적이다. 하지만 규모가 큰 모험의 핵심(도전, 재미, 일탈, 체험, 배움, 흥분)은 고스란히 담겨 있다. 단지 모험하는 시간이 주말로 압축되거나 주중에 사무실을 잠깐 벗어나는 형태로 바뀌는 것일 뿐이다. 대도시에 사는 사람들일지라도 '작은 자연'에서는 그리 멀리 떨어져 있지 않다.

이 책에 나오는 모험은 누구나 할 수 있다. 아무리 바쁘고, 한 번도 산에 올라본 적이 없는 사람이라도 할 수 있다. 어린이나 장애가 있어도 도전할 수 있는 것들이 있다. 대도시에 사는 사람에게 모험이라고 하면 아마 유콘(캐나다 북서부의 오지-옮긴이)이나 파타고니아(칠레 남단 지역-옮긴이) 같은 데서만 가능한 것이라고 생각할지도 모른다. 그래서 어렸을 때는 주말 캠핑을 열심히 했다가도 성인이 된 후 스스로 포기하고 주말엔 잔디나 깎고 있을지 모른다. 이 책이 여러분을 정중하지만 확실하게 사로잡아 예전처럼 강과 노을이 주는 기쁨을 재발견할 수 있게 뒤흔들어 놓기를 바란다. 자연 속에서 지친 영혼의 활력을 되찾기를.

이 책은 과거 자전거를 타고 석양이나 바다를 향해 무작정 달리기를 좋아했지만 지금은 그렇게 할 수 없는 사람들을 위한 것이다. 더 큰 프로젝트를 준비하는 미래의 모험가와 자신이 사는 동네 주변을 더 많이 알고 싶은 노련한 모험가, 그리고 큼직한 도전들 중간의 공백을 못 참고 몸이 근질거리는 모험가들을 위한 책이다. 자녀가 있거나 고양이를 키우면서 직업을 가지고 현실을 사는 사람들을 위한 책이다. 탐험 책을 좋아하고 모험을 동경하지만 너무 바쁘거나 너무 나이가 많아서, 너무 살이 쪄서 또는 너무 도시화되어 모험을 할 수 없는 사람들을 위한 책이다. 그리고 함께 모험을 하길 원하는 가족들을 위한 것이다. 조금 바보처럼 느껴질지라도 가끔씩 야외에서 불을 피우고 일상에서 벗어난 밤을 보낼 수 있는 남편과 아내를 위한 책이다.

여기까지 읽고 나서 책장을 덮고
창밖으로 보이는 먼 언덕을 동경 어린 눈빛으로 바라봤다면,
이 책은 바로 당신을 위한 것이다. 당신이 누구든, 이 세상 어디에 살든 말이다.

　여기에 실린 모험은 영국을 기준으로 하고 있다. 하지만 아이디어와 정신은 세계 어디서든 적용 가능하다. 런던을 중심으로 쓴 이유는 단지 하나다. 내가 지금 여기 살고 있기 때문이다. 이건 아무 문제도 되지 않는다. 어디서든 참고하거나 따라할 수 있도록 주의 깊게 선별했다. 이 책은 현실의 장벽과 관념의 장애물을 없애고, 합리적이지만 게으른 변명을 그치도록 도와준다. 오랜 시간이 걸리는 큰 목표에 짓눌리지 않고, 먼 여행을 위한 작은 첫발을 뗄 수 있게 해준다.

　지난 천 년 동안 인간은 자연을 파괴하였다. 요즘에는 자연을 보호하고 보존하며 복원하는 일에 열정적인 사람들이 점차 많아졌지만 한때 이 땅을 뒤덮고 있던 숲은 이미 사라졌다. 수천 개의 강은 댐으로 가로막히거나 물길이 강제로 돌려졌고, 혹은 매립되었다. 이 책으로 인해 사람들이 자연 환경에 대해 좀 더 관심을 갖기를 바란다.

어느 날 아침, 조용하고 블랙베리가 가득한 곳에서 새끼 여우들이 뛰노는 것을 보았다. 그곳은 한때 영국에서 가장 분주했던 도로였다. 자연의 복원력과 다양성을 보여주는 사례였다. 잠시 시간을 내어 정원이나 공원에서 조용히 집중하면 새들이 힘차게 노래 부르는 것을 들을 수 있다. 서리 내린 밤, 산 위에서 침낭의 아늑함 속에 있으면 비록 발아래는 가로등과 도로로 빛나더라도 바람은 언제나처럼 싱그럽고 신선할 것이고, 별을 보면서 보내는 밤은 마법처럼 소중할 것이다.

여기에 극단적인 모험은 없다. E11 수준의 암벽 등반이나 5등급의 급류 타기, 혹은 글래스고 소키홀 스트리트의 토요일 밤 외박(어떤 난리가 벌어지는지 믿지 못할 것이다) 같은 것들 말이다. 영국의 '익스트림 어드벤처'나 '가장 놀라운 대자연' 같은 것도 싣지 않았다.

마이크로 어드벤처는 보통 사람들을 위해 보통 장소에서 벌어진다. 그리고 이것이야말로 가장 위대하고 놀라운 점이다.

이 책에서 나는 거의 야외에서 잠을 잤다. 대부분 캠핑장이 아닌 곳이었다. 나는 1,000번도 훨씬 넘게 야외에서 밤을 보냈는데, 그중 10번 정도만 '갖춰진' 캠핑장에서 잤다. 잉글랜드의 가장 높은 산봉우리 위에서 새해 첫날밤을 보냈고, 여름 한 주 동안 영국 북단을 돌아다니며 산꼭대기와 해변, 강둑, 심지어는 바닷가 수영장 바닥과 하수도 파이프(깨끗한 곳이었다)에서 잠을 잤다! 그래서 나는 야외에서 자는 것이 얼마나 쉽고 재미있으며 또 보람 있고 상쾌한지 잘 알지만, 한편으론 한 번도 이런 경험을 한 적이 없는 사람에게는 두려울 수 있다는 것도 이해한다. 이 책이 자극제가 되기를 바란다. 책의 맨 뒤에 보다 쉽게 마이크로 어드벤처를 시작할 수 있는 팁과, 모험을 위해 꼭 알아야 할 일반적인 팁들을 수록하였다. 이것만 있으면 여러분은 집 근처에서도 매우 많은 모험을 즐길 수 있을 것이다. 단지 '진짜' 시도하기만 한다면 말이다. 다음에 소개하는 4가지 단계는 모험에도 그렇지만 다른 어떤 일이라도 적용하면 핵심을 얻을 수 있는 방법이다.

1. 크게 생각하라. 마음을 움직여 상상력을 발현하라.
2. 작게 생각하라. 시작을 위해 가장 먼저 해야 할 첫 단계를 정해라.
3. 작게 시작하라.
4. 단, 정말 시작하라!

이 책의 목표는 하나다. 만약 여러분이 화장실에 앉아 책 속 멋진 사진들만 휘리릭 보고 끝내거나 즐겁게 읽긴 했지만 책을 내려놓은 후 그냥 계속 다른 일을 한다면 실패다. 진짜 목표는 내가 경험한 체험담을 풍성하게 전달해서 읽은 여러분들이 직접 하고 싶은 열망에 차게 만들고, 결국엔 실제로 새롭게 아이디어를 내고 모험을 시작하도록 만드는 것이니까.

야외로 나가기를 바란다! 지금까지 한 번도 산 위에서 자본 적이 없는 사람이라면 한 번만 진짜 시도해보길. 산을 오르고 강물에 뛰어들며 별 아래에서 자보자.

혼자서든 친구와 함께든 작은 모험에 나서자. 부모나 아이들 또는 사무실의 동료들과 함께라도 좋다. 짧고 흥미로우며 보람찬 모험을 바로 현관문 앞에서 찾을 수 있다. 이것이야말로 평범한 사람들의 모험을 가로막는 장애물을 제거하는 가장 좋은 방법이라고 믿는다. 여러분과 나 같은 보통 사람도 집 근처에서 기발한 모험을 찾아낼 수 있다는 것을 보여주자. 너무 바쁘거나, 스트레스를 받거나, 진이 빠지고 지쳤다면, 또는 자신이 모험과 어울리지 않는 사람이라는 생각이 든다면 이 작은 계기를 통해 뭔가를 분명히 얻을 것이다.

앨러스테어 험프리스
마이크로 어드벤처, 바쁜 사람들을 위한 재생의 버튼
#microadventure

01

하루 모험

지갑만 들면 바로 준비 끝이다.
문을 열고 바깥으로 나가자. 이
제 시작이다.

소요 시간 ⋯⟶ 하루
장소 ⋯⟶ 사는 곳 어디나
난이도 ⋯⟶ 쉬움
필요 장비 ⋯⟶ 지도, 나침반

파티나 강연장에서, 또는 이메일이나 모르는 사람에게 항상 듣는 말이 있다. "언젠간 진짜 엄청난 모험을 하고 싶어요. 하지만 지금은 시간이나 돈도 없고, 체력 준비도 안 됐고, 장비도 아직 제대로 갖추질 못해서…."

상황에 따라 이유는 제각각이지만 핵심은 하나다. "한번은 꼭 모험을 하고 싶어. 하지만 불행하게도 지금은 때가 아니야."

이렇게 생각하고 있다면 차라리 하늘의 별들이 일렬로 정렬되는 것을 기다리는 편이 더 빠를 것이다. 여러분이 갈망하는 엄청난 모험이 어느 날 갑자기 시작되는 일은 결코 없을 테니까. (조금 거칠게 말한다면) 충분한 돈과 시간이 생길 때까지 기다리는 것은 완전 바보짓이다.

시간은 변명일 뿐이다.
모험이 너무 거창하게 느껴져서 시작하기 힘들다면
너무 작아서 모험이라고 부르기도 민망한 하루짜리부터 시작하는 건 어떨까?

'하루라고? 말도 안 돼!'

그렇게 생각한다면 내 말을 들어보시길. 모험을 하려고 복권에 당첨될 필요는 없다. 지금 필요한 것은 그저 엉덩이를 드는 것뿐. 바로 시작하는 것이다. 이 책은 일상 가운데 모험을 원하지만 현실이 막고 있다고 느끼는 사람들을 위한 가이드북이다. 부디 모험을 시작하는 데 작은 동력원이 되길.

우리가 하는 것을 '마이크로 어드벤처(작은 모험)'라고 부르기로 하자. 할 수 있다면 즉시 해야 한다. 내일은 시작하기에 가장 좋은 날이다. 작게 시작하되 정말로 시작하자.

　간단하다. 지갑만 들면 바로 준비 끝. 문을 열고 바깥으로 나간다. 그럼 시작인 것이다. (하지만 이 문장이 책 전체에서 가장 실천하기 힘든 미션일 것이다.) 그리고 열차에 오른다. 이런 모험을 자전거로 하면 좋다. 훨씬 많은 것을 볼 수 있기 때문이다. 걷는 것도 한 방법이다.

　어쨌든 집에서 50킬로미터 정도 떨어진 한 역을 무작위로 골라 편도 티켓만 끊는다. 50킬로미터는 자전거로 도전하기에 충분히 먼 거리면서 따로 체력 준비를 하지 않아도 하루에 완주할 수 있기 때문이다. 무리라면 더 짧은 거리도 상관없다. 하지만 꼭 떠나긴 해야 한다. 바로 이것이 핵심이다! 제안한 방법이 힘들다면 더 쉬운 길을 찾으면 된다. 반대로 너무 쉽다면 좀 더 힘들게 만들면 된다. 스스로 상황에 맞게 변형시키면 되는 것이다.

　목적지에 도착하면 (자전거를 가지고 왔다면 자전거에 올라) 집으로 향하는 것이다. 여기서부터 집으로 가는 여정이 바로 모험의 시작이다. 집으로 올 때는 나침반이나 현재 위치를 알려주는 스마트폰 앱을 사용하면 좋다. 어떤 길로 가야할지가 아닌 방향을 제시해주니까.

도중에 예상치 못하게 만나는 구불길이나 갈림길에서 본능적으로 내리는 결단은 뜻밖의 재미를 준다. 집까지 명확한 길을 알려주는 지도를 따라가는 것과 달리 미지의 지형을 거치기 때문에 훨씬 더 흥미롭다. 하지만 너무 힘들다면 지도를 보거나 내비게이션을 활용하면 된다. 이 책에서 소개하는 어떤 아이디어도 자신의 상황에 맞게 수정하시길.

예전에 나는 출발한 후 집으로 돌아오는 데만 4년이 걸린 적이 있다. 지금 제안한 이 하루에는 지난 수년간 내가 라이딩으로 경험한 대부분의 도전과 장애물, 보람이 들어 있다. (마주치는 곰의 수는 훨씬 적겠지만.) 이렇게 가다 보면 허기가 져서 거리낌 없이 길가 음식점에 들러 간식을 먹는 즐거움을 경험할 수 있고, 예전에는 결코 본 적 없는 것들을 볼 수 있다. 얼굴에 미소를 띠고 천천히 달리면 새로운 사람들을 만나 흥미로운 대화를 나누게 되고 세상과 자신에 대해 미처 몰랐던 점을 발견할 것이다. 마침내 집에 도착하면 지치고 여기저기가 아프고 배도 고플 것이다. 하지만 특별하고 보람 있는 하루였을 것이다.

나는 여러분이 더 이상의 것도 해낼 수 있다는 것을 깨닫고 실천하기를 진심으로 바란다. 이제 모험을 향한 문을 열었다. ♨

자전거를 끌고 집 밖으로 나서게 해줄
또 다른 아이디어들

- 국내에서 가장 큰 성당이나 경기장, 새로운 식당, 가장 오래된 박물관을 찾아간다.
- 예고 없이 친구 집까지 자전거를 타고 가서 함께 점심을 먹는다.
- 마라톤 코스(42.195킬로미터)를 자전거로 달린다. 현재 마라톤 세계 기록은 남자 2시간 3분, 여자는 2시간 15분이다.
- 집에서 가장 가까운 오래된 나무를 찾아간다. 인터넷으로 '집 근처 고목'을 찾아본다. 스코틀랜드는 2,000살 먹은 포팅걸 주목이, 웨일스는 랭거뉴 주목, 잉글랜드는 앵커위키 주목이 가장 오래되었다.
- 센튜리(100마일=160킬로미터를 의미—옮긴이) 라이딩을 한다. 먼저 자전거로 하루 동안 편안하게 달릴 수 있는 최대의 거리를 왕복한다. 그리고 160킬로미터를 목표로 매주 조금씩 거리를 늘린다. 차츰 늘린다면 얼마든지 가능한 일이다.
- 단체 라이딩에 참가한다. 인터넷을 검색하면 바로 찾을 수 있다.

 ## 지오캐싱

지오캐싱은 GPS를 이용해 전국 수천 군데 지도상의 특별한 지점에 숨겨져 있는 작은 상자를 찾는 것이다. 이는 한 번도 가본 적 없고, 갈 일도 없는 장소로 갈 수 있게 해주는 흥미로운 방법이다. 상자 안에는 사인할 수 있는 일지와 가끔은 다음에 올 사람과 교환할 물건이 들어 있다. 특히 아이들이 전원 속을 흥미롭게 돌아다니게 만들 수 있는 정말 좋은 방법이다.

인터넷으로 지오캐싱을 검색하면 전 세계에 걸쳐 숨겨진 백만 개 이상의 지오캐시 좌표를 발견할 수 있다. 만약 너무 쉽게 느껴진다면… 국제 우주 정거장에 있는 지오캐시를 찾으러 가는 건 본인의 선택이다.

달밤의 산책

——

도시의 끝에서 어둠은 두드러진다. 달밤의 하늘은 땅보다 훨씬 밝다.

——

소요 시간 ···▸ 하루 저녁
장소 ···▸ 집 근처
난이도 ···▸ 쉬움
필요 장비 ···▸ 손전등,
예비 배터리, 카메라 삼각대

　어두워지면 세상은 완전히 다른 세계로 변한다. 아무리 온화한 경치라도 야생의 느낌을 준다. 감각이 살아나고, 상상력은 마구 날뛴다. 고정된 관점에 변화를 주는 방법 중 하나는 아주 잘 아는 장소를 밤에 다시 가보는 것이다.

　보름달은 걷기에 충분한 조명이고, '부드러운 은색 빛이 은은하게 번질 때'는 탐험하기에 좋은 시간이다.

> 달밤의 들판을 걸으면 우리가 얼마나 자연과 동떨어져 살고 있는지, 특히 도시에서는 얼마나 충분한 어둠을 경험하지 못하고 있는지 확실하게 알 수 있다.

　이것이 바로 내가 동지와 하지, 춘분과 추분, 그리고 매달 있는 보름날을 감사하게 생각하는 이유다. 이런 날들은 TV 화면에서 흘러나오는 무감각한 빛과 오렌지색 가로등을 넘어 저 멀리 어디선가 일어나는 조수의 움직임, 계절의 변화에 눈을 돌리게 해준다. 모험을 삶의 한 부분으로 만들려면, 가장 중요한 것은 관점을 바꾸는 것이다. 익숙하고 지루한 장소라도 야생과 모험을 찾을 수 있다. 더 많이 볼수록 더 많은 것을 발견할 것이다.

어느 날 밤, 나는 추수기의 달빛에 기대어 집 근처를 탐험하기로 했다. 추수기 달은 9월 추분 즈음에 나타나는 보름달이다. 이는 내가 두 번째로 좋아하는 보름달이다. 내가 가장 좋아하는 보름달은 슈퍼 문으로 다른 어떤 보름달보다 지구와 가까워서 훨씬 크게 보인다. (블루 문도 좋아하지만 매우 드물다. 어쩌다 한 번, 정말 어쩌다 한 번 볼 수 있다.)

모든 보름달은 일몰 즈음에 뜨고, 추수기에만 만월 상태가 며칠 계속된다. 보통 때는 보름달 직전의 달만 하이킹에 도움이 된다. 다른 때는 달이 너무 늦게 뜬다. 이유를 설명하려면 너무 많은 전문 지식이 필요해서 여기서는 이렇게 말하는 것으로 충분할 것이다. 추수기의 보름날 즈음 밤에 나가는 것이 특히 좋다고. 달이 떠오르는 것도 볼 수 있을 것이다. 지평선 가까이에서 뜨면 정말 볼 만하다.

밤에 나섰다고 해서 딱히 거창한 계획을 할 필요는 없다. 계획은 단순할수록 실제로 시행하기 좋다. 나는 아주 쉬운 계획을 세웠다. 철도 노선을 따라 마을을 벗어나 들판을 가로지르며 걷다가 충분히 걸었다고 생각되면 근처 역에서 열차를 타고 집으로 되돌아오는 것이다.

시내에서 출발한 것은, 도시와 시골은 밤에 어떤 느낌일지 둘다 경험하고 싶었기 때문이다. 도시는 거리의 불빛이 세상의 어둠과 생생한 아름다움을 삼켜버린다. 나는 달이 뜨는 동쪽을 향해 걸었다. 지평선에서 달빛이 보였다. 달이 하늘로 떠오름에 따라 지붕과 굴뚝은 검은 실루엣으로 변했다.

어두워지면 다른 감각이 튀어나온다. 예민해진 감각은 방금 주차한 차의 엔진에서 발산되는 열기를 느끼고, 개를 데리고 스쳐 간 남자의 샴푸 냄새도 맡는다. 조용하고 텅 빈 주택가로 들어서자 멀리 있는 고속도로의 낮은 소음이 들려왔다. 열차가 지나갔다. 나는 발길을 멈춰 멀어져가는 열차 소리에 귀를 기울였고, 뒤이어 그 철길을 따라 갔다. 중간 중간 사진을 찍었다. 때문에 속도가 아주 느렸다.

밤에 사진을 찍으려면 시간이 오래 걸린다.
삼각대와 긴 노출 시간이 필요하기 때문이다.
삼각대를 세우고 수동으로 초점을 맞춘 다음 노출을 위해 30초 정도 기다린다.

이때는 조용히 멈춰야 한다. 나를 둘러싼 세상을 보다 주의 깊게 살펴보는 게 좋기 때문에 이 순간이 즐거웠다.

술집 앞에 서 있던 한 여자가 그런 나를 지켜보고 있었지만 그녀가 조용히 "멋진 사진!" 하고 말하기 전에는 알아채지 못했다. 그녀도 친구들을 술집에 두고 담배를 피우러 혼자 밖으로 나와 달을 즐기고 있었다. 나도 웃으면서 "즐거운 담배!" 하고 대꾸해 주었다.

도시의 끝에서 어둠은 두드러졌다. 주택과 거리의 불빛이 끝나고 앞에는 텅 빈 들판의 돌연한 어둠만이 있다. 그건 '야생'이라고 표현해도 지나치지 않았다. 달은 이제 겨우 지평선에서 손바닥 정도 솟아올랐다. 구름이 재빠르게 둥글고 풍만한 달을 가로지른다. 달 높이가 손바닥 정도면 월출 이후 1시간 정도 걸었다는 뜻이다.

이번 산책의 핵심은 달빛을 즐기고, 밤의 이질감과 불확실성을 껴안는 것이다.

나는 들판으로 들어섰다. 경계를 넘어 다른 세상으로 접어든 것이다. 하지만 손전등은 켜지 않았다. 어둠과 정적에 적응하는 데 잠시 시간이 걸렸다. 하지만 쟁기질을 한 들판을 걸으면서 눈이 적응하기 시작했다. 머리 위의 비행기는 조용히 별자리를 쓸듯이 하늘을 가로질렀다. 하늘은 땅보다 훨씬 밝았고, 들판 가장자리에는 색 바랜 근교의 하늘 위로 나무가 검게 솟아 있었다. 가만히 서서 충분히 오랫동안 달을 지켜본다면 하늘을 가로질러 더 높이 솟아오르는 움직임도 볼 수 있다. 길가에서는 곤충들이 울어댔고, 토끼 한 마리가 뛰어갔다. 특히 놀란 것은 내가 토끼의 빠른 발자국 소리를 '들었다'는 것이다. 예전에 나는 토끼를 소리로 '들어본' 적이 없다.

들판을 지날수록 한층 더 어둠을 즐기게 됐다. 적막한 밤바다를 표류하는 것 같았다. 낮 동안 책상 앞에서 지낸 내게 완벽한 해독제였다. 마음속에서 들끓는 마구 헝클어지고 짜증스런 기분도 말끔히 씻어내주었다. 그날 밤은 따뜻했고 산들바람이 불었으며 나는 좁은 길을 따라 사람들 눈에 띄지 않게 집과 농장을 지나는 조용한 산책을 즐겼다.

처음에는 30킬로미터 정도 떨어진 역에 가서 마지막 열차를 타고 집으로 돌아오는 것을 목표로 잡았지만 막차 시간 전에 도착할 만큼 그렇게 멀리 갈 수 없다는 것을 알고 그냥 느릿느릿 걸었다. 그래서 바로 다음 역에 도착했을 때 모험을 끝내고 집으로 향하는 열차를 탔다. 출발점으로 얼마나 빨리 다시 돌아왔는지 내가 이렇게 조금 걸었나 싶어 놀랐다. 하지만 지나치게 친숙하고 익숙해서 따분했던 풍경에 대한 새로운 관점을 얻었다. 이건 정말 쉬우면서도 눈이 확 뜨이는 방법이었다. 나는 이 보름달 경험을 좀 더 자주 하자고 스스로에게 약속했다.

익숙한 장소를 새로운 관점으로 보는
또 다른 아이디어들

출근할 때 다른 길로 가거나, 살고 있는 지역의 '5대 사파리 챌린지' 같은 것을 구상하자.
- 포유류 : 뒷산에서 다람쥐 찾기
- 조류 : 동네에서 참새를 찾거나, 길거리 비둘기 떼의 이동 경로 관찰하기
- 나비 : 봄이 되면 흰나비 말고 호랑나비 찾기
- 파충류 : 도시에도 뱀이 있다. 없으면 대신 비 오고 난 후 가장 큰 지렁이 찾기

03

크리스마스에
집까지 걷기

———

나는 꽉 막힌 도로 위에 있기보
다 차라리 집까지 걷기로 했다.

———

소요 시간 ⋯ 상황에 따라
장소 ⋯ 현재 위치에서
크리스마스를 보낼 장소까지
난이도 ⋯ 중간
필요 장비 ⋯ 민스파이,
산타 모자와 점퍼, 헤드 랜턴

크리스마스를 앞둔 날, 가족과 함께 시간을 보내려는 사람들로 전국의 도로가 붐볐다. 크리스마스는 가장 사랑스런 시간이고, 나라 전체도 가장 즐겁고 따뜻한 온기가 가득할 때다. 나는 축제를 즐기고픈 마음을 꽉 막힌 길 위에서 폭발 직전까지 밀어붙이기보다 차라리 집까지 걸어가기로 했다.

나는 켄트에서 크리스마스를 보낼 생각이었다. 당시에 나는 런던의 아파트에 살고 있었지만, 때때로 켄트에 다녀왔다. 대단한 장거리도 아니고 경치 좋은 여정도 아니지만 평소처럼 자동차를 운전해서 가거나 열차를 타기보다 걸어가고 싶었다. 그렇게 가는 것은 작지만 흥미로운 도전이 될 것이다. 보너스로, 새로운 추억과 크리스마스에 어울리는 식욕을 얻어서 도착하게 될 것이라는 점도 한몫했다.

무작정 힘들게 걷고 싶지만은 않았다. 목적지에 도착하는 것만이 목적이 아니다. 그래서 걸으면서 이야기를 해보기로 했다. 걷는 동안 실시간으로 여정을 트위터에 올리는 것이다. 과연 이스트 런던을 가로지르는 나의 여정에 관심을 가질 사람이 있을지는 모르겠지만. 🌸

현관문을 나선다. 크리스마스를 보내러 집까지 걸어간다.
먼동이 튼다. 복스홀의 MI6 도로를 걸어서 지난다.
출근하는 사람들이 자전거를 타고 휙휙 스쳐간다. 음, 나도 자전거를 탈 걸 그랬나?
빅벤이 오전 8시를 알린다. 오늘 아침 런던 거리는 조용하네.
〈참 반가운 신도여(O Come, All Ye Faithful)〉 트럼펫 연주가 템스 강 위

를 흐른다.

2시간 정도가 지났다. 커피를 마시러 잠시 멈춘다. 힘들지도, 시간에 쫓기지도 않는다!

지금은 타워 브리지. 런던의 상징물을 지나간다.

잿빛 하늘 잿빛 지구. 이스트 런던은 오늘 좀 우울하다.

카나리 워프에 도착. 한때 잘 나가는 번화가였는데.

루이섬은 크리스마스 분위기가 별로 느껴지지 않는데?

어슬렁거리는 남자들에게 내가 그리 약하지 않다는 것을 보여주기 위해 빤히 쳐다봤다.

한 여인이 짖고 싶어 안달이 난 개를 끌고 거리를 내려간다.

그리니치 동반구로 들어선다.

민스파이를 먹고 그리니치 공원을 지난다. 이번 산책에서 나무와 녹지는 정신적으로 도움이 된다.

런던 마라톤이 출발하는 블랙히스 커먼. 한때 노상강도로 매우 위험했던 곳!

블랙히스 동쪽 A207 지역에 맥도날드가 있던가? 배가 고프다.

지금은 그린 체인 워크. 흙길에 축복 있으라.

슈터스 힐에서 오랫동안 멈추다. 여기서부터는 내내 내리막이기를.

아주 긴 내리막. 자전거를 위한 왕국!

출발 이후 5시간째 걷고 있다. 처음으로 양과 들을 본다. 굿바이 런던!

크리스마스를 보내기 위해 집으로 가는 로만 로드를 걸어 내려간다.

음식! 너무 좋아!

두 할머니에게 손을 흔든다. 활짝 웃음. 저분들 나를 좋아하나?

오늘 밤 미트 래플(술집에서 마련하는 고기 뽑기 게임—옮긴이)이 있을 술집을 지난다.

다트퍼드가 가까워진다. 벌써 황혼이 지는 시간. 엷은 빛만이 남았다.

소방관이 어린이 자선 모금을 하고 있다. 런던을 출발한 이후 처음 보는 축제 모습이다.

이번 도보 여행에서 모든 종류의 패스트푸드점을 만난 것 같다. 영국이

살찐 것은 이상한 일이 아니다.

\# 런던에서 7시간 반을 걸었고, 꽉 막힌 M25 고속도로를 건넜다.

\# 블루 워터, 한시적인 물질주의의 메카.

\# 성공! 런던에서 켄트까지 9시간 반을 걸었다. 이제는 쉴 시간!

🔍 짧은 도보 모험을 위한 또 다른 아이디어

- 저녁 모임이 끝난 후 집까지 뛰어가기. 나는 마라톤 훈련을 할 때, 밤에 외출하는 날이면 종종 뛰어서 돌아왔다. 외박을 하거나 친구 집에서 저녁을 먹은 후 런던 거리를 뛰는 것을 좋아했다. 때로 운동 효과를 내기엔 조금 취했을 때도 있지만.
- 부모님의 출생지를 찾아간다.
- 집 주변을 일주하는 여행을 한다.
- 출퇴근 방식을 바꿔본다.
- 모노폴리 게임 보드에 있는 거리나 지금 사는 지역의 모든 골목을 자전거로 달린다.

04

주말 모험

———

비밀은 바로 빨리 일어나는 것이다. 빨리 일어나면 더 높이 올라갈 시간이 생긴다.

———

소요 시간 ⇢ 주말
장소 ⇢ 집에서 몇 시간
거리 이내의 장소
난이도 ⇢ 상황에 따라
필요 장비 ⇢ 친구

모든 주말과 법정 공휴일, 뱅크 홀리데이(영국에서 은행이 쉬는 휴일-옮긴이)를 합치면 1년에 130일 정도 된다. 날씨는 맑지만 몸이 아픈 날과 국가 대항전 A매치가 열리는 날은 제외한 날수다. 이는 상당히 긴 시간이다. 130일이면 인도양을 노를 저어 횡단할 수 있고, 아프리카를 자전거로 갈 수도 있다. 물론 문제는 130일이 연결된 것이 아니라 흩어져 있다는 것이지만. 평범한 직업을 가졌지만 모험 정신이 있다면 이 시간을 소파에 앉아 보내거나 오디션 프로그램을 시청하면서 허비할 것이 아니라 주말을 최대한 활용해야 한다.

아쉽게도 나는 자연에서 아주 멀리 떨어져 산다. 하지만 토요일 점심 때쯤이면 웨일스의 언덕에 서서 신선한 공기를 호흡하며 햇살이 비치는 브리스톨 가도를 내려다보고, 내리막 MTB 코스에서 전율을 맛본다.

비밀은 바로 빨리 일어나는 것이다. 빨리 일어나면 더 높이 올라갈 수 있는 시간이 생긴다. 물론 감당할 수도 없는데 무조건 바보처럼 일찍 일어나라는 말은 아니다.

수면 시간을 줄이는 만큼 대신 아름다운 곳에서 황홀한 시간을 갖게 된다. 이건 아주 공정한 거래다. 그러니 빨리 일어나시길.

어두울 때 아침을 먹어야겠지만 그렇다고 법석을 떨 필요는 없다. 그냥 간단한 식사 후에 조용히 나가면 된다.

멀리 가기엔 주말이 너무 짧다고 불평하기 전에 이 이야기를 들어보시길. 내가 아는 어떤 산악회 사람들은 금요일에 퇴근하면 밤새 스코틀랜드로 달려가 토요일 새벽이면 하이랜드(스코틀랜드

의 고원 지대—옮긴이)에 도착한다. 주말에 등산을 하고, 다시 밤을 새워 출근 전인 월요일에 돌아오는 것이다. 거의 2,000킬로미터에 달하는 여정이다. 이처럼 주말에도 많은 것을 할 수 있다.

이날 나에게는 세 가지가 있었다.
학창 시절부터 만난 오랜 친구와 자동차 지붕에 실려 있는 자전거.
그리고 아이 같은 웃음과 낡은 농담으로 넘치는 차 안.

우리는 새벽에 런던을 출발해 M4 고속도로를 곧장 달렸고, 늦은 아침에는 에이펀 숲 공원의 질척한 길을 자전거로 달리고 있었다. 그곳은 런던에서 100만 킬로미터는 떨어진 것처럼 느껴질 정도로 완전히 다른 곳이었다. 몸이 젖고 진흙투성이가 됐으며 배도 고프고 추웠다. 하지만 우리는 오후 내내 웃고 즐겼으니 멋진 경험이었다.

바로 이런 것이다. 이 모험은 그다지 힘들거나(우리 셋 다 달리기를 포기했다) 특이하지 않았고 캠핑도 하지 않았다. 하지만 핵심은 이것이 아니다. 판에 박힌 생활에서 벗어나 새로운 것을 시도한 주말이었다는 것이다. 만약 캠핑이 번거롭거나 걸림돌로 느껴진다면 생략해도 된다. 민박집에서 자고 술집에 가도 괜찮다.

뭔가 색다르고 흥미로운 아이디어와 취미를 시작하기 위해 필요하면 뭐든 해도 좋다. 단, 주말 시간밖에 없기 때문에 모험은 불가능하다고 생각하는 실수만 절대 저지르지 마시길. 가능한 시간, 가진 용품과 돈, 기술을 최대한 활용하자. 큰 모험은 나중에 하면 된다. 작게 시작하고, 당장 이번 주말부터 시작하자. 뭔가 일을 만들자. 🔥

🔍 주말 모험을 할 또 다른 아이디어

- 잘 설계된 산악자전거 코스를 갖춘 MTB 파크에서 자연을 즐긴다.
- 코스티어링(바닷가 절벽을 오르내리고 수영으로 해안선을 따라 도는 스포츠-옮긴이)은 해안 절벽을 탐험할 수 있는, 흥미롭고 도전적이며 즐거운 스포츠다. 인터넷에서 함께 할 수 있는 동호회를 찾아볼 수 있다.
- 트레일 워커(걷기 행사-옮긴이) 같은 주말에 열리는 자선 단체 활동에 참가한다.
- 주말을 위해 지금껏 해본 적 없는 일의 맛보기 코스를 인터넷으로 찾아본다. 등산, 카약, 항해, 사진, 탐조 여행, 버섯 채취 등.
- 모험으로 가득 찬 주말에 익숙해지면 훨씬 더 대담해질 것이다. 누구 주말에 몽블랑(프랑스에 있는 유럽 최고봉. 높이 4,807미터-옮긴이) 오를 사람?

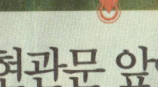

현관문 앞에서
비박하기

———

머리 위쪽에 있는 나무는 부드
러운 바람에 바스락거렸다. 나는
별과 위성을 헤아렸다.

소요 시간 ⋯→ 하룻밤
장소 ⋯→ 정원
난이도 ⋯→ 쉬움
필요 장비 ⋯→ 이불과 베개
이동 수단 ⋯→ 필요 없음

나는 바빴다. 너무 바빠서 도저히 멀리까지 모험하러 갈 시간이 없었다. 마이크로 어드벤처에 대해 쓰느라 바빠서 마이크로 어드벤처를 할 수 없는 아이러니라니. 컴퓨터 위로 흐르는 시간과 날들이 점점 쌓였다. 그동안 밖에서는 봄이 여름을 향해 뜀박질하고 있었다. 날씨는 나빴다. 세상은 축축한 담요 같은 잿빛 구름에 덮여 생기를 잃은 채 적막했다.

하지만 이런 때도 잘 살펴보면, 정말 잘 살펴보면 변화를 알아챌 수 있다. 제비는 아프리카에서 돌아왔고, 나무는 천천히 그러나 분명하게 잎으로 채워지고 있었다. 모든 것은 여름을 예고하고 있었다. 나 역시 뭔가 해야만 했다.

어제 저녁은 조용하고 건조했다. 비와 바람이 그친 것을 보고 나서야 그것을 눈치 챘다. 창밖의 하늘은 어두웠다. 하루가 다 가도록 나는 책상에서 일을 했고, 잘 시간이 되어 일을 멈췄다. 나는 잘 준비를 했다(파자마, 내의, 요강⋯). 아침이면 다시 컴퓨터로 돌아가 또 하루 종일 쓰겠지.

매일 반복하는 일. 갑자기 햄스터 쳇바퀴 같은 따분한 일상에서 벗어나 짧게라도 뭔가 다른 것을 해보자는 생각이 들었다.

나는 침낭과 헤드 랜턴을 꺼내고 베개와 책 한 권을 쥔 다음 정원으로 나갔다. 조금 바보같이 느껴지긴 했지만 탐험용 침낭에 들어가 잔디밭 위에 누웠다. 이 침낭에서 수많은 밤을 보냈지만, 내 집 정원에서 부드러운 베개와 함께는 아니었다. (괜찮다면 이불을 사용해도 된다.)

그 참신함 하나만으로도 신선하고 즐거웠다. 책을 읽으려고 했지만 밤은 집중을 막는 방해물로 가득했다. 나이팅게일이나 올빼미 울음소리 외에도 밤은 예상보다 시끄러웠다. 머리 위쪽에 있는 나무는 부드러운 바람에 바스락거렸다. 별과 위성을 헤아려보았다. 만약 비가 내리면 젖은 밤을 견디기보다 바로 집 안의 침대로 뛰어가면 된다는 편안한 마음이 들었다.

날이 밝아 눈을 떴는데, 집 정원에서 잤다는 것을 깨닫고는 크게 웃었다. 어릴 때 이후 이런 적이 없었다. 평소 아침보다 더 편안하고 즐거운 느낌이었다. 그래서 그대로 누운 채 몇 분 동안 봄 경치와 소리를 즐겼다. 그리고 정원에 햇빛이 들자 나는 자리에서 일어나 장비를 챙겨 들고 아침을 먹으러 집으로 들어갔다.

간단하지만 색다른 야외 활동을 위한 또 다른 아이디어

- 주말에 야외에서 아침 식사를 한다. 캠핑용 스토브를 들고 숲이나 공원으로 나가 베이컨 샌드위치와 신선한 커피를 마신다.
- 추운 겨울 따뜻하게 차려 입고 정원에서 저녁을 먹는다. 얼마나 낯선 일인지 즐긴다.
- 체육관 대신에 공원에서 운동한다. 푸시업과 버피, 파틀렉과 플랭크, 언덕 오르내리기는 환상적인 운동이다. 힘든 빕 테스트를 대비해 mp3에 음악을 받아둔다. 이 행동이 구경꾼에게는 굉장히 낯설어 보일 것이라는 점은 염두에 두길.
- 나처럼 야간 불빛 공해로 가득한 곳에 살고 있다면(달리 말해 도시에 살고 있다면) 어두운 하늘이 보이는 곳으로 가서 별로 가득한 밤하늘이 얼마나 감동적인지 느껴본다. 인터넷으로 밤하늘 지도와 관측 모임을 찾아본다.
- 해먹이 있고 나무에 안전하게 묶을 줄 안다면 나무 위에서 자는 것도 매우 재미있다.
- 정원이 없다면 건물의 옥상도 괜찮은 장소가 된다.

06

퇴근 후부터
출근 전까지
짧은 여행

—

작은 호수의 잔잔한 수면에서 잠시 수영할 시간은 충분했다. 그 다음에는 역 구내 카페에서 따뜻한 차 한 잔과 베이컨 샌드위치를 먹었다.

—

소요 시간 ⋯ 16시간
장소 ⋯ 가까운 산
난이도 ⋯ 중간
필요 장비 ⋯ 침낭,
비비백, 칫솔
최적 시기 ⋯ 평일 퇴근 후

우리는 모험을 갈망하지만 오전 9시부터 오후 5시까지는 직장에 있어야 한다(한국의 경우는 오후 6시—옮긴이). 하지만 그다음 시간은? 우리에게는 저녁에 퇴근한 후 다음 날 아침까지 16시간의 찬란한 자유 시간이 있다. 그런데 우리는 오전 9시부터 오후 5시까지만 하루로 보고 나머지 시간은 허비하는 경향이 있다. 이런 생각을 뒤집어보자. 그 나머지 시간을 최대한 많은 활동으로 채우는 것이다.

물론 인생은 이보다 훨씬 복잡해서 야근을 해야 할 수도 있고 저녁 약속이나 그밖에 다른 일이 생길 수도 있지만 여기서는 가장 최소한으로 생각해보자. 오후 5시부터 오전 9시까지 어떤 모험을 할 수 있을까? 내가 생각하는 최선은 고양이와 아이들, 그리고 배우자를 위해 저녁을 챙겨준 다음 산으로 떠나는 것이다. (물론 밤에 아이들만 고양이랑 저녁을 먹도록 남겨두라는 건 아니다. 아이들을 함께 데려가면 정말 좋아할 것이다.)

당일치기 여행을 떠날 때 나는 주로 열차를 타는데 밤에 떠날 때도 마찬가지다. 누군가에게 어디로 가고 언제 돌아오는지만 말해주고 그냥 떠나는 것이다!

그래서 어느 날 나는 배낭을 꾸리고(준비물 리스트는 책 뒤쪽의 Tip 7 참조) 산이 많은 가까운 시골을 향해 오후 5시 열차에 올랐다. 열차가 점차 속도를 높이면 지도를 펴놓고 계획을 짠다. 열차로 1시간 반쯤 걸린다면 그동안 하룻밤을 보낼 적당한 장소를 찾을 시간이 충분하다. (갈수록 나는 야외에서 자는 데 매우 익숙해졌다. 여러분이 처음 시도할 경우 Tip 5를 보면 자신에게 맞는 장소를 찾는 데 도움이 될 것이다.) 모험이 제2의 본성이 되기 전까지 계획은 미지

의 장소로 향하는 불안감을 줄이는 데 도움이 된다.

시골에 도착한 후 편안한 옷으로 갈아입었다. 입고 온 옷은 배낭에 쑤셔 넣은 다음 가까운 산을 오르기 시작했다. 어느새 어두워졌지만 개의치 않았다. 어두울 때 산을 오르는 것은 재미있다. 소리와 냄새에 한층 민감해져서 더욱 흥미롭다. 온화한 봄 저녁이었는데, 실바람이 부는 정상에서 배낭을 벗었을 때 땀에 젖은 등이 서늘해졌다.

부드러운 풀밭 위에 침낭과 비비백(침낭이 젖지 않도록 감싸는 방수포, 침낭이 없을 때 침낭 대용으로 사용할 수 있다—옮긴이)을 폈다. 산 아래 저 멀리 어둠 속에는 작은 마을의 불빛이 띄엄띄엄 흩어져 있었다. 나는 모든 따분한 것들에서 떠났다. 저 아래에는 다른 세계가 있다. 정상의 경치를 즐기기 위해 아침을 기다려야 하는 것이 좋았다.

어두운 밤이었고, 별은 밝게 빛났다.
매우 고독했지만 그것은 혼자라기보다 자유로운 느낌이었다.

날씬한 초승달을 올려다보았다. 시간은 밤 9시 반을 지나고 있었다. 나는 침낭 속으로 파고들어가 잠이 들었다.

다음 날, 일출에 맞춰 눈을 떴다. 침낭에서 머리를 내밀고 일어나 주변을 돌아보았다. 나도 모르게 미소가 퍼졌다. 평소에는 드문 일이다. 내게 인사하는 풍경이 침실보다 훨씬 재미있어서 웃음이 나왔다.

이런 평일 모험이 너무 소박해 의미 없게 느껴질 수도 있지만 새벽의 세상은 정말 아름다웠다. 창백하고 흐릿한 빛으로 온통 뒤덮여 있었다. 나는 신선한 냄새를 맡았다. 이 모든 것을 온전히 나 혼자 누리고 있었다. 외롭고 서늘한 새벽은 놀라운 시간이었다. 산꼭대기에서 자기로 한 결심이 옳았음을 증명하는 순간이다. 정말 일찍 일어나야 했지만 어떤 5성급 호텔보다 훨씬 더 완벽한 경치를 바라보며 세상의 꼭대기에서 생기를 되찾았다. 물론 마이크로 어드벤처가 만병통치약은 아니다. 모험이 현실의 문제와 불행을 해결해주지는 않는다.

하지만 이런 순간들은 정말 특별한 힘을 준다. 비록 동네의 낮은 산이라고 해도 햇살이 퍼지는 아침을 느끼며 산꼭대기에서 일어나는 것은, 한 순간이라도 세상을 균형감 있게 보게 하고, 잘 살고 있다는 생각을 들게 한다.

이번 작은 모험은 '단지 잠깐이라도'가 포인트다. 제시간에 일하러 가야 하니까! 나는 침낭을 챙겨 들고 산을 뛰어 내려가기 시작했다. 풀밭 언덕을 뛰어가며 다리가 워밍업 되는 느낌을 즐겼다. 달리기를 좋아하기 때문에 운동 겸 뛴 것이었지만 열차도 제때 타야 했다. 작은 호수의 잔잔한 수면(추웠지만 눈부시게 아름다웠다)에서 잠시 수영할 시간은 충분했다. 그다음에는 역 구내 카페에서 따뜻한 차 한 잔과 베이컨 샌드위치(즐겁지만 뜨거웠다)를 먹었다.

하지만 통근 열차는 이 모든 느낌을 망쳐버렸다. 너무 덥고, 지나치게 비싸며, 너무 붐볐다. 열차 안에서 나는 은빛으로 은은한 일출의 적막 속에서 잠을 깬 것과 호수에서 수영한 기억이 오랫동안 남을 것임을 알았다.

산꼭대기에서 자는 것은 저렴하고 직접적인 마이크로 어드벤처다. 더 만족스럽고 쉬운 다른 방법을 아직 나는 모르겠다. 물론 출근할 때 조금 후줄근할 수도 있다. 특히 출근복을 베개로 사용했다면 더욱. 하지만 이건 작은 대가일 뿐이다. 다른 동료들에게 무심한 듯 시크하게 어젯밤에 무슨 재미있는 일을 했는지 한번 물어보라. 🔥

🔍 퇴근 후 하룻밤 여행을 위해 가볼 만한 영국의 산들

영국 날씨는 변덕스럽기 때문에 대비할 장비를 충분히 갖춰야 한다.
- 벤로어스 : 먼로 산에서 가장 높은 봉우리로, 아름답지만 유럽에서 가장 넓은 습지 평원인 플로 컨트리의 한가운데 고립되어 있다.
- 트러반 : 웨일스 콘위
- 카다이르 이드리스 : 웨일스 귀네드, 수영할 수 있는 아름다운 호수도 있다.
- 디츨링 비콘 : 잉글랜드 이스트 서섹스
- 워세스터셔 비콘 : 잉글랜드 몰번 힐스

그러나 가장 좋은 산은 집 근처에 있는 산이다. 그래야 실제로 가기 쉽다. 등산이 힘들다면 들판이나 동굴, 눈구덩이, 묘지 아니면 심지어는 집의 정원에서 자도 좋다. 이 장은 책 전체에서 가장 중요하다. 마이크로 어드벤처의 진수를 담고 있기 때문이다. 그러니 꼭 시도해보시길. 이런 경험을 하고 집으로 돌아가면 일상 속의 작은 것들에 대해 예전보다 감사하게 느끼게 된다. 만약 침대에서 잘 수 있는 것만으로도 정말 행복한 일이라는 걸 알게 된다면, 축하한다! 정말 좋은 걸 깨달은 거다.

🔍 늦지 않고 출근 시간에 맞춰 가는 요령

이런 여행을 할 때 보다 여유로울 수 있는 몇 가지 방법을 소개한다.
- 구글에서 '일몰'을 쳐서 현재 지역의 일몰 시간을 알아둔다. 그러면 이번 모험이 얼마나 오랫동안 어둠 속에서 진행될지 알 수 있다. 일몰 시간 자체는 좋은 것도 나쁜 것도 아니지만 알아두면 도움이 된다.
- 마찬가지로 일출 시간을 알아둔다. 일출 시간 약 30분 전부터 밝아진다.

- 저녁에 얼마나 법석을 떨든지 그건 상관이 없다. 잠 잘 시간은 충분하니까. 하지만 아침에는 제시간에 열차를 타야 한다. 이론적으로는 배낭에 침낭을 넣고 신발을 신은 다음 출발하면 된다. 하지만 처음 하는 사람이 이 일을 하는 데 얼마나 오래 걸리는지 나는 볼 때마다 매번 놀란다.
- 아침에 제때 열차를 타기 위해 가장 안전한 방법은, 일어날 수 있는 가장 이른 시간에 알람을 맞춰놓는 것이다. 여름이라면 아무리 일찍 일어나도 빛이 있어서 새로운 경험을 음미할 시간을 벌기 좋다.
- 열차를 타야 한다면 음식을 요리하거나 뜨거운 음료를 만들어 먹지 않는다. 예상보다 항상 더 오랜 시간이 걸린다. 아침 식사는 산을 내려간 다음에 해결한다.

07

출퇴근길의
모험

내가 발견한 것을 나조차 믿을
수가 없었다. 초록빛으로 젖은
들판 사이로 개울이 조용히 흐르
고 있었다.

소요 시간 ⋯ 퇴근 후 저녁
장소 ⋯ 출퇴근길
난이도 ⋯ 쉬움
필요 장비 ⋯ 가방, 데오도란트

　매일 수백만 명의 사람들이 일터로 출퇴근을 한다. 대부분 출퇴근은 지루하고 비용과 시간을 잡아먹는 하루 일과다. 어쩔 수 없지만 가끔씩 날씨가 너무 좋거나 아니면 매일 반복되는 일상으로 너무 우울할 때가 있다. 그때가 바로 마이크로 어드벤처를 시도할 기회다.

　아마도 일터까지 매일 같은 길로 갈 것이다. 생각해보자. 이 길에 대해 정말 잘 아는가? 얼마나 많은 것을 보는가? 내일 출근 열차를 탄다면 전화기나 책에서 몇 분만이라도 눈을 떼고 창문 바깥의 세상을 바라보자. 우리는 모험 장소를 놓치고 있다. 아무리 개발된 지역이라도 사이사이에는 들판과 숲, 작은 전원이 있기 마련이다. 저기 낮은 언덕 위에 앉아서 지나가는 열차를 보는 느낌은 어떨까? 개울가에 난 길은 어디로 이어지는 걸까? 해가 지고 새들이 둥지로 돌아간 다음 저 숲에서는 무슨 소리가 들릴까?

어느 날 저녁, 일을 마친 다음
출퇴근 길을 따라 달리거나 자전거를 타보는 건 어떨까?
곧장 집으로 갈 수도 있겠지만 조용한 야외에서 밤을 보내면 정말 좋을 것이다.

내가 사는 도시 외곽의 야외에서 보내는 하룻밤, 주중에 경험하는 들판의 바람, 이런 경험을 실제로 해보자. 작은 나무숲 속에서 자면서 그곳의 세상은 어떤지 느껴보자. 그리고 다음 날 아침, 그냥 일어나 가장 가까운 역으로 가서 열차를 타고 평소와 똑같은 가방을 들고 언제나처럼 일터로 출근하는 것이다.

나는 집에서 일하기 때문에 따로 출퇴근을 하지 않지만, 마이크로 어드벤처를 위해 영국에서 가장 비싼 출근길을 이용해보기로 했다. 러시아워에 세인트 알반스(위키디피아에 따르면 인기 높은 베드타운)에서 런던까지 가는 것은 다른 어떤 구간보다 비용이 많이 든다. 이 구간에서 출퇴근을 하되 조금 다른 방식으로 하고 싶었다. 그래서 열차를 타지 않고 런던 중심지에서 출발하여 세인트 알반스 근처에서 하룻밤을 보낼 장소를 찾아 자고, 다음 날 아침에는 출근하는 사람들 행렬에 합류해 비싼 열차를 타고 도심으로 돌아오는 것이다.*

어떤 도시라도 외곽으로 뻗은 길을 따라 몇 시간만 가면 전원에 닿기 때문에 이렇게 하면 어디에 살든 마이크로 어드벤처를 할 수 있다.

저녁 5시, 나는 런던 브리지에 있는 런던 최고층 빌딩인 더 샤드(72층)에 앉아 있었다. 상상에서라도 이왕이면 가장 높은 펜트하우스 사무실을 갖고 싶었다. 배낭과 침낭을 챙겨든 사람이 여행을 시작하기에는 어울리지 않는 장소 같았지만, 나는 72층에서 장쾌한 전망을 바라보고 싶었다. 런던이 얼마나 거대한지, 그리고 여기서 벗어나는 것이 얼마나 어려운지 제대로 느끼고 싶었다. 출발지로 런던 브리지를 고른 것은, 이 다리가 세인트 알반스까지 이어지는 도로의 일부분이기도 하고, 또 로마인이 건설한 것이기 때문이다.

분주한 도시 속에 있으면 저기 어딘가에 들판이 있고 강이 있으며 평화가 있다는 사실을 잊기 쉽다. 샤드 빌딩의 꼭대기에서 보면 세상 끝까지 도시만 펼쳐져 있는 것 같다. 보이는 데까지 철도를 눈으로 따라가보았다. 저 지평선 넘어까지 나 혼자 걸어갈 것이다.

나는 빌딩을 나와 출발했다. 도시를 벗어나 들판으로 갈 곳을 찾아가는 것은 처음이라 약간 주눅이 들었다. 일부러 타워 브리지와 빅 벤, 버킹엄 궁전을 거쳐서 갔다. 이 런던의 아이콘들은 도시 중심부와 이어져 있어 내가 갈 곳과 동떨어진 느낌을 준다.

나는 고대 로마의 도로인 워틀링 거리로 들어섰다. 지금 이 길은 에지웨어 로드 또는 그냥 A5라고 불린다. 에지웨어 로드를 따라 북쪽으로 가면 런던의 오래된 사형 집행장을 지나 다른 지역으로 들어서게 된다. 미들 이스턴의 거리를 따라 식품점과 식당들이 즐비하다. 뜨거운 석탄 위에서 익어가는 케밥 가게를 지날 때는 콧구멍이 씰룩거렸다. 빨간 런던 버스가 오가고, 극장에서는 아랍어로 영화를 알리고 있다.

일직선으로 도시를 벗어나는 것은 여러 겹으로 된 마술 캔디를 빠는 것 같다. 도시의 중심지에서 출발해 각기 다른 층의 맛과 색깔을 거쳐서 마침내 출발한 곳과 완전히 동떨어진 세상처럼 보이는 외곽에 도달하는 것이다.

> 오늘처럼 따뜻한 여름 저녁은 모든 것이 흥미롭게 느껴진다.
> 첫 번째 교외의 모습이 나오고, 도시가 점점 사라지는 동안
> 나는 그 모두를 마시듯이 빨아들였다.

세인트 알반스에 이르는 이 여정이 얼마나 전원적인지 그동안 나는 전혀 몰랐다. 50킬로미터도 되지 않으니 그리 길지도 않은 길이었는데, 그곳에 그린벨트 지역과 상업 지대가 있는지 아예 몰랐다. 그래서 런던 북쪽에서 처음 그럴 듯한 들판이 나왔을 때는 기뻤다. 나는 울타리를 통과해 들판으로 들어섰다. 잠시 멈춰 자세히 주위를 보았다. 편안한 마음이 드는 들판이었다. 이제 한적하고 안전하게 잘 수 있는 곳을 찾을 수 있다는 확신이 들었다. 적어도 맥도날드 뒤편에서 잘 필요는 없었다.

들판은 내 주위로 100미터 정도 깔끔하게 뻗어 있고, 큰 나무들이 모여 있는 곳까지 완만한 경사의 풀밭을 이루었다. 이 여행을 시작한 곳과 비교하면 여기가 얼마나 조용한지 문득 깨달았다. 더 샤드를 출발한 후 내 앞에 펼쳐진 조망을 가장 멀리 볼 수 있었다. 참나무들은 더 샤드 빌딩보다 훨씬 작지만 훨씬 더 나이를 먹었다. 나는 심호흡을 하며 정지된 공기를 들이마셨다. 도시에

서 지평선은 너무 가깝다.

잠시 후 나는 악명 높은 외곽 순환 도로인 M25를 넘으며 런던을 벗어나는 것이 얼마나 쉬운지 깨닫고 놀랐다. 자동차로 도시를 떠날 때는 언제나 다급했는데….

이제 나는 세인트 알반스에서 겨우 몇 킬로미터 떨어져 있다. 잘 곳을 찾아보기로 했다. 저녁 해는 나무 사이로 황금빛으로 빛났고, 색 바랜 잔디밭을 밝히고 있었다. 나는 잠시 펍에 들러 간단한 중국 음식을 사들고 도로를 벗어나 강변길로 들어섰다.

그리고 나는 내가 발견한 것을 믿을 수가 없었다. 초록빛으로

젖은 들판 사이로 개울이 조용히 흐르고 있었다. 물론 나는 평소 숨겨진 야생의 장소를 찾는 것이 얼마나 쉬운지 지겹도록 주장했다. 그렇다고 해도 이 작은 개울이 얼마나 아름다웠던지 도무지 믿을 수가 없었다. 거기다 깨끗하고 잔잔한 연못까지 발견했다. 그곳에서는 시원하게 수영을 할 수 있었다. 몇 마리 무심한 소만이 나를 쳐다보았다. 마천루 빌딩에서 최고의 베드타운으로 가는 길목에 이런 곳이 있을 것이라고는 기대하지 않았다. 즐거웠다.

연못 위에는 언덕이 있고, 나는 그곳에 올라가 싸온 갈비를 먹었다. 평평한 정상에서는 강과 들판, 숲이 내려다보였다. 테이크

아웃 음식과 이른 밤. 이는 많은 직장인들에게 평일의 평범한 모습일 것이다. 나는 풀밭에 누워 한동안 책을 읽었다. 2~3킬로미터 서쪽에 있는 누군가가 나의 작은 모험을 축하해주려는지 불꽃놀이를 했다. 들판에서 들리는 크리켓 소리와 나무 뒤편에서 들려오는 자동차 도로의 아련한 소음을 들으면서 잠이 들었다.

다음 날 아침, 해가 뜰 때 자리에서 일어나 강변길을 따라 세인트 알반스로 갔다. 급행열차에 올라 어제 지나왔던 곳, 잠을 잤던 언덕과 수영했던 연못, 들판과 로마 시대 도로를 거쳐 되돌아왔다. 지루하고 비싼 30분만에 나는 런던 중심부로 돌아왔다. 다른 세계를 이렇게 쉽게 오갈 수 있다니.

다음 출퇴근길에는 창밖을 꼭 보기 바란다. 그곳에는 야생 세계가 있고, 우리가 오기를 기다리고 있다. ◌

🔍 지루한 출퇴근길을 모험으로 바꿀 또 다른 아이디어

- 익숙한 전철 노선이나 버스 노선을 따라서 걷는다.
- 또 다른 퇴근 후부터 출근 전까지(5 to 9) 모험을 계획한다.
- 열차를 타고 종점까지 갔다가 되돌아온다.
- 직장 동료들과 함께한다. 순서를 정해서 한 달에 한 번 각자의 출퇴근길을 따라 구상한다. 이러면 손쉽게 몇 종류의 모험과 함께할 사람이 생긴다. 각자 자기 출퇴근길의 여정만 구상하면 되기 때문에 부담도 적다.
- 살고 있는 마을이나 도시의 모든 거리를 걷는다. 발견과 탐험을 즐길 수 있는 몇 킬로미터에 달하는 수천 수백의 경로가 생길 것이다.

* 나는 런던으로 돌아오는 열차에서 창밖을 보며 두 여정이 얼마나 다른지 정리하려고 했지만 못하고 말았다. 돌아오는 길 내내 휴대폰으로 전날의 크리켓 뉴스를 보느라 시간을 다 보낸 것이다. 나처럼 게으른 작가가 아니라 직업을 가진 '진짜' 통근자에게 설득력 있고 실현 가능한 도전이 되려면 내 블로그에 실천한 사람들이 올리는 다양한 코멘트들이 도움이 될 것이다.

> 마틴 : 매일 열차를 타고 출근하며 전원 풍경과 숲이 스쳐가는 것을 보면서 갈망을 멈출 수 없어. 그래 숲, 저 숲에 가야 해!
> ＡＨ : 일터에서 집까지 하룻밤 정도 걸어오는 건 어때? 다른 관점에서 사물을 볼 수 있을 거야. 나중에 열차로 출근할 때도 그때의 좋은 추억이 떠오르겠지.
> 마틴 : 그 아이디어에서 한발 더 나아가 통근 열차에서 보이는 숲에서 캠핑을 해야겠어.

그리고 나중에 쓰인 코멘트에 따르면 마틴은 그 약속을 지켰다.

> 마틴 : 그날 모험은 잘 진행되었고, 정말 즐겁고 편안한 밤이었다고 말할 수 있어 기뻐!

08

집 주변
일주 모험

———

도로를 벗어나 오솔길을 따라가
니 기분이 좋아졌다. 대기에는
여름 저녁의 향기가 뚜렷했다.

———

소요 시간 ⋯ 최소 몇 시간
혹은 최대 며칠
장소 ⋯ 집 주변
이동 수단 ⋯ 상황에 따라

난 메일 전송 버튼을 누른 다음 컴퓨터를 껐다. 하루 일과가 끝났다. 모험을 하려고 결심한 것은 바로 그때였다. 그날 밤은 원래 아무 계획도 없었는데 날씨가 너무 좋았다. 나는 침낭, 비비백, 캠핑용품, 물통, 비옷을 작은 가방에 챙겼다. 호주머니에 사과 하나를 집어넣고 지갑과 카메라를 들고 집을 나섰다. 목표는 집 주변 일주. 충분히 멀리 한 바퀴 돌아서 내일 아침 9시까지 책상으로 돌아올 계획이었다.

이 마이크로 어드벤처에는 몇 가지 장점이 있다. 우선 비용이 들지 않고, 유쾌할 정도로 단순하며, 갑자기 비가 쏟아지면 바로 집으로 돌아올 수 있다. 또 집 주변을 아는 데 도움이 된다.

익숙한 곳이라도 평소보다 훨씬 느리게 다니면 전혀 새로운 장소를 발견하게 된다. 굳이 멀리 갈 필요 없이 한 번도 가보지 않은 곳을 갈 수 있다. 준비물로 지도가 필요하지만 휴대폰의 지도 앱으로도 충분하다.

이 모험은 정말 쉽다. 전체 코스 중 가장 먼 곳은 집 현관에서 겨우 4킬로미터 떨어져 있었고, 한 바퀴 돌아봐야 30킬로미터 정도밖에 되지 않는다. 하지만 이 여정이 얼마나 신선하고 즐거웠는지, 또 새로운 것을 얼마나 많이 보았는지를 생각하면 놀라울 정도다. 실제로 들인 노력에 비하면 이 모험이야말로 책 전체 가운데 최고의 마이크로 어드벤처라고 할 수 있다.

중요한 것은 모험의 규모가 아니라 (1790년 자비에르 드 마이스터가 자신의 방 주변을 도는 여행에 대해 책 한 권에 걸쳐 썼듯이) 어떻게 접근하느냐다. 이 모험의 또 다른 장점은 지루하지 않게 계속 반복할 수 있다는 것이다. 코스의 지름을 조금 넓히거나 좁히는 것만으로 시도할 때마다 완전히 새로운 경험을 할 수 있다. 도시에 산다면 하루 안에 끝낼 수 있도록 코스를 조정하면 된다.

집을 나와 걷기 시작했을 때 첫 번째 놀란 점은 내가 매우 느리게 걷고 있다는 사실이었다. 주기적으로 조깅하는 굉장히 친숙한

코스였지만 이 길을 천천히 돌아본 적은 없었다. 걷는 속도에 따라 주변이 매우 다르게 보였다. 사람들이 왜 애견과 산책하는 걸 좋아하는지 조금 알 것 같았다(털북숭이 테리어 두 마리와 함께 걷고 있는 노인에게 "안녕하세요" 인사를 건넸다).

매일 똑같은 길을 가는 것에는 매력 있는 리듬이 있다. 세상과 내가 점점 변해가는 것을 보게 되기 때문이다. 느림과 친숙함은 두뇌에 휴식의 시간을 준다. 집 주변 탐험을 할 때 매 시간 정각마다 사진을 찍으면 좋다. 사진은, 느려지는 여정 그대로를 받아들이는 자세를 갖게 해주고 가장 따분한 풍경에서 아름다움을 찾아내는 데 정말 큰 도움이 된다.

젊은 시절, 나는 미친 듯한 조급함으로 돌진하기에 바빴다.
늘 현재에 불만이 가득했으며
해결책은 언제나 지평선 너머 먼 곳에 있다고 믿었다.
그래서 최대한 빨리 그것을 쫓아가느라 정신이 없었다.

달리기를 할 때는 한계까지 나를 밀어붙여야 한다고 믿었고, 달리기 자체를 즐기는 것은 잘못된 것이라고 생각했다. 그래서 스스로를 고통스럽게 해서 숨을 헐떡이고 토하기 직전이 되지 않으면 무언가 잘못하고 있다고 생각했다. 하지만 이제는 천천히 산책하는 것이 좋다고 느껴진다. 나이가 들어서일까? 아니면 어른이 된 걸까?

언덕에 올라 정상에서 오른쪽으로 방향을 틀었다. 마침내 순환 코스에 들어선 것이다. 이제는 내일 아침 이곳에 다시 도착할 때까지 계속 앞으로 가기만 하면 된다. 언덕 꼭대기에 멈춰 주변을 둘러보았다. 구름은 쉬지 않고 왼쪽에서 오른쪽으로, 북에서 남으로 움직이고 있었다. 아래 보이는 도로는 러시아워라 꽉 막혀 있었다.

내가 걸어야 할 전체 루트를 바라보았다. 꽤 먼 길이고, 걷기에는 상당히 긴 거리였다. 하지만 나는 아침에 내 책상으로 돌아와 가장 먼저 차부터 마실 것임을 알고 있었다. 거창한 여행이 아니었지만 크게 느껴졌다. 완벽한 마이크로 어드벤처였다.

나는 캘리포니아산 사과를 먹으면서 걷기 시작했다. 시끄러운 도로 옆으로 풀이 무성한 들판에서 말들이 풀을 뜯고 있었고, 그중 한 마리는 물이 가득 찬 낡은 욕조의 물을 마시고 있었다. 사과나무는 울타리 바깥으로 넘어왔고, 과일은 익어가고 있었다. 내가 접근하자 점박이 딱따구리 한 마리가 놀라 갑자기 날아오르는 순간, 꼬리 밑으로 주홍빛이 번쩍였다.

내가 선택한 코스는 분주한 도로를 몇 킬로미터 걸어서 지나야 했다. 처음엔 도로 쪽으로 가고 싶지 않았지만 놀랍게도 그곳에서 깨달음을 얻었다. 빠르게 돌아가는 세상 덕분에 나의 느림을 더욱 깊이 느낄 수 있었다.

문 닫은 지 오래된 펍 앞에서 방향을 틀었다. 창문은 널빤지로 가려졌고, 부지의 담장은 뜯겨 나갔다. 방치된 주차장의 갈라진 노면 틈새에서는 민들레와 어린 묘목이 자라고 있고, 그 옆에는 한 뚱뚱한 남자가 셔츠를 벗고 저녁 햇살을 즐기며 무심하게 신문을 읽고 있었다. 인생은 이처럼 다채로운 옷감인 것을….

도로를 벗어나 들판과 오솔길을 따라가니 기분이 좋아졌다. 대기에는 여름 저녁의 향기가 뚜렷했다. 갓 깎은 잔디밭, 버드나무와 야생화 냄새까지. 음식이 필요해서 작은 마을로 들어섰다. 이제 발은 지치고 배는 고프다. 이곳은 가끔 들르는 작은 마을인데, 걸어서 오니 완전히 다른 느낌이었다. 음식을 사서 먹기 위해 다시 들판으로 나왔다.

전 세계를 돌면서 이런 일은 수없이 했다. 허기지고 지치면 멈춰서 휴식을 즐기고 먹는 것이 모험에서는 매우 익숙한 일이다. 그런데 이 순간 너무 생소한 느낌이 들었다. 들판에서 음식을 먹는 지금도 집으로 가는 표지판을 볼 수 있었지만 이전에 아주 먼 곳에서 했던 거창한 모험들의 느낌이 똑같이 느껴졌기 때문이다. 집에서 고작 4킬로미터 떨어진 곳이건만 놀랍도록 모험적이고 신선했으며 야생의 느낌을 주었다.

밤이 찾아왔다. 하지만 나는 좀 더 걸으면서 어둠을 음미하고 싶었다. 길고 밝은 여름날이었지만 밤은 기어이 찾아왔다. 여름이 온 후 처음 경험하는 완전한 어둠이었다. 교회에서는 합창단이 연습 중이었고, 문이 열려 있어서 걸으면서 노래를 들었다.

어둠 속에서는 아는 것도 모르는 것이 된다.
이처럼 안전하고 익숙한 곳에서도
나는 마치 도망자나 야생 동물처럼 피난처 같은 잘 곳을 찾았다.

집 가까이에서 이런 느낌이 들다니 이상했다. 편안한 장소에서 벗어나 익숙한 것을 생소한 방식으로 경험하는 시도가 얼마나 쉬운지를 말해주는 것이기도 했다.

다른 작은 마을에서 조금 떨어진, 밀밭이 턱밑까지 올라온 언덕 가장자리에 잠자리를 잡았다. 어둡고 외진 데다 적막했다. 도시의 불빛과 밤을 가로질러 질주하는 경찰차가 보였다. 잠깐이지만 컴퓨터와 따분한 일상에서 벗어나는 도피처로 좋았다.

다음 날 이른 아침, 나는 〈이제 해가 뜬다(Here comes the sun)〉를 불렀다. 이 노래는 여행 중 일출을 볼 때마다 부르는 노래다. 15년 전 안데스 고지대의 희박한 공기와 차가운 겨울 새벽을 뚫고 자전거를 타면서 처음 부르기 시작했는데, 이제 와서 그만둘 이유를 찾지 못했다. 나는 아침 식사를 기대하는 마음으로 걸으면서 노래를 불렀다. 코스의 마지막 부분을 거의 끝마칠 즈음 하늘이 어두워지더니 갑자기 여름 소나기가 쏟아졌다. 순식간에 홀딱 젖었다. 그래도 집이 가까우니 오랫동안 비를 맞지는 않을 것이다.

비가 나를 방해하거나 우울하게 만들도록 둘 필요는 없다. 비는 나쁜 것도 좋은 것도 아니다. 셰익스피어가 말했듯이 단지 생각하기 나름일 뿐이다. 비를 즐기면(말은 쉽지만 실제론 그러지 못할 경우가 더 많다는 건 인정한다) 특히 여름에는 기묘한 느낌을 받는다. 세상은 생생한 태고의 분위기를 보여준다.

포근한 아침이었다. 폭우는 머리와 셔츠를 흥건히 젖게 만들었다. 그럼에도 지난 몇 주 동안 가운데 가장 충만한 느낌이었다. 한 시간쯤 뒤에는 옷을 갈아입고 책상 앞에 앉아 다시 일상의 작업을 시작해야겠지만, 이날은 일상에서 벗어난 특별한 하루의 시작이었다. 나는 웃으며 속도를 올려 집으로 향했다.

동네 일주 모험 코스 거리 계산법

학생 때 배운 수학은 까마득할 테니 간단한 계산법을 소개한다. 거주 지역, 모험 강도에 따라 집을 중심으로 해서 원을 이루는 일주 코스의 크기를 잡는다. 공식은 $2\pi r + 2r$. 여기서 r은 코스를 이루는 원의 반지름, π(파이)는 원주율(약 3.14)이다. 원 코스의 반지름, 다시 말해 집에서 코스 시작점까지의 직선거리를 알면 전체 거리를 알 수 있다.

집에서 코스 시작점까지의 거리 (킬로미터)	전체 이동 거리 (킬로미터)
1	8.28
2	16.57
3	24.85
4	33.13
5	41.41
6	49.70

집 주변을 여행하는
또 다른 아이디어

• 주변의 높은 지대로 올라간 다음 사방을 둘러보아 특히 두드러진 장소로 가본다(고원 지대나 네팔에 살고 있다면 쉽지 않겠지만).

• 점심 시간을 이용해 단축 버전을 시도한다. 사무실에서 보이는 가장 높은 교회 첨탑을 향해 걸어간다. 5분마다 사진을 찍는다.

• 1년 계획을 세워 몇 달에 한 번씩 집 주변을 도는 순환 코스를 시도한다. 코스의 지름을 1~2킬로미터씩 늘리면 처음 8킬로미터에서 시작해도 연말에는 80킬로미터까지 늘어날 것이다.

09

잡아서,
요리하고,
먹는다

멋진 저녁이었다. 아직 물고기 한 마리도 잡지 못한 것만 빼면 정말 완벽했다.

소요 시간 ···→ 하룻밤
장소 ···→ 지역
난이도 ···→ 어려움
필요 장비 ···→ 낚시 용품,
비상식량

영국은 길들여진 땅이다. 자동차 헤드라이트에 비친 여우나 해 뜰 무렵 들판을 펄쩍거리는 놀란 사슴 같은 야생 동물을 볼 수도 있지만, 이는 사람들이 만든 울타리 내에서 일어나는 일이다. 하지만 물속은 아직 야생 그대로 남아 있다. 댐과 운하 같은 인조물을 제외하면 수면 아래는 여전히 그 속의 생물들이 지배한다. 이것이 내가 강을 좋아하는 많은 이유 중의 하나다. 강을 탐험할 방법은 수없이 많고, 모두 마이크로 어드벤처로 연결할 수 있다. 하나는 낚시다. 그렇다고 자연 훼손 아니냐고 불평하진 마시길. 이 낚시는 음식이 목적이지 단순한 재미가 목적이 아니다. 양계장이나 양어장 또는 공장형 목장의 소떼와는 다른 얘기다. 저녁으로 먹을 음식을 정당하게 얻는 방법이라고 생각하면 좋겠다.

그래서 친구인 엘리자, 크리스와 함께 나는 강둑에 앉았다. 그때 앤디(수줍음 많은 친구를 보호하기 위한 가명(아닐 수도)이다)는 몇 미터 떨어진 곳에서 풀을 헤치고 있었는데, 그는 낚시 면허증(영국은 면허가 필요하다―옮긴이)과 낚싯대가 있을 뿐만 아니라 나와 달리 낚싯대를 어떻게 휘두르는지도 잘 알았다.

그래서 우리는 함께 숲속에서 밤을 즐기며 스스로(앤디가) 저녁거리를 마련할 계획이었다. 하지만 그것은 너무 목가적인 생각이었다. 앤디가 자기 말로는 대단한 낚시꾼이라고 해서 나는 금방 튀긴 송어를 먹을 수 있을 줄 알았다.

나무는 물 위로 낮게 드리워졌다. 제비는 원을 그리면서 하늘을 가르고, 칼새는 우짖으면서 아득히 높게 솟구쳐 올랐다. 강변에 있으면 깊은 안도감이 든다. 잔잔한 강물에 낚아야 할 살찐 송

어가 있다는 사실을 알고 있으니 살짝 흥분도 되었다. 직접 낚시를 하지 않는 것은 아무 문제도 되지 않았다. 그곳에 있는 것 자체가 즐거웠다. 오래 전의 한 포근한 저녁, 서섹스에서 농어를 요리하기 위해 프라이팬에 수영(시금치를 닮은 식용 식물―옮긴이)과 야생 버섯을 넣던 기억이 났다.

우리는 조용히 웃으며 얘기를 나눴다. 앤디는 살금살금 움직이면서 최고의 집중력을 발휘하고 있었다. 하늘 위의 태양은 성큼 내려앉았고 졸졸거리는 물 위에는 햇살이 부드럽게 비쳤다. 멋진 저녁이었다. 아직 한 마리도 잡지 못한 것만 빼면 정말 완벽했다.

곧 우리는 앤디가 먹을거리를 가져올 것이라는 데 대해 부정적이 되었다. 그래도 숲속에서 요리를 하면서 캠핑하고, 조용하고 더운 밤을 선선하게 보낸 것은 즐거웠다. 즐거웠지만 실패는 실패다. 🔥

10

자전거 대회
참가하기

———

자전거에서 내린 몸은 진흙투성
이였다. 누군가 뜨겁고 달콤한
차 한 잔을 건네주었다.

소요 시간 ⋯ 1시간
혹은 주말
장소 ⋯ 집 주변 지역
난이도 ⋯ 자신에게 달렸음
필요 장비 ⋯ 보행, 자전거

50퍼센트는 공포의 얼음, 50퍼센트는 재미. 경기에 출전해서 첫 바퀴를 돈 소감이다. 나와 교체하는 팀 동료가 힘을 회복한 다리와 열정으로 재빨리 멀어지자 나는 진이 빠진 몸으로 자전거에서 내렸다. 나는 지쳤고, 몇 번의 충돌로 충격을 받았으며 몸은 진흙투성이였다. 누군가 뜨겁고 달콤한 차 한 잔을 건네주었다.

그리고 24시간 후, 마지막 랩을 돌 때 나는 10퍼센트의 재미(내리막에서 자전거를 타는 것은 항상 재미있으니까)와 90퍼센트의 탈진을 맛보았다. 하루 낮 하루 밤 동안 라이딩을 하고 나니 11킬로미터짜리 순환 코스는 쳐다보기도 싫어졌다.

내가 참가한 대회는 '스트라스퓨퍼'라는 대회로, 영국에서 가장 힘든 24시간 산악자전거 레이스다. 나는 4명의 릴레이 팀 일원으로 경기에 참가했다. 이 대회는 1월에 스코틀랜드 북부에서 열리고, 24시간 중 15시간을 어둠 속에서 달린다.

코스는 소나무 숲 속으로 난 긴 오르막으로 시작되는데, 얼음으로 뒤덮여 봅슬레이 코스처럼 매끈했다. 처음 20분간 오르막을 오르는 동안 계속 미끄러지고 부딪히면서 코스가 정말 싫어졌다. 수척한 몰골로 녹슨 자전거에 앉아 무거운 하늘을 불평하면서 엉터리 같고 타기도 어려운 빙판길을 바라보았다. 하지만 나머지 구간은 혹독한 겨울 환경을 보상해주었다. 기술이 필요한 암반은 적당히 타협했고, 가파른 싱글 트랙(자전거 한 대가 지날 정도의 좁은 길—옮긴이) 굴곡 구간은 가시덤불로 통과했다. 숲을 질주하는 기분 좋은 내리막은 새벽 3시에도 기쁨의 탄성을 내뱉게 만들었다. 아니, '새벽 3시에도 특별하게'라고 표현해야 맞을 것이다. 이

때쯤이면 미친듯한 열정도 확실하게 잦아들기 때문이다.

경기가 진행될수록 처음 몇 시간 동안 두려움에 떨게 했던 얼음은 차츰 사라지고 대신 진흙으로 바뀌었다. 낮은 밤으로 바뀌어 15시간의 기나긴 야간 라이딩 끝에 다시 낮이 밝았다. 그리고 우리는 아직도 레이스 중이었다.

장내 방송으로 흘러나오는 음악은 경기 내내 기분을 북돋워주었다. 미국 록 가수 스프링스틴의 〈후퇴가 없으면 항복도 없다(No surrender)〉로 경기가 시작됐고, 그다음에는 비슷한 류의 〈대화는 적게(a little less conversation)〉(더 많이 움직이라는 얘기—옮긴이)가 뒤따랐다. 저녁에는 지친 팀 동료가 바통을 넘겨주기를 기다리는 라이더들을 위해 라이브 밴드가 진흙투성이의 발로 장단을 맞추게 하면서 감기려는 무거운 눈꺼풀을 붙들었다.

랩을 도는 사이사이 우리는 차를 마시고, 음식을 게걸스럽게 먹으면서 빙판길 충돌과 흙탕길의 펑크 같은 끔찍한 체험담을 서로 자랑했다.

스트라스퓨퍼는 내구 레이스에서 내가 기대한 모든 것을 갖추고 있었다. 거칠고, 조금 바보스러우며, 아름다운 경치 속에서 열린다. 그리고 참가자들의 핵심이 자기비하와 겸손이라는 점까지.

나는 우리가 하고 있는 짓이 어리석다는 걸 잘 알고 있다. 진흙 범벅이 된 수백 명의 바보들이 숲속에 난 순환 코스를 돌고 또 돌고 있는 것이다. 같은 시간, 나머지 세상은 느긋한 일요일 아침이 기다리는 토요일 밤을 즐기고 있는데. 하지만 24시간이 지나고 경기가 끝나자 견디기 힘들었던 지루함은 포근한 만족감과 끈끈한 동지애로 바뀌었다. 그리고 안락한 침대가 무척 그리워졌다.

아름다운 풍경 속에서 새 친구, 오래된 친구와 더불어 뭔가 새롭고 힘든 일을 한 24시간은 혹독했지만 굉장히 멋있기도 했다.

레이스에 참가하는 것은 기억에 남을 만한 주말 모험이다. 영국에서는 연중 수백 개의 대회가 열리기 때문에 선택의 폭이 넓다. 24시간 레이스가 되었든 5킬로미터 공원 달리기가 되었든 도전으로 느껴진다면 무엇이든 상관없다. 단지 중요한 것은 뭔가를 시도하는 것이다. 뭔가 어려운 것을 시도한다는 것은 더 큰 모험을 위한 디딤돌이 된다. 대가로 지불할 것은 근육이 뭉쳐 월요일 아침 사무실 계단을 올라가기가 힘들다는 것 정도뿐이니까. ♺

 ## 생애 첫 레이스 참가를 위한 조언

마이크로 어드벤처는 단지 캠핑을 위한 것이 아니다. 마이크로 어드벤처의 개념은 새로운 것을 시도하고, 따분한 일상을 깨고 싶은 모든 사람에게 해당된다. "편안한 장소에서 벗어나는 것이 중요하다"는 말은 진부하지만, 그래도 언제나 진실이고 또 중요하다.

레이스에 참가하는 것은 모험을 시작하기에 가장 간편한 방법이다. 한두 번 참가하게 되면 더 크고 과감한 모험을 하고 싶어질 것이다. 레이스가 특별한 것은 모든 가능성을 열어주기 때문이다. 레이스에 참가하는 사람들은 스스로를 한계로 몰아붙인다. 공원에서 열리는 5킬로미터 달리기 대회든 사막을 횡단하는 울트라 마라톤이든 24시간 산악자전거 대회든 마찬가지다. 승리할 수 없다는 이유로 레이스 참가를 미루지 말자. 나는 한 번도 경기에서 우승한 적이 없다. 그냥 재미로, 도전을 위해 하는 것이다.

스트라스퓨퍼 대회는 이를 잘 보여준다. 나는 쿼드(4인조) 부문에 참가했는데, 24시간 동안 3명의 팀 동료가 랩마다 교대하기 때문에 가장 덜 힘들다. 이게 너무 쉽게 느껴진다면 2인조로 출전해도 된다. 정말 힘든 경기를 원한다면 싱글 부문에 참가해 고통스런 24시간 내내 혼자서 코스를 돌고 또 돌아도 된다. 그런데 이마저도 쉽게 느끼는 사람들이 있다. 극소수의 이런 미친 사람들은 스트라스퓨퍼 코스를 싱글스피드라는, 기어도 없는 자전거로 달린다! 뭘 하든 나보다 더 바보 같은 사람은 있기 마련이다.

그렇다고 이 책이 레이스 참가를 위한 트레이닝과 준비를 도와주는 책은 아니다. 하지만 아래 조언은 피니시 라인을 넘는 데 분명 도움이 될 것이다.

- 자신만의 페이스를 지킨다.

  다른 사람과 비교하거나 마초적인 우쭐거림으로 너무 빨리 달리지 않는다. 진짜 남자라면 이런 것을 무시할 수 있어야 한다. 꾸준하게 레이스의 리듬에 친숙해지도록 노력하고, 스스로의 페이스에 따라 달린다. 승리를 목표로 하지 않는다면(만약 승리가 목적이라면 이 조언은 맞지 않는다) 개인 최고 기록에 도전하거나 완주하는 것을 목표로 스스로를 극복하는 레이스를 하면 된다. 다른 사람의 능력도 모르면서 그들의 페이스를 따라가는 것은 바보짓이다.

- 충분히 마신다.

  레이스 전과 도중, 그리고 끝나고 나서도 물을 충분히 마셔야 한다는 것을 명심하라. 미친 듯이 마실 필요는 없다. 주기적으로 조금씩 마시는 것이 좋다. 갈증을 느낀다면 늦은 것이다. 탈수가 이미 시작되었다는 뜻이다.

- 충분히 먹는다.

  이 말은 짧은 대회보다 장시간 경기에 적용된다. 장거리 레이스에서는 주기적으로 먹어서 몸의 에너지 레벨을 높게 유지하는 것이 중요하다. 몇 시간짜리 레이스라면 에너지젤과 음료, 물만으로도 문제가 없지만 장거리 레이스에서는 땅콩, 건포도, 육포, 팬케이크와 바나나 같은 음식이 필요하다. 다양한 음식을 먹으면 탄수화물과 단백질, 지방, 필수 미네랄을 얻는 데 도움이 된다. 핵심 포인트는 장거리 훈련을 할 때 위에 잘 맞는 음식을 먹는 연습을 미리 하라는 것이다. 이게 잘못되면 그 결과는 아주 불쾌할 수 있다.

11

사무실 탈출
모험

———

최소한 오늘 밤은 여기가 집이
다. 언덕은 바람을 막아주고, 바
다와 별은 잘 보였다.

———

소요 시간 ⸱⸱⸱ 하룻밤
장소 ⸱⸱⸱ 직장 근처
난이도 ⸱⸱⸱ 중간(여행 자체보다
계획과 요리 도구가 필요해서)
필요 장비 ⸱⸱⸱ 다음 날 출근할 때
입을 깨끗한 옷

비가 창문을 때렸다. 뒤에서는 키보드 소리가 달가닥거린다. 긴 형광등 불빛은 흥얼대듯이 깜빡이고 길모퉁이에서는 라디오 소리가 조용히 흐른다. 오늘 나는 평범한 회사원 3명과 함께 그들의 첫 번째 마이크로 어드벤처를 시도하려고 여기 왔다.

그들이 일을 마치기를 기다리는 동안 밑에서 한 노인이 스쿠터를 몰고 물에 젖은 회색빛 주차장을 빠른 속도로 지나가는 것을 지켜보았다. 한숨이 나왔다. 난 이미 며칠 밤을 야외 침낭에서 보내서 이런 날 다시 떠나는 것이 망설여졌다. 내가 만나러 온 세 사람도 침낭에서 자본 적이 없어서 이런 날씨에 모험을 시작하기를 조금 주저하는 듯했다. 하지만 우리는 밀어붙였다. 일단 그곳에서 벗어나 시도를 해야 한다. 그래서 우리도 시작했다.

인생에서 흥미로운 일은 그것이 어떤 것이든 정말 시작하는 것. 이것이 핵심이다.

나이젤과 토니, 콜린 그리고 나 네 사람은 축축한 잿빛 거리를 자전거로 달렸고, 도중에 폭우 같은 소나기도 한두 번 만났다. 우리는 중심가를 나와 시내를 벗어났다. 작은 도시에서는 도보로든 자전거로든 탈출은 어렵지 않다. 대도시라면 열차나 전철을 타면 된다. 어떤 방식이든 도시를 벗어나는 것은 쉬운 일이다. 유일하게 어려운 점이라면 그런 시간을 내는 것뿐.

전원의 맑은 공기와 밝은 하늘을 향해서 도시를 벗어나자 비가 그쳤다. 젖은 울타리가 저녁 햇살에 반짝였다. 우리는 더욱 힘껏 페달을 밟았고 바다로 이어지는 조용한 길을 따라 달리는 단순한 즐거움에 큰 소리로 떠들며 즐거워했다.

길이 좁아지면서 머리 위로 나무가 늘어져서 하늘을 가렸다. 우리는 포장로를 버리고 가을 블랙베리가 가득한 소로를 따라 달렸다. 언덕도 오르내렸다. 그리고 마치 들뜬 어린애들처럼 레이스를 하듯이 구불거리는 좁은 길을 따라 바다를 향해 내려가고 또 내려갔다. 도중에 나는 핸들 위로 넘어져 수풀에 처박혔다. 모두들 웃었다. 우린 계속 달려서 제시간에 목적지에 도착했다. 하늘은 무거운 잿빛에 바다는 기묘한 보랏빛이었지만 바다와 하늘 사이에서 찬란하고 붉은 석양이 빛났다. 도착하고 몇 분 지나지 않아 태양은 수평선 아래로 사라졌다. 우리는 '현재'를 마음껏 즐기면서 여기에 나와 있는 것이 정말 행복했다.

우리가 있는 절벽 아래에서는 물개들이 조용히 움직이고 있었다. 콜린은 회사에서 여기까지 오는 데 평소 회사에서 집으로 운전해 가는 것과 같은 시간이 걸린 것을 알아차렸다. 그는 따분한 출퇴근 시간을 자전거 라이딩과 멋진 일몰, 바다 조망으로 바꾼

것이다. 우리는 언덕 꼭대기의 움푹한 풀밭에 침낭을 폈다. 최소한 오늘 밤은 여기가 집이다. 언덕은 바람을 막아주고, 바다와 별은 잘 보였다. 우린 먹고 마시며 담소를 나눴다.

나는 한동안 깬 상태로 별을 바라보았고, 먼 등대 불빛의 규칙적인 리듬도 지켜보았다. 고맙게도 밤에는 비가 오지 않았다.

다음 날, 일출과 함께 우리는 따뜻하고 편안한 잠자리에서 일어났다. 텐트 없이 별을 보며 잔 이상하고 특별한 경험에 대해 이야기꽃을 피웠다. 처음 한다면 정말 강렬한 경험일 것이다. 정말 그렇다. 에스프레소와 베이컨 샌드위치, 바다 수영 그리고 일터로 돌아가는 빠른 라이딩을 추가하면 행복한 마음으로 완벽하게 하루를 시작할 수 있다.

밀턴 케인즈 : 또 다른 퇴근 후 마이크로 어드벤처

 얼마 후 나는 이런 모험을 다른 회사의 사람들과 다시 반복했다. 밀턴 케인즈의 상업 지구에 있는 무명의 회색 건물은 모험과는 정말 무관해 보이는 곳이었다. 이번에도 나는 그들이 일을 마칠 때까지 기다렸다. 콜센터 같은 헤드셋과 화분, 긴 형광등이 아주 많았다. 하지만 우리는 빠르게 지는 봄 햇살과 경주라도 하듯 도시를 벗어나 시내에서 몇 킬로미터 떨어진 놀랍도록 흥미롭고 경치 좋은 산악자전거 코스로 들어섰다. 우리는 작은 배낭에 침낭을 넣어 갔다. 밤은 빨리 찾아왔고 추웠다. 먼저 잠잘 곳을 정한 다음 가까운 펍으로 가서 저녁 시간을 보내며 늦게까지 즐겁게 이야기꽃을 피웠다.

그날 밤은 여우와 토끼 소리로 시끄러웠다. 해 뜰 무렵은 서리가 내리고 추웠지만 컨스터블(19세기 영국 화가—옮긴이)의 그림처럼 아름다웠다. 우린 지금 어디 특별한 곳이 아니라 운하 옆의 공터에 있을 뿐이었다. 런던행 특급 열차는 20분마다 시끄럽게 지나갔다. 하지만 요란한 열차 소리가 귀에 거슬리기보다는 평소의 출퇴근길에서 여기 야생에서의 하룻밤까지가 고작 한 걸음 거리라는 것을 일깨워주었다. 작은 걸음이지만 오랫동안 남을 추

억이 될 것이다.

낮게 흔들리는 거미줄 너머로 태양이 떠오르자 풀밭에 내린 서리가 빛났다. 도시로 돌아올 때는 속도를 올려 몸을 데웠다. 앤디는 "그동안 해본 일 중에 이번이 최고예요. 정말 행복해요!" 하고 소리쳤다.

12

글래스고에서
비박하기

—

비박은 심리적으로 텐트에서 자는 것과는 완전히 다른 경험이다.

—

소요 시간 ⋯⟶ 하룻밤
장소 ⋯⟶ 사는 곳 어디나
난이도 ⋯⟶ 매우 쉬움
필요 장비 ⋯⟶ 쌍안경.
살고 있는 도시를 보는 것은
재미있다.

나는 평일에도 16시간의 자유를 얻을 수 있는 퇴근 후(5 to 9) 여행 아이디어를 더 많이 알리고 싶었다. 그래서 내가 아는 친구나 지인들을 벗어나 낯선 사람들과 해보기로 했다. 어쨌든 산 위에서 자는 걸 좋아하는 내 친구들이 보통 사람은 아니라고 볼 수 있기에 트위터를 통해 자원자를 몇 명 찾아냈다. 그리고 한 번도 만난 적 없는 이들과 새로운 걸 시도하기 위해 미지의 도시인 글래스고로 향했다. 마이크로 어드벤처가 얼마나 쉬운지 그리고 얼마나 적은 장비, 계획만 있으면 되는지 알리고 싶었다.

오후 5시, 열차가 글래스고에 도착했다. 러시아워의 분주한 역에서도 동료 모험가들을 찾는 것은 어렵지 않았다. 그들만 느긋한 모습으로 배낭을 메고 있었기 때문이다. 일행은 남자 셋, 여자 둘 해서 모두 다섯 명이었다. 우린 만난 적이 없고, 서로에 대해 아무것도 모른다. 유일한 공통점이라면 아마도 소수의 모르는 사

람들과(하지만 곧 많은 것을 알게 된다!) 함께 산꼭대기에서 비박을 하겠다는 마음뿐일 것이다. 나는 원래 모르는 사람을 만나는 것을 좋아하지 않는다. 하지만 새로운 사람들과 함께한 모든 마이크로 어드벤처는 정말 즐거웠다.

이번 목표는 단순하게, 그리고 지역 내에서 하는 것이다. 우리는 퇴근 인파로 가득한 열차에 올랐다. 열차가 덜커덩거리며 도시를 벗어날 때 작별인사를 고했다. 지금 우리는 가장 가까이 있는 적당한 높이의 산으로 가는 길이다. 장비와 계획을 최소화하기 위해 산 아래 펍에서 저녁을 먹고 아침 시간에 맞춰 다시 내려올 생각이다. 덕분에 장비는 최소한만 있으면 되었다. 펍에서의 시간은 맥주와 햄버거를 먹으면서 서로에 대해 알 수 있는 좋은 기회가 되었다.

여성인 클레어와 샤논은 학생이다. 두 사람 모두 아웃도어를 즐기지만 침낭에서'만' 자본 적은 없었다. 심리적으로 비박은 텐트에서 자는 것과는 완전히 다른 경험이다. 텐트는 외부로부터 보호받고 실내에 있다는 느낌을 준다. 하지만 이것이야말로 내가 침낭 비박을 옹호하는 첫 번째 이유다. 두 여성은 뭔가 새로운 시도를 한다는 것에 들떠 있었다. 스튜어트는 이런 경험이 많았다. 그는 산으로 가는 장시간의 여행을 계획하고 실행하는 것을 즐기곤 했다. 하지만 지금은 어린 딸이 있는 경찰관이라 모험에서 멀리 동떨어져 있었고, 다시 산에 오르는 시간을 내기 위해 애쓰고 있었다. 스튜어트는 이번 모험이 바쁜 일상 속에서 쉽게 할 수 있는, 신선한 공기와 고독한 시간을 다시 만날 수 있는 해결책이 되기를 희망했다. 다섯 번째 멤버인 크리스는 경험 많고 활동적인 아웃도어 맨이었다. 실제로 그는 우리가 오르는 산 바로 아래에 살고 있었다. 오늘은 짧은 모험을 할 때 집에서 가장 가까운 곳을 등한시하지 말라는 좋은 사례가 될 것이다. 가까이 있다고 재미없으란 법은 없다.

펍을 나왔을 때 저녁 날씨는 멋졌다. 우리는 블루벨(종 모양의 꽃이 피는 식물─옮긴이)이 카펫처럼 깔린 숲을 지나갔다. 주택가 끝의 마지막 집을 통과해 산으로 들어섰다. 나는 주택가를 걷는 순간을 좋아한다. 우리가 하고 있는 약간 이상한 행동을 새삼 깨닫게 해주기 때문이다.

> 부드러운 침대와 푹신한 베개가 있는 완벽하고 좋은 집을 가진, 다섯 명의 서로 모르는 사람들이 그 집을 놔두고 산꼭대기에서 같이 밤을 보내기로 한 것이다.

걷는 동안 태양은 낮게 내려앉았고 눈이 부셨다. 땅은 꿀처럼 부드러운 그림자로 은은하게 빛났다. 풀이 무성한 들판에서 양들은 살이 찔 것이다. 여기에 있다는 것이 행운으로 느껴졌다.

대부분의 사람들에 비해 스트레스가 적은 생활을 하는 나도 이렇게 바깥으로 나오면 육체적으로 안정되는 느낌이 든다. 이를테면 누적된 스트레스와 좌절감이 말끔히 씻겨나가는 것이다. 산으로 향할 때 발걸음은 가벼워지고 몸을 누르던 모든 압박감이 줄어든다. 호흡하기도 한결 쉬워진다. 여기에는 몇 가지 이유가 있다. 스트레스와 권태가 혼재하는 장소에서 떨어진 곳으로 간 것, 일상생활에 필요한 바쁘고 짜증나는 일들을 언급할 필요가 없는 것(따라서 걱정도 줄어든다), 생각의 페이스를 늦추는 것, 그리고 신선한 공기와 자연 경관, 육체 활동의 단순한 즐거움 덕분이다.

샤논은 가족과 함께 자주 캠핑을 했지만 이번처럼 해 질 녘에 산을 오른 적은 없다고 한다. 야생에서 밤을 지낸 적이 없는 것이다. 그녀는 청바지에 럼버맨 셔츠, 팀버랜드 부츠를 신고 있어서 등산이 아니라 글래스톤베리(유명한 음악 축제—옮긴이)에 온 것 같았다. 본격적인 등산이라면 절대 그렇게 입고 갈 수 없겠지만, 봄의 초원을 이룬 작은 언덕이라면 괜찮다. 그녀는 오늘 밤 여기에 온다고 하자 가족이 미쳤다고 했다면서 활짝 웃었다.

길이 점점 사라져 가파른 언덕을 올라야 했다. 자주 멈춰 숨을 돌렸다. 정상에 도착했을 때는 다들 땀이 가득했지만 경치에 찬탄했다. 정말 멋진 조망이었다.

바람 부는 산꼭대기에는 우리 외에 아무도 없었다. 해는 졌고 세상과 우리에게는 어둠만이 남았다. 서쪽으로는 호수들이 수은으로 채운 풀장처럼 은은하게 빛났다. 하지만 내 눈은 남쪽으로 쏠렸다. 그곳에 우리가 떠나온 도시가 있었다. 고층 빌딩에서 불이 반짝이기 시작했다. '긴 하루가 끝나가고 달이 천천히 떠오른다. 오라, 친구여. 새로운 세상을 찾기에 너무 늦지는 않았네.' 비록 거창한 모험 『오디세이』는 아니지만 지금 여기서 보는 불빛은 아름다웠다. 도시는 평원을 가득 채우고, 보름달은 하늘에 걸려 있다. 위에서 내려다보면, 도시는 오래되고 영구적인 자연 안에 일시적으로 만들어진 캠프장 같다. 이런 사실은 도시 속에서는 깨닫기 어렵다. 100만 개의 주홍빛 가로등은 조용한 거리 위의 구

름에 반사되었다. 경찰관인 스튜어트는 자신이 일하는 글래스고
의 한 지역을 가리켰다. 그는 저 아래로 보이는 거리가 정말 조용
한 것 같다고 거듭 말했다. 일터에서 멀리 떨어진 이곳에서도 그
는 평화로운 밤을 기원했다.

초원은 너무 많은 주홍 불빛으로 덮여 있었다. 정말 슬픈 것은,
이 때문에 어둠과 별을 보려면 매번 상당히 노력해야 한다는 것
이다. 크리스가 혼잣말로 칫솔을 두고 왔다고 크게 투덜거리는
바람에 나의 생각은 끝났다.

우리는 바람을 피하기 위해 정상에서 조금 내려와 잔디 둔덕
사이에 있는 평평한 부분을 찾았다. 밤은 추웠고 우리는 최대한
따뜻하게 감쌌다. 클레어는 각자 조용한 사색에 빠져들어 잠들기
전 "이곳이야말로 천국"이라고 선언했다.

아침에 들은 첫 번째 소리는 하늘에서 지저귀는 종달새 소리였

다. 이보다 더 좋은 알람은 없을 것이다. 샤논은 동 틀 때쯤 일찍 깨어났다. 그녀는 절벽 끝에서 일출을 지켜보았다. 침대에서라면 더 푹 잤을 것이다. 밤 동안 추위를 견뎌야 했음에도 다행히 참가자 모두 아침이 되니 또 다시 하고 싶다고 했다. 밤의 상대적인 불편함은 이른 아침의 밝은 햇살을 받으며 산을 걸어 내려오는 것만으로 충분히 보상받는다.

나는 전혀 모르는 사람들과 산을 올라갔다가 친구가 되어 내려왔다. 일부는 트위터를 통해 연결되었다. 스튜어트는 일생 최고의 출근이었다고 말했다. 바로 그것이다. 그런 시각으로 이 모험을 봐야 한다. 거창하고 복잡한 모험이 아니라 평일의 출퇴근길에도 할 수 있는 일상적인 것. 왜냐하면 역에 도착하자마자 다시 도시의 바쁜 일상에 흡수될 테니 말이다. 🔥

🔍 크게 꿈꾸고, 작게 시작하며, 이야기를 공유하라

시간이 부족하고 바쁜 사람들은 거창하지 않게 계획을 세워야 실제로 야외에 더 자주 나갈 수 있다. 거창한 계획을 세우면 결국은 시간 부족과 불가능한 일정 또는 재미없는 파트너로 인해 좌절감과 함께 끝나고 만다.

모험을 꿈꾸는 것은 좋지만 계획을 했으면 실행해야 한다. 그러니 먼저 최소한의 규모로 계획을 세워 시작하는 것은 어떨까. 자전거로 세계 일주를 하고 싶다면 먼저 영국을 자전거로 일주하는 것이다. K2에 오르고 싶다면 주변에 있는 산들부터 시작한다. 북극까지 걸어가고 싶다면 국토를 걸어서 횡단할 수 있는지부터 해보자.

13

동해에서
서해까지
역사 여행

—

로빈 후드 나무를 찾았다. 그 나
무는 두 언덕 사이 푹 꺼진 곳에
자리한 고대의 성벽을 향해 뻗어
있었다.

—

소요 시간 ⋯ 2일 이상
장소 ⋯ 영국 북부
난이도 ⋯ 중간
필요 장비 ⋯ 72번 도로 지도
이동 수단 ⋯ 자전거

대도시에 살면 모험에 대해 잊기 쉽다. 오늘 밤 하늘을 가로질러 가는 구름을 올려다보기도 힘들고, 계절의 변화와 봄날 싹이 돋는 나무조차 잊기 쉽다. 때로 밀봉된 고치 안에 갇혀 사는 것 같은 느낌이 든다. 하지만 원하기만 한다면 모험은 절대 멀리 있지 않다. 어떤 도시건 몇 시간만 자전거를 타거나 걸으면 새롭고 아름다운 자연으로 갈 수 있다. 그리고 보통 바다에서 시작하고 바다에서 끝나는 여행은 최고로 만족스럽다.

나는 밤에 잘 때 입는 옷을 포함해 모든 천을 다 껴입고 일출을 기다리고 있었다. 차가운 갈색 바다는 붉고 보랏빛을 띤 화려한 하늘을 반사했다. 마치 겨울의 잉글랜드 북동 해안이 아니라 태평양 섬에서 보는 새벽 같았지만 여기는 태평양이 아니라 한때 로마 제국의 최북단 경계였다. 그곳에는 여행하는 바보가 있었다. 너무 추워서 즐거움이 반감되었다.

로마 제국은 따스한 유프라테스 강변에서 한참 올라와 습하고 차가운 잉글랜드 북부까지 펼쳐져 있었다. 나는 자전거를 타고 수천 년 전 로마의 북쪽 국경이었던 하드리아누스 성벽을 따라갈 계획이었다.

자전거로 영국을 횡단하는 것은 두 번째다. 지난번에는 반대로 서쪽에서 동쪽으로 횡단했다. 15살 방학 때 두 친구와 함께 국토를 가로질러 달렸는데, 그것이 내 첫 번째 모험이었다. 하드리아누스 성벽 전체는 공식적인 자전거 코스로 지정되어 있고, 그냥 72번 도로 표지판만 따라가면 국토를 횡단하게 되기 때문에 이 모험은 쉬운 편이다.

화려했지만 짧은 일출이 끝났다. 하늘은 잿빛으로 바뀌었다.

춥고 곧 눈이 내릴 것 같았다. 나는 표지판을 따라 서쪽으로 달렸다. 낡은 피시 키 유적을 따라 달렸는데 이곳 역사는 13세기까지 거슬러 오른다. 하지만 너무 역사에 몰두하다 보면 여행을 망치게 되기 때문에 슬쩍만 보았다. 사실 춥기도 했고.

나는 최대한 빨리 달렸다. 옷을 살 수 있는 가장 가까운 가게를 간절하게 찾고 있었다. 오랜 여행 경험을 토대로 짐을 알맞게 싸려고 했는데 (지금까지 한 내 모든 조언들이 다 의심스러워지겠지만) 이번엔 완전히 실패였다. 하지만 고맙게도 가장 좋아하는 가게를 찾을 수 있었다. 나는 TK 막스(영국의 의류 할인 체인점—옮긴이)에서 울 점퍼를 사 얼른 입었다.

따뜻하게, 그래서 더 행복하게 나는 뉴캐슬 지방으로 들어섰다. 자전거 길을 따라가면 시내로 들어가도 교통 체증을 피할 수 있다. 수많은 장엄한 다리들 아래를 지나서 타인 강 상류 방면으로 나아갔다. 어느 순간 주택가와 공장들이 사라지며 시내를 벗어났다는 걸 알게 됐다.

작은 시골길을 지났다.
나는 혼자였기 때문에 좋아하는 카페가 나오면 마음대로 멈출 수 있다.
그래서 멈췄다. 이런 게 정말 좋다.

원하는 건 무엇이든 할 수 있고, 속도도 내 마음대로 정하면 된다. 혼자만의 마이크로 어드벤처를 할 때 맛보는 달콤한 자유. 갑자기 카페 창밖에서 눈보라가 소용돌이쳤다. 나는 커피를 한 잔 더 마시기로 결정했다.

그날 오후, 로마 시대 성벽에 도착했다. 영국에 있는 28개 세계문화유산 중 하나다. 그런데 남아 있는 성벽이 많지 않았다. 농업지대라 성벽에서 빼온 돌로 돌담을 만들었던 것이다. 하지만 놀랍도록 튼튼하고 잘 구축된 성벽은 아직 볼만하다. 여기에 와 있다는 사실에 흥분되었다. 축축하고 거친 황야에 쉬지 않고 눈이 내려 깊게 쌓여갔다. 수천 년 전, 샌들만 신은 가여운 로마 병사가 이 끔찍한 곳에서 언제까지 있어야 하나 걱정하며 서 있었을 비참한 모습이 상상되었다.

이어 로빈 후드 나무를 찾았다. 그 나무는 두 언덕 사이 푹 꺼진 곳에 자리한 고대의 성벽을 향해 뻗어 있었다. 주위에는 아무도 없었다.

나는 현대 의류 할인 체인점에서 고작 몇 시간밖에 안 떨어진 곳에 로마 제국의 성벽이 있고 그 위에 서 있다는 사실이 기뻤다.

> 가만히 선 채 나무를 올려다보고 있으니 몸에 눈이 쌓였다.
> 만져볼 수 있는 역사의 감각이 그곳에 있었다.

하지만 날씨가 음산해지고 있었다. 때때로 마이크로 어드벤처의 묘미는 그토록 벗어나고 싶던 곳이 사실은 그다지 나쁘지 않다는 것을 깨닫는 데 있다.

근처에 대피소가 있다는 얘기를 듣고 찾아보기로 했다. 처음에는 침낭에서 자려고 했지만 눈 내리는 겨울에 침낭에서 자는 것은 끔찍하다. 나는 자전거를 나무 뒤에 숨기고 대피소를 찾아 나섰다. 도시에 산다면 나의 자존심이자 기쁨이기도 한 자전거를 밤새 나무에 기대두는 것이 불안할 것이다. 하지만 이곳은 멀리 떨어진 시골이고 눈까지 내리고 있었다. 도둑이 있을 것 같지는 않았다. 나는 북쪽을 향해 걸었다. 약도뿐이라 감각으로 방향을 잡았다. 질척한 황야를 건넜다. 진흙이 신발을 끌어당겼다. 밤이 들이닥쳤다. 어둠 속에서 길을 잃고 싶지는 않았다. 지도는 진눈깨비를 맞아 흐늘거렸다. 어두워지거나 지도가 못쓰게 되면 잠자리를 찾을 수 없다는 사실을 알고 있었다. 걸음을 빨리해 철벅거리는 습지를 지나 울타리를 넘었다. 거의 절망스럽던 때, 작은 숲속에 자리한 대피소를 발견했다. 정말 안도했다. 대피소는 영국 북부에 있는 특별한 시설로, 대부분은 스코틀랜드에 있다. 문이 열려 있고 누구나 무료로 사용할 수 있다. 대피소는 사실 밤을 지내기 위해 머리 위에 지붕을 얹은 정도일 뿐이다. 경우에 따라서는 가끔 창문이 있다. 운이 좋다면 침상이 있을 수도 있다. 정말 운이 좋다면 화로가 있지만 더 이상 기대하면 곤란하다. 하지만 오늘처럼 추운 날은 지붕 외에 다른 것이 꼭 필요하다.

나는 삐거덕 문을 밀었다. 공포 영화와 상상력 때문에 어두운 공간에 들어설 때는 긴장이 된다. 일단 안으로 들어서자 공포는 누그러들었다. 실내 공기는 차가웠지만 다행히 습하지 않았다. 랜턴으로 살펴보았다. 두 개의 침상과 안락의자, 방문자 가이드북, 그리고 통나무 난로가 보였다. 절로 웃음이 나왔다. 나는 새로운 힘을 얻어 짐을 내려놓고 나무를 모으기 위해 밖으로 나갔다. 다음 사람들을 위해 내가 쓸 장작은 스스로 해결하려고 했지만 밖의 나무는 모두 눈에 젖어 있었다.

할 수 없이 고맙게도 앞서 왔던 사람들이 남겨 놓은 마른 장작더미를 쓰기로 했다. 불빛과 온기가 대피소 안에 퍼지자 깊은 행복감이 밀려왔다.

그날은 추운 데다 너무 힘이 들었기 때문에 긴장이 풀리고 따뜻해지니 환상적인 느낌이었다. 노섬벌랜드의 황야는 정말 황량하고 신선했다. 춥고 습한 밤에 따뜻하고 건조한 대피소보다 좋은 게 있을까. 나는 완전히 푹 잤다.

다음 날 아침, 2~3킬로미터를 걸어서 자전거로 돌아와 다시 서쪽을 향해 페달을 밟았다. 빨리 달리는 것도 재미있고 배도 고팠기에 힘껏 달리며 몸에 온기가 돌게 만들었다. 귀찮아서 취사도구를 가져오지 않았기 때문에 차 한 잔과 베이컨 샌드위치 같은 걸 찾아야 했다.

처음 발견한 한산한 카페에서 아침을 먹었다. 식당에는 레이스

달린 커튼과 어제 날짜 〈데일리 메일〉 신문이 있었고, 내가 유일한 손님이었다. 나는 젖은 신발과 양말을 벗어 뜨거운 라디에이터에 몰래 올려놓았다. 아침을 먹는 동안 신발과 양말은 서서히 말라갔다. 여종업원이 치우라고 말할까 봐 계속 눈길을 피했다.

제때 열차를 타려면 아직 몇 킬로미터를 더 가야 했기 때문에 더 이상 미적거릴 수 없었다. 때때로 일상으로 돌아가기 위해 모험을 포기해야 할 때가 있다. 사실 이번 모험에서 나는 이래저래 법석을 떠느라 해변까지 갈 시간조차 없었다. 나는 강 하구에서 라이딩을 끝내야 했다.

이번 모험은 아주 초라한 결과를 남겼다. '동해에서 서해까지 라이딩'에 관한 내용으로 너무 부족해서 진심으로 사과드린다. 하지만 모험이 항상 K2 등반 같을 수는 없는 법. 일상에서 벗어나 뭔가를 하는 것만으로도 가끔은 충분히 좋다. 맑고 차가운 물이 흘러드는 낡은 말 여물통에서 마지막으로 물병을 채웠다. 아직 4~5킬로미터를 더 가야 했다. 다음 열차를 타야 내 책상과 컴퓨터 앞으로 돌아갈 수 있기 때문이다. 그래도 괜찮다. 이번에는 이 정도로 충분하다. 🔍

🔍 자전거로 국토를 가로지르는 여행을 위한 또 다른 아이디어

- 서스트란스 내셔널 사이클 네트워크는 영국의 모든 주요 도시를 연결한다. 영국 주택가의 55퍼센트를 지나는 안전하고 체증 없는 길과 포장 루트로 구성되어 있다.
- CTC는 영국의 사이클링 자선 단체로, 다양한 자전거 정보와 코스 짜기를 소개한다. 만약 랜즈엔드에서 존 오그로츠(영국의 남쪽 끝에서 북쪽 끝으로, 거리는 약 1,500킬로미

터에 달한다—옮긴이) 구간에 도전한다면 매우 유용한 정보들이 있다.

• 자동차가 아예 없는 곳에서 자전거를 타고 싶다면, 보행 도로 겸 자전거 도로로 바뀐 7,200킬로미터에 달하는 영국의 폐철도 노선을 찾아보면 된다.

• 산악 대피소 협회(www.mountainbothies.org.uk)는 영국 내 약 100군데의 대피소를 관리한다. 대피소를 이용할 때면 항상 도착했을 때보다 깨끗하게 해놓고 떠나고, 가능하면 불을 땔 장작은 스스로 구해서 쓰며, 장작더미를 더 구해 쌓아둔다. 사이트 내에 서해에서 동해까지 하는 여행의 계획을 세우는 데 도움이 되는 지도가 있다.

• 장거리 보행자 협회는 훌륭한 정보통이다. 보행을 달리기로 대체하는 것은 자유다.

14

스코틀랜드
횡단 여행

—

거칠게 흐르는 개울에서 물통을
채웠다. 그리고 한참을 걷다가
옹이가 많고 이끼로 덮인 나무
에 텐트를 쳤다.

—

소요 시간 ⋯ 6일
장소 ⋯ 스코틀랜드 북부
난이도 ⋯ 어려움
필요 장비 ⋯ 고무보트

래녹 황야는 평소보다 더 불길해 보였다. 땅은 눈으로 두껍게 덮여 있었다. 잿빛 하늘은 낮고 위협적이었다. 개울과 강은 꽁꽁 얼어붙은 채 얼음으로 뒤덮인 검은 산들의 발치를 미동도 없이 휘감고 있었다.

유일한 생명체인 멋진 사슴 무리가 먹을 것을 찾아
산줄기에서 내려오는 모습이 보였다.
사슴 떼는 차가운 공기에 김이 나는 숨결을 킁킁 내쉬었다.

차창 밖 야생의 모습에 우리의 흥분도 고조되었다. 졸린 눈으로 도시의 새벽 열차에 올라 겨우 몇 시간 달렸을 뿐인데 이런 자연이 존재한다는 사실이 경이로웠다. 우리도 확 달라졌다. 런던에서 카푸치노(앤디)와 〈가디언〉(나)지를 손에 들고 열차에 올랐던 우리는 새로운 마음가짐으로 무거운 배낭을 든든한 어깨에 메고 열차에서 내렸다.

　역은 한가로웠다. 우리는 동쪽으로 걷기 시작했다. 계획은 단순했다. 그냥 스코틀랜드를 횡단하는 것이다. 우리는 서해안에서 시작하여 스페이 강까지 걷고, 거기서부터는 가져간 고무보트를 부풀려서 바다까지 노를 저어 가기로 했다.

　거칠게 흐르는 개울에서 물통을 채웠다. 그리고 한참을 걷다가 옹이가 많고 이끼로 덮인 나무에 텐트를 쳤다. 밤새 거센 바람이 몰아쳤고 폭우까지 쏟아졌다. 북쪽 끝의 1월이라 오후 4시면 어두워져 다음 날 아침 8시까지 빛을 볼 수 없으니 최소한 잘 시간은 충분했다.

　처음 며칠간은 사슴이 다니는 길을 따라 걸으며 가파르고 야생화로 뒤덮인 황야를 지나야 한다. 우리는 경사면을 재빠르게 오르내렸고, 덤불과 급류도 통과했다. 진행은 느렸고, 무거운 짐은 우리를 짓눌렀다. 정상이 눈으로 덮인 바위 협곡을 오르는 동안 멋진 수사슴 한 마리가 겨우 20미터 거리에서 800미터나 쫓아왔다. 사위는 고요했다. 이틀 동안 우리는 사람은 물론 자동차나 불빛조차 보지 못했다. 도전적인 모험과 진정한 고독이 바로 여기에 있었다. 나는 들뜨고 평화로웠으며 자신감에 넘쳤다. 내 직업이나 은행 잔고, 또는 미래의 야망에 대해 조바심치지 않았다. 이곳에서 나는 현재를 살면서 그것을 음미하기만 하면 되었다.

두 갈래의 까마득한 협곡이 합류하는 호숫가에 캠프를 차렸다. 머리 위로 솟은 깎아지른 봉우리가 빚어낸 거대한 극장에서 우리의 텐트는 작고 초라했다.

새벽에 텐트에서 나오자 별이 흩뿌려진 어둠이 펼쳐져 있었다. 산의 실루엣이 고요한 수면에 비쳤다. 다시 들판을 건너 산줄기를 넘자 잔물결 이는 짙은 색 개울이 나왔다. 독수리 한 마리가 머리 위를 빙빙 돌았다. 우리는 개울 상류를 향해 걸었다. 축축한 습지로 시작한 물길은 금세 주변에 미나리가 자라는 그럴듯한 작은 개울로 바뀌었다. 개울 폭은 90센티미터에서 120, 150, 180센티미터로 점점 넓어졌다. 나는 보트를 꺼내고 싶어 안달이 났다. 가느다란 지류들은 모두 개울로 합류해서 조금씩 깊어지고 수량도 늘어났다. 마침내 물이 충분히 깊어졌다. 고무보트를 부풀리면서 나는 마치 크리스마스의 어린애처럼 흥분했다. 배낭을 보트 앞에 묶은 다음 출발했다. 물은 우리를 즐겁게 아래로 흘려주었다. "우와! 완전 자동이야!"

우리는 곡류 지점을 돌아 노를 저어 어둡고 깊은 물을 거쳐 금빛 자갈이 있는 급류를 통과했고, 바위 지대도 지났다. 조용히 흘러가며 사슴을 지나치고 작은 물까마귀들이 상류로 휠휠 날아가는 것을 보았다. 앤디와 나는 서로 마주보며 웃었다. 이렇게 가는 것이 저 지긋지긋하게 무거운 배낭을 메고 걷는 것보다 훨씬 낫다는 데 둘 다 동의했다. 이내 저 앞에 첫 번째 급류가 보였다. 우리는 강둑에 멈춰서 어떻게 할지 상의했다.

"먼저 정찰을 해보는 게 어때?" 내가 제안했다.

"정찰은 겁쟁이 짓이야!" 앤디가 소리치더니 하얀 급류 속으로 뛰어들었다(사실 이러면 안 된다. 정찰은 필수다). 급류 구간은 짧았지만 아주 신났다.

강물이 우리가 가려는 방향에서 벗어났을 땐 둘 다 슬펐지만 어쩔 수 없이 다시 걸어야 했다. 불행하게도 앤디가 무릎을 다쳐 스페이 강까지는 히치하이크를 했다. 이럴 경우 어떤 모험가는 눈살을 찌푸릴 수도 있지만 마이크로 어드벤처는 각자 상황에 맞게 어떤 타협도 수용할 수 있는 모험이다. 다른 사람들이 어떻게 생각하느냐는 중요하지 않다.

케언곰 산맥의 하얀 봉우리 뒤편으로 새벽하늘이 핑크빛으로 물들 때 우리는 스페이 강둑에서 다시 보트를 부풀렸다. 지금껏 나는 한 번도 영국의 강에서 빙산을 본 적이 없었다. 노를 젓는 건 흥분됐지만 이렇게 추운 날씨에 물에 들어가야 해서 긴장도 되었다. 앞서 급류 때와 달리 속도가 느려진 것은 두려움과 딱딱하게 얼어붙은 강 때문이었다. 얼음 아래 갇혀 죽는 상상은 거의 해본 적이 없다는 게 떠올랐다. 재미있고 도전적이기는 하지만 앞으로 얼마나 위험할지 의식이 되었다.

고작 몇 분 만에 손이 고통스러울 정도로 시렸다. 우리는 옷을 넉넉하게 입지 않았고 맹추위에 종일 야외에 있었다. 두께 25센티미터짜리 당구대만 한 크기의 거대한 얼음판이 둑을 따라 층층이 쌓여 있었다. 수면보다 1미터나 높은 나뭇가지에 매달린 쓰레기들은 최근에 폭풍이 불었음을 짐작하게 했다. 맥 빠진 백색 태양은 온기의 환상만 주었다.

스페이 강은 전체가 꽁꽁 얼어 있고 유빙이 덮여 있었다. 우리는 보트를 끌고 강을 걸어갈 수밖에 없었다. 인시 호수가 눈앞에 펼쳐졌지만 역시 얼어 있었다. 모험은 이걸로 끝이구나 걱정하며 계속 걸었다. 호수 길이만큼 걸었는데, 고맙게도 얼어붙은 수면 아래에서 물이 흘렀다. 기운이 솟았다. 모험을 다시 시작할 수 있게 된 것이다!

아직 몹시 추웠지만 장갑 낀 손을 비닐 가방에 넣으니 추위의 고통이 좀 줄어드는 것 같았다. 젖은 보트 바닥에 붙박인 발과 엉덩이는 감각이 없어졌다가 매우 아프기를 반복했다. 밤이 되면 따뜻한 침낭과 캠핑용 난로의 신나는 소음이 그렇게 반가울 수 없었다.

하이라이트는 아침의 급류였다. 물은 노칸두 위스키 공장에서 나는 향을 담고 스쳐 지나가며 맹렬하게 흘러내렸다. (지푸라기 색깔의 몰트(위스키의 원료—옮긴이)는 이 글을 쓰는 지금 바로 내 옆에 놓여 있다.) 강물은 흘러감에 따라 분위기가 바뀌었다. 강은 점점 느려지면서 아름답고 위풍당당해졌다. 강둑에는 고급 주택과 깔끔한 낚시용 오두막이 점점 늘어났다.

우리는 빠르게 스페이 강 하구로 들어섰다. 꽝음과 함께 바위와 흙이 무너지며 사태가 났다. 나무 한 그루가 둑에서 강물로 미끄러져 들어갔다.

연어를 잡은 수달과 물속으로 자맥질하는 가마우지, 빙빙 도는 갈매기들이 목적지가 가깝다는 것을 말해주었다.

노를 저어 우리 보트에 호기심을 보이는 물개를 지나쳤다. 갈색의 흙탕 파도가 보트 앞을 때렸다. 이제 북해에 도착한 것이다. 마지막으로 보트를 물에서 끌어내고 시끄러운 자갈 해변에 올라섰다. 우리가 드디어 스코틀랜드를 횡단한 것이다. 나는 감동적인 모험의 기념품으로 매끄럽고 둥근 자갈을 하나 골라 호주머니에 넣었다. 그리고 보트를 접고 배낭을 챙긴 다음 집으로 가는 버스를 타러 갔다. 🔥

15

쾌적한
신용카드 모험

즐거웠다. 길가에 핀 핑크빛 분
홍바늘꽃과 초원에 쌓인 건초가
풍기는 여름 냄새를 심호흡으로
들이켰다.

소요 시간 ⸱⸱⸱ 주말
장소 ⸱⸱⸱ 자전거
난이도 ⸱⸱⸱ 중간
필요 장비 ⸱⸱⸱ 신용카드

최근 몇 년간 자전거가 각광받고 있다. 날씨 좋은 주말이면 수많은 사람들이 라이딩을 즐긴다. 전국의 시골길에는 '매밀(MAMIL(Middle-aged Man in Lycra), 자전거용 타이즈를 입은 중년 남자들─옮긴이)'이 넘쳐난다. 그런데 이들은 대개 노출이 심한 복장으로 지나치게 비싼 자전거를 탄다. 요즘엔 '신용카드 자전거 여행'이란 개념이 인기를 얻고 있다. 텐트를 실은 무거운 자전거보다 호텔에서 숙박하는 걸 선호하는 매우 쾌적한 여행법이다. '레이싱용 자전거+칫솔+신용카드+호텔'은 분명히 의미가 있다!

그래서 이번 이틀간의 마이크로 어드벤처에서 나는 짐을 싣지 않은 자전거로 빠르게 달리는 흥분을 맛보기로 했다. 그렇다고 하루 만에 다녀올 수 있는 익숙한 곳을 가려는 건 아니다. 나는 진짜 여행을 하되 가벼운 여행을 원했다. 카페와 펍을 옮겨 다니는 퇴폐적인 사치를 누리면서도 제대로 된 자전거 여행의 달콤한 자유를 만끽할 것이다. 밤이 되면 어디서든 잘 수 있도록 침낭을 휴대했다.

나는 자전거 여행의 좋은 점만 모아 투르 드 프랑스(1903년 시작되어 매년 7월 프랑스를 일주하는 프로 자전거 대회. 3주 동안 3,600킬로미터 정도를 달리며, 주변국이 코스에 포함되기도 한다. 2014년에는 영국 요크셔 계곡을 도는 192킬로미터의 리즈─해러게이트 구간이 첫 번째 스테이지(하루 경기 코스)였다─옮긴이) 첫 번째 스테이지를 달릴 계획을 세웠다. 리즈 시내 중심가에 있는 그레그 빵집 앞에서 나는 자전거에 올랐다. 고기 파이 냄새가 공기에 가득했다. 길 건너편에는 빅토리아 시대의 마을 회관이 있었다. 크림 번을 손에 들고 쌍둥이용 유모차를 미는, 체격이 큰 젊은 여성이 지나가기를 기다렸다가 드디어 나만의 투르 드 프랑스 데뷔 첫 페달을 밟았다. 자전거를 타는 사람이라면 누구에게나 중요한 순간일 것이다.

나는 투르 드 프랑스를 사랑하고, 요크셔도 사랑한다.
하지만 요크셔에서 투르 드 프랑스가 출발할 것이라고는 상상도 하지 못했다.

나는 곧 리즈를 벗어나 헤어우드와 와프 계곡의 한층 목가적인 풍경으로 들어섰다. 자전거를 타고 나선 평범한 날이지만 투르 드 프랑스 코스를 따라가니 모든 것이 다르게 보인다. 내리막에서 속도를 내려고 자세를 숙이며 어린애처럼 상상을 했다. 나는 막판 스퍼트로 선두에 나서서 돌진했다. 관중들이 환호한다! 시상대 위에서는 통실한 사자 인형을 쥔 아름다운 여성들이 내게 줄 옐로 저지(투르 드 프랑스 경기 중에 종합 선두가 입는 노란색 상의—옮긴이)와 화끈한 키스를 준비하고 있다. 해설자들은 타고난 내 재능에 찬사를 보낸다. 어깨를 나란히 한 맹금 한 마리가 시속 40킬로미터를 넘는 속도로 날고 있었다. 나는 브래들리 위긴스와 크리스 프룸, 랜스 암스트롱, 미구엘 인두라인(투르 드 프랑스에서 활약한 전설적인 선수들—옮긴이) 등이 연합한 공격을 영웅적으로 물리쳤다. 모든 영광은 나의 것이다! 근데 이게 뭐지? 앗, 망했다!

빨간색 신호등 앞에 단호한 표정의 교통 안내인이 서 있었다. 나는 브레이크를 잡고 멈춰 섰다. 평화로운 마을에 사는 젖소들이 도로를 횡단해 지나갔다.

즐거웠다. 길가에 핀 핑크빛 분홍바늘꽃과 초원에 쌓인 건초가 풍기는 여름 냄새를 심호흡으로 들이켰다. 스킵턴에서 방향을 북

쪽으로 바꾸어 아름다운 요크셔 계곡 국립 공원으로 들어서자 길이 좁아지고 마른 돌담이 에워쌌다. 저녁 햇살은 따뜻했지만 머리 위에는 폭풍 구름이 생겨나고 있었다. 나는 비가 오지 않기를 기도했다. 배가 고팠지만 조금이라도 더 나아가고 싶었다. 보이는 족족 새로운 마을은 지나온 마을보다 더 그림같이 아름다웠다. 마을마다 펍이 있어서 이제 그만 하루 일정을 마치고 들어오라고 유혹했다. 나는 케틀웰에 당도하여 하루를 끝냈다. 드디어 햇살 속에서 마시는 맥주, 그리고 고기와 칩까지. 투르 드 프랑스는 이래야 한다!

나는 잘 곳을 찾아 마을을 약간 벗어났다. 자전거는 담장 뒤에 숨겨두고 길가의 가파른 언덕에 올랐다. 자전거용 신발은 이런 활동에는 맞지 않아 힘들었지만, 그래도 15분 만에 도로 위 높직한 곳에서 홀로 밤을 보낼 수 있게 되었다.

특별한 잘 곳을 찾아 약간의 노력을 들이는 것은 항상 의미가 있다.
숨결을 고른 후 의기양양한 포즈로 찍은 사진은 오래도록 남기 때문이다.

전원에서 비박을 하는 것은 그 지역 호텔을 찾는 것보다 더 쉽다. 비박은 현장에 있는 가장 간단하고 제일 편한 시설이다. 시원한 조망과 맑은 공기는 5성급 호텔 부럽지 않다. 다만 침대가 조금 불편하고, 미니바를 직접 준비해야 한다는 건 나도 인정한다.

아래 보이는 계곡에는 밝은 초록색 들판과 건조한 돌담 그리고 석조 창고가 점점이 흩어져 있다. 와프 강은 노을 지는 푸른빛과 금빛 하늘을 반사했다. 유일하게 들리는 소리는 계곡 위아래에서 서로를 부르는 양들의 울음소리와 내 위에 있는 나무의 초록 딱따구리가 내는 소리였다. 그날 저녁은 너무 조용해서 딱따구리가 하늘을 가로질러 날아갈 때의 날갯짓 소리까지 들을 수 있었다.

가볍게 움직이려다 보니 여벌옷이나 비옷 같은 것이 없었다. 이럴 때의 불편 중 하나는 베개로 쓸 게 없다는 것이다. 그래서 나는 발가벗고(혼자 산꼭대기에서 잘 때의 또 다른 장점) 침낭 속에 들어가 옷을 뭉쳐 베개 대신 삼았다. 한 맹금류가 둥지에 있던 새끼가 부르자 먹이를 주기 위해 급강하하여 내 머리 바로 위의 나뭇가지에서 계속 울어대는 통에 한밤중에 잠이 깼다. 나는 가만히 누워 주변에 귀를 기울였다. 정말 가까웠다. 나를 덮쳐서 눈을 쪼려는 것은 아닐까? 물론 그럴 리가 없다. 바보 같은 생각이다.

> 하지만 어둠속에서 그 녀석은 확실히 압도적이었다.
> 산꼭대기에서 비박을 하면 밤에는 항상 야생을 느낀다.

그날 밤 페르세우스 자리의 유성우가 머리 위로 쏟아졌다. 자전거로 80킬로미터를 달리고 저녁에 펍에 들렀다는 것은 잠들기에 전혀 문제가 없음을 뜻한다. 중간에 얼굴에 내리는 이슬비 감각에 잠을 깨고 보니 세상은 잿빛 구름이 끼어 칙칙했다. 나는 성가신 이슬비를 피해 침낭 안으로 더욱 깊이 파고들며 재차 잠을 청했다. 다시 눈을 떴을 때 태양은 언덕 위로 솟아 있고, 멀리 흩어진 구름은 계곡에 걸쳐 있는 무지개로 그 흔적을 남겼다. 나를 둘러싼 풀밭은 밝은 보석처럼 물방울이 반짝였다. 멋진 날이 될 것 같았다. 아침 식사를 할 곳을 찾으러 출발하기 전에 일단 누운 채로 바나나를 먹으며 멋진 조망을 즐겼다.

몸을 풀고 졸음에 겨운 눈을 뜨기 위해 오르막을 오르면서 둘째 날의 여정이 시작됐다. 안장에서 내려 힘겹게 걸었다. 프로 선수들이 여기를 어떤 속도로 달릴지 상상하니 즐거웠다. 선수들이라면 이 정도로는 조금도 지치지 않겠지. 이는 내 자존심을 아프게 했지만 한편으론 반대편 내리막을 질주할 용기를 주었다. 나는 겁이 나서 그만두기 전에 힘을 내서 넓게 돌며 속도를 올렸다. 그리고 느긋하게 안장에 올라 앉아 아침 식사를 향한 내리막 질주를 즐겼다. 중간에 한 군인을 추모하는 기념비를 만났다.

> 우리는 순례자이면서 주인
> 우린 언제나 조금 더 멀리 가야 하네
> 눈 빗장을 지른 저 마지막 푸른 산 너머까지
> 저 분노와 저 명멸하는 대양을 가로질러

나는 고개를 넘어 반대편 자락을 질주해서 스웨일데일의 긴 계곡을 지나 레이번으로 향했다. 스웨일데일에서는 잠시 멈춰 차가운 연못에서 수영을 했다. 그리고 멋진 황야를 향하는 가파른 언덕길에서 마지막 젖 먹던 힘까지 다 짜냈다. 고지대는 여름 야생화로 분홍빛이었다. 다리는 지쳤지만 레이번에서의 차 한 잔과 마샴에서 잠시 들린 양조장은 지친 몸에 활기를 북돋아주었다.

이제 나와 옐로 저지 사이에 놓인 것은 해러게이트로의 전력 질주뿐. 나는 상상 속에서 내게 환호를 보내는 성대한 관중들 사이를 통과해 멋진 결승선을 향해 달려갔다. ❀

투르 드 요크셔의 팁

영국 어디에서든 토요일 아침 일찍 열차를 타면 점심쯤 리즈에 도착할 수 있다. 열차를 예약할 때는 자전거를 실을 수 있는 공간을 먼저 확인해야 한다. 리즈에서 65~80킬로미터 정도 달리면 스킵턴과 벅던 사이의 조용한 골짜기에 들어서는데, 이곳 마을들에 있는 펍에서 식사를 하면 좋다. 그리고 야영을 할 아름다운 장소를 찾기도 쉽다.

이번 라이딩 모험에 사용한 장비들

- 로드 바이크
- 헬멧
- 짐 수납 : 시트포스트 랙(안장 아래쪽에 다는 짐받이―옮긴이), 패니어(앞뒤 바퀴 옆에 다는 가방―옮긴이), 안장 가방을 이용했다. 또는 작은 배낭을 이용해도 된다.
- 옷과 장비 : 10리터들이 방수백에 담았다. 비닐 봉투를 여러 장 겹쳐서 사용해도 된다.
- 장비 : 휴대용 공구 세트, 펌프, 예비 튜브, 펑크 수리 키트를 가져갔다. 무슨 일이 일어날지 미리 점칠 수 있다면 이런 건 가져가지 않으련만.
- 의류 : 옷이 물에 젖거나 추울 때를 대비해서 충분히 따뜻한 옷 하나는 꼭 챙긴다. 그래도 너무 춥다면 카페나 기차역으로 간다. 8월에 갔던 나는 입고 있는 자전거 옷뿐이었다. 런던으로 돌아오는 열차 안에서 타이즈만 입은 나는 조금 괴짜처럼 보였을 것이다.
- 버프 : 고급 제품을 추천한다. 방한모자, 땀 밴드, 안대 등 다양하게 활용할 수 있다.
- 작은 비옷 : 테니스공보다 작게 접히는 제품을 고른다.
- 비닐 백 : 가격 대비 가장 효과적이다. 값이 싸고, 비옷을 대체할 수도 있다. 비 오는 밤, 방수포 오두막을 지을 때는 펼쳐서 사용할 수 있다.
- 카메라와 내비게이션 기능의 휴대폰과 충전기 : 지도 앱은 전파가 끊겨도 쓸 수 있다. 휴대폰 충전은 카페에서 1시간쯤 쉴 좋은 명분이 된다.
- 침낭 : 체온 유지에 충분하되 가장 작은 것을 고른다.
- 비비백 : 비박을 할 때 침낭 대용으로 쓸 수 있다. 체온 유지를 위한 최소한의 장비다.
- 슬리핑 매트 : 적절한 것을 찾기 위해 수많은 실험을 해봤지만, 결국 버리고 오기 일쑤였다. 현재 내가 쓰는 것은 써머레스트 네오에어의 3/4 길이 제품이다.
- 칫솔 : 어린이용으로 가져가면 무게를 줄일 수 있다. 아니면 칫솔 대신 껌을 챙긴다.
- 그리고 신용카드

16

숲속에서의 하룻밤

—

공기는 조용하고 어두우며 차갑
다. 비도 숲을 관통하려면 시간
이 걸린다.

—

소요 시간 ⋯ 밤새
번거로움 정도 ⋯ 낮음
난이도 ⋯ 쉬움
필요 장비 ⋯ 최소한

아무리 작은 수풀과 숲일지라도 일단 그 안에 들어가면 세상에서 분리된 느낌을 받는다. 현실과 동떨어진 다른 세계, 이를테면 『나니아 연대기』의 환상 세계나 동화의 나라에 들어선 것 같다.

숲속에 들어가는 것은 소리, 빛, 날씨, 시간의 법칙이 적용되지 않는 새로운 세계로 들어서는 것이다.

숲에서는 모든 것이 제대로 보이지 않는다. 감각은 마치 물속처럼 영롱한 초록 세상에 잠겨버린다. 공기는 조용하고 어두우며 차갑다. 비도 숲을 관통하려면 시간이 걸린다. 바깥에서는 우산을 써야 할 때라도 숲속에서는 젖지 않을 수 있다. 대신 다시 해가 나와도 숲속의 빗방울은 여전히 똑똑 떨어진다. 바깥보다 덜 따뜻하고 덜 밝지만 숲속에서는 덜 춥고 바람도 덜 분다. 숲은 한층 지속적인 세계다.

친구와 나는 사실 별 계획이 없었다. 그냥 슈퍼마켓에 들러 음식과 값싼 레드 와인 몇 병을 사서 도시를 벗어났다. 비가 내리고 있었고, 우리는 각자 하룻밤을 지내는 데 필요한 장비를 담은 작은 배낭을 멨다. 20분 정도 걸어서 사람 키만 한 높이의 갈대숲에 들어섰다.

비는 초롱꽃과 분홍제비꽃, 이질풀 위로 떨어졌고,
우리가 들어선 숲은 환하면서 젖어 있었다.
새소리와 빗소리가 유일한 소리였다.

따뜻하고 습한 저녁 공기는 카우 파슬리(흰 꽃을 피우는 야생화―옮긴이)의 강한 향기를 전해주었다. 어딘가 특별히 아름다운 곳으로 가거나 뭔가 신나는 것을 할 생각은 아니었다. 그냥 하룻밤만 일상에서 벗어나고 싶었다. 도시 인근의 숲속에서 자는 것은 이런 탈출을 원할 때 손쉽게 시도할 수 있는 최고의 방법이다. 제스는 평생을 이 근처 도시에서 살았지만 이런 경험을 한 적은 없다고 했다. 그녀의 목소리에는 놀람과 즐거움이 함께 묻어났다.

영국은 유럽에서 숲이 가장 적은 나라 중 하나지만, 사는 곳 근처의 아주 작은 숲만 찾아도 에워싸는 듯한 숲의 본질 때문에 충분한 야생의 느낌을 받을 수 있다. 우리는 숲에서 가장 높은 지점에 도착했다. 시야가 트인 곳에 서면 우리가 떠나온, 몇 킬로미터 떨어진 도시가 아직 보였다.

황혼 무렵, 우리는 5월의 비로 촉촉한 숲속에 있었다. 나는 이런 곳을 좋아한다. 우리들은 대부분 위생적이고 도시화되고 지하철이 있는 세상에서 살지만 이렇게 쉽게 비바람이 얼굴을 때리고 달밤에 짐승 소리가 들리는 곳에 도달할 수 있는 것이다.

제스와 한나는 조심스럽게 작은 모닥불을 피웠다. 허기가 두 사람을 움직이도록 자극했다. 필과 나는 장작을 모았다. 굳이 긴 나무를 끌어오느라 끙끙대는 걸 보면 확실히 남자들은 이런 일을 즐기는 것 같다.

간단하지만 맛있는 요리를 만들어서 모닥불 주위에 둘러앉아 먹었다. 얘기를 나누며 웃음꽃을 피웠다. 겨우 밤 9시였지만 숲속에서는 훨씬 더 늦은 시간처럼 느껴진다. 우리는 마시멜로를 구웠다(영국 사람들이 흔히 부르는 듯이 '고래 젖꼭지'라고 하는 것보다 마시멜로라고 하는 편이 훨씬 더 맛있다). 그리고 마지막 와인을 마시고 잠자리에 들었다.

다음 날 아침, 비는 그쳤고 숲은 어슴푸레 빛났다. 찌르레기와 개똥지빠귀가 우리를 깨우며 합창했다. 우리는 숲속에서 친구들과 함께 새들의 노랫소리와 더불어 잠에서 깨는 기회를 가진 것에 감사했다(노력해서 그런 기회를 만들었다고 해야 옳겠지만).

"밖에서 자는 것은 뭔가 특별하네." 함께 커피를 마시며 한나가 말했다.

"정말 특별한 느낌이 들어. 오래도록 기억에 남을 뭔가가 있는 것 같아. 사람들은 우리가 미쳤다고 하겠지만 가끔은 누구나 이런 걸 해봐야 해." 🔥

숲속 모험을 하기 좋은 영국 내 장소들

• 아름다운 협곡인 글렌코의 삼림 지대
• 영국에서 가장 오래된 떡갈나무 숲인 딘 숲
• 영국 남부의 대규모 국립 공원인 뉴 포레스트
• 로빈 후드로 유명한 셔우드 숲
• 고지대 참나무 숲인 위스트맨스 숲

 ## 그 외에

• 영국에서 사막 탐험을 하려면 영국 유일한 사막인 던지니스가 있다.
• 첫 번째 지하 탐험을 하려면 그레이트 도크 동굴의 미들 와시폴드가 최적의 장소가 될
  것이다.

17

느리게 강에서
수영하기

———

괜찮다. 어디로 가든 강이 데려
가는 길이면 올바로 가고 있는
것이다.

———

소요 시간 ⟶ 하루
이동 수단 ⟶ 수영
난이도 ⟶ 중간
필요 장비 ⟶ 방수백,
수영복, 타올

고백하건대 나는 강에 미쳤다. 지도에서 강을 보며 가장 먼저 드는 생각은 하나다. '여길 다 돌아보는 데 얼마나 걸릴까?' 나는 지도 위 가늘고 파란 선을 손가락으로 짚으며 멀리 떨어진 고원지대의 발원지까지 거슬러 올라갔다가 다시 바다까지 강줄기를 따라 내려온다. 차를 타고 강을 건널 때도 꼭 목을 빼고 아래를 내려다본다. '저길 노 젓거나 수영으로 갈 수 있을까? 캠핑하기에는 좋을까?'

나는 여러 방식으로 마이크로 어드벤처를 해봤지만 수영으로 한 적은 없었다. 수영장이 아니라 야외에서 오래 수영으로 이동하는 것은 어떤 느낌일지 궁금했다.

**수영 선수가 아니라 장거리 모험은 할 수 없을 것 같았다.
그래서 나는 굉장히 느리고 세상에서 제일 낮은 시야의 여행을 시작했다.**

떠나기 전 나는 수영복을 빌렸다. 수영복은 구식이었고 너무 두꺼운 데다 장거리용이었지만 마이크로 어드벤처는 새로운 장비를 사야 하는 추가적인 진입 장벽을 만들기보다 현재 자신이 가지고 있는 장비들로 시작하는 것이 좋다.

나는 모험 장소로 템스 강을 골랐다. 잉글랜드 남부의 작은 마을에 있는 소풍용 잔디밭 옆에서 빌린 수영복을 입고 강물에 뛰어들었다. 사람들은 나를 보고 놀라서 웃거나 강변에 있는 펍 마당에서 햇빛과 알코올에 취한 얼굴로 멍하니 바라보았다.

수영 실력이 뛰어나지는 않지만 두꺼운 수영복은 전진하는 데 그다지 방해가 되지 않았다. 캠핑 장비는 방수백에 담고 짧은 로프로 나와 연결되도록 묶어 뒤쪽에서 따라오도록 했다.

물은 따뜻했고 하늘은 밝은 푸른빛이었다.
강물에 드러누워 물장구를 치면 빨간색 방수백은 내 뒤를 따라 부드럽게 흘러왔다.

너무 재미있어서 지금껏 한 번도 해보지 않았다는 게, 그것도 지금처럼 아주 작은 모험마저 해보지 않았다는 게 믿기지 않았다. 달리기나 자전거, 카누와는 완전히 다른 경험이었다. 가장 일상적이고 도시화된 장소가 갑자기 야생으로 다가왔다. 템스 강은 야생이나 모험과는 무관한 장소였지만 수면 바로 위에서 개구리 같은 시야로 보면 어디에 있건 세상은 낯설게 돌변한다. 나는 다리 아래를 지나 야외로 나왔다. 그래 봐야 고작 윌트셔였다. 그런데 그곳은 분명히 야생이었다. 내 눈은 수면에서 2~5센티미터 정도 위로 올라와 있었고, 강둑은 저 높이 솟아 있었다. 그래서 부드럽게 나를 휩싸고 있는 강 뒤편은 거의 보이지 않았다.

하늘 위 태양이 앞뒤로 왔다 갔다 하는 것은 강이 많이 구불거린다는 것을 의미했다. 때문에 방향 감각을 잃어서 얼마나 빨리 움직이는지, 어디로 가는지 가늠할 수가 없었다. 하지만 괜찮다. 나는 지금 강을 탐험하고 있는 것이니 어디로 가든 강이 데려가는 길이면 올바로 가는 것이다.

부들 수풀을 지날 때는 부리가 붉은 쇠물닭과 작고 갈색이 도는 휘파람새를 놀라게 했다. 반짝이는 강꼬치고기가 흐릿한 물속에 조용히 숨어 있다가 내 발가락을 물어뜯지 않을까 걱정스러웠다. 나는 조금 더 빨리 발을 움직였다. 수련 잎을 통과할 때는 손으로 부드럽게 어루만지며 미끄러지듯이 지났다. 나는 '야외 수영의 수호성인'인 로저 디어킨이 '자연주의자의 수영'이라고 묘사한 개구리헤엄을 쳤다. 시야와 감각을 확보하기에 가장 좋은 방법이다. 그런데 최근에 내린 폭우로 토사가 많아 물속이 전혀 보이지 않아 아쉬웠다. (원래 스노클링으로 가고 싶었지만 할 수 없었다.)

집도 없고 뚜렷한 강둑길도 보이지 않는 지점을 지나다가 강둑 반대편에 숨어 있는 둥지 안의 새를 보았다. 나는 조용히 그 앞을 지나갔다. 우리는 공모하는 눈빛을 교환했다. '네가 말하지 않으면 나도 알리지 않겠다.' 물고기가 뛰어오르는 것을 보았다. 둑에서 풀을 뜯던 소들은 나를 보고 놀라 느릿느릿 달아났다. 나를 어떻게 대해야 할지 몰랐을 것이다.

하루 종일 수영을 하고 사진 촬영을 위해 강둑을 오르내리느라 해질 무렵이 되자 굉장히 피곤해졌다. 새소리와 나뭇가지를 지나는 바람소리만 들렸다.

수영복을 말리기 위해 나뭇가지에 걸고 가방에서 마른 옷을 꺼내 입었다. 나무에 등을 대고 한동안을 쉬었다. 근육이 아팠다.

지금까지 한 번도 하루 동안 이처럼 멀리 수영한 적이 없었다. 나도 모르게 꾸벅꾸벅 졸다가 흠칫 놀라 억지로 몸을 재촉해 뭔가를 만들어 먹었다.

나는 강둑의 숲에서 밤을 보냈다. 불빛은 보이지 않았고 도로 소리도 들리지 않았다. 대신 내 위쪽의 검은 그물 같은 나뭇가지와 이파리 사이로 별을 보았다. 오랫동안 까마귀 떼가 합창하는 소리를 들었다. 밤새 작은 숲에서는 사슴, 토끼, 여우의 움직이는 소리가 들렸고, 가끔씩 저 아래 검은 강물에서는 커다란 물고기가 뛰어오르며 물을 튀겼다.

새벽녘, 나는 작은 나뭇가지로 불을 피워 커피를 끓였다. 조용한 강은 은으로 만든 거울처럼 매끄러웠다. 마법의 양탄자 같아 내가 뛰어들면 새로운 장소와 상상할 수 없는 모험으로 데려갈 것 같은 기분이 들었다. 하지만 두 가지 나쁜 점이 있었다.

1. 젖은 수영복을 입어야 하는 것
2. 차가운 강물이 수영복 안으로 들어와 가랑이에 닿는 순간. (이 특별한 느낌을 묘사하는 말이 어딘가 있기는 할 텐데. 독일어에 있으려나.)

나는 마음을 가라앉히고 물로 뛰어들어 (숨이 턱 막혀 비명을 지르면서) 두 번째 날의 수영을 시작했다. 바다까지 계속 가서 이번 여행을 완전히 마무리할 수 있도록 기원하며.

며칠간 강을 따라 수영한 것은 내가 시도한 모든 마이크로 어드벤처 중에서 가장 놀라운 경험이었다. 이번 여행은 하나의 계시가 되었다. 일상을 새로운 눈으로 보는 법, 평범함 속에서 평범하지 않은 것을 구하는 법, 즐겁지만 새롭지는 않았던 지금까지의 강변 소풍에서 벗어나는 법에 대해서 말이다.

놀랍다. 강에서 수영하기.

🔍 야외 수영을 위한 조언

야외 수영은 재미있고 정신적으로 좋으며 모험적이다. 하지만 조류와 물결, 드리워진 나뭇가지, 물에 잠겨 보이지 않는 장애물과 추위를 조심해야 한다. 수영 장소는, 특히 혼자 하거나 밤에 할 때는 안전을 위주로 고른다(그런데 보름달이 뜬 밤의 수영은 환상적이다). 내가 정의하는 야외 수영은 단순히 '정말 물에 들어가는 것'일 뿐이다. 무모하거나 만용을 부릴 필요는 없다. 아침에 발을 적실 때는 30센티미터 깊이의 계곡물도 충분하다.

야외 수영을 한다 해서 고래에게 잡아먹힐 일은 없다. 물이 차가워도 결코 후회하지는 않을 것이다. 다만 미리 두려워하는 것뿐이다. 처음에는 겁나고 춥겠지만, 일단 시작하면 생각만큼 그렇게 나쁘지 않다. 그리고 성공하고 나면 기쁘고 보람이 생긴다. 그러니 천천히 시작해보자. 어떤 마이크로 어드벤처를 하든 야외 수영을 꼭 포함시키길.

🔍 강 모험을 위해
가볼만한 영국의 다른 강들

- 스코틀랜드 하이랜드에 있는 네비스 강의 폴듀브 폭포. 작은 송어가 많고 스노클링을 하면 물거품을 통해 반짝이는 햇살을 볼 수 있다.
- 스카이의 페어리 풀스. 바위에서 다이빙해 물속 아치를 지나 다른 웅덩이로 갈 수 있다.
- 스노돈 산을 수영으로 오른다면 흥미로운 도전이 된다. 산에 있는 작은 호수들에서 차례로 수영을 하는 것이다.
- 런던이나 케임브리지에 산다면 스위머(www.theswimmer.org)에 가입한다. 달리기와 수영으로 도시를 횡단하는 단체로, 모든 야외 수영장과 웅덩이를 포함한다.

18

로마 시대 사람처럼 방랑하기

로마 병사는 사르치나라는 가방에 필요한 모든 장비와 3일치 음식을 담아서 가지고 다녔다. 때문에 나도 요리 기구와 침낭, 지도 몇 장만 가지고 갔다.

소요 시간 ⋯ 며칠
장소 ⋯ 포스 가도, 사우스
웨스트 잉글랜드
난이도 ⋯ 중간
필요 장비 ⋯ 로마 역사에
대한 책을 가져가면 여행에
도움이 된다.

　모험의 가장 중요한 요소는 '새로운 곳에 가는 것'과 '왕성한 호기심을 갖는 것'이다. 작고 오래된 장소도 모험 가능성은 무궁무진하다. 그런데 여기서 '오래된'이라는 말이 중요하다. 여행에 역사를 더하면 새로운 흥미가 보태진다.

　영국 전역에는 로마 식민 시대 때 건설된 수십 개의 옛 건축물들이 있다. 오크니 제도의 하워 언덕 돌집은 5,700년 전의 것으로 아직도 잘 보존되어 있다. 로마인들은 쭉 뻗은 도로를 선호했다. 포스 가도는 가장 긴 직선로로, 320킬로미터나 뻗어 있다.

　나는 포스 가도의 일부 구간을 로마 병사가 행군하던 속도로 걸어보기로 했다. 엑스터 대성당 앞에서 출발해 템스 강의 발원지까지 가는 것이 목표였다. 로마 병사는 사르치나라는 가방에

필요한 모든 장비와 3일치 음식을 담아서 가지고 다녔다. 때문에 나도 요리 기구와 침낭, 지도 몇 장만 가지고 갔다. 포스 가도가 포장도로에 흡수되었거나 아예 사라졌을 때는 감각에 의지해 들판을 가로질러서 다른 구간을 찾을 생각이었다. 하지만 지도를 보면 고대 로마의 도로망이 훼손되지 않고 매우 잘 보존된 것을 알 수 있어 만족스러웠다.

나는 엑스터 대성당 앞에 섰다. 이렇게 웅장한 엑스터 대성당도 천 년 밖에 되지 않았다. 로마에 비하면 어린애다. 햇살 내리쬐는 잔디밭에는 홍조 띤 소녀들과 아이스크림을 먹는 노인들이 앉아 있었다. 그 주변에는 소년들이 축구를 하며 소녀들의 관심을 끌려고 하고 있었지만 별로 성공적이진 않았다. 곧 시내를 벗어나 아주 가끔 차가 다니는 좁은 길로 들어섰다. 지나가는 차를 비켜주다가 쐐기풀에 엉덩이를 찔렸다.

역사 속에서 보통 사람들이 경험하던 일상의 속도와 동일한 페이스로 움직여볼 생각이었다. 1마일을 지나면서 나에게 편한 페이스를 찾았다. 로마인들은 행군 거리를 측정하기 위한 단위로 마일(약 1.6킬로미터)을 사용했는데, 당시 로마인들에게 1마일은 1,000걸음이었다. 나도 몇 번이나 1,000걸음을 세려고 시도했지만 현대인의 분주한 정신은 예전 사람들보다 쉽게 산만해지는지 100걸음 이상을 세어본 적이 없다.

> 로마 가도를 걷고 있자니 삶이 느려지는 것 같은 느낌이 들었다.
> 앞으로 며칠 동안 나는 평균 도보 속도 이상은 내지 않을 것이다.

데본의 시골 지역은 목가적이었다. 너무 환상적이라 마치 현실이 아닌 것처럼 느껴졌다. 여기서 살 수 있다면 얼마나 행복할까 하는 생각이 들었다. 물론 막연한 희망사항일 뿐이다. 나는 결국 더 큰 집, 더 큰 트랙터를 바라게 될 것이다. 아니면 곧 지루해져 다시 도시에서 살았으면 하고 바랄지도 모른다. 그러나 이 순간만은 조용한 구릉지를 음미하는 것만으로도 항상 바빴던 내 마음이 향기로워졌다.

어디로 갈지 목적지를 정하지 않으면 언제라도 절대 길을 잃지 않는다. 오터리 세인트 메리 마을에서 새뮤얼 콜리지(19세기 영국의 시인, 평론가—옮긴이)의 생가를 우연히 발견했을 때 그런 생각이 들었다. 그곳의 숲은 언덕만큼 오래되어 보였다. 나는 펍을 발견하고 잠시 들어가 쭉 뻗은 로마 가도에서 어떻게 길을 잃을 수 있느지 의아해하며 지도를 다시 살폈지만, 곧 포기하고 교회 마당에서 햇볕을 즐기며 편안히 앉아 그 지역 술을 맛보았다.

달콤한 휴식 후 나는 대강 짐작으로 동쪽을 향해 걸었다. 즉, 지평선에서 힘을 잃고 발그레 빛나는 태양에서 멀어지는 쪽으로 가기로 한 것이다. 내 그림자를 따라 걸어서 언덕 위에 올랐고, 그곳에서 밤을 보내기 위해 침낭을 폈다.

다음 날 새벽, 초롱꽃으로 가득한 삼림 지대로 들어서니 새소리가 생동감 넘쳤다. 지나온 땅이 마치 모두 다 내 소유 같았다. 행복한 기분으로 '나의' 숲을 걸었다.

가파르고 아름다운 데본의 언덕을 오르내리며 거의 사람을 보지 못했다. 서머셋에 도착할 즈음, 발은 아프고 땀에 젖은 셔츠는 등에 달라붙었다. 호스로 꽃에 물을 주던 한 여인은 더위에 지친 내 꼴을 보고 상냥하게도 등목을 제안해주었다.

고대 도로 양쪽 가장자리에 솟아 있는 둑의 높이는 6미터나 되었고, 어디선가 야생 마늘 냄새가 풍겼다. 나처럼 이 도로를 지나온 수백만 명의 발길로 닳고 닳아서 낮아진 길이다. 내가 따라온 모든 발자국과 모든 이야기를 보여주는 이 흔적은 감동적이었다. 내가 훌륭한 병사였지는 잘 모르겠다. 나는 종종 양해를 구하고 동네 여자들이 벌이는 크리켓 경기를 구경하거나, 초가지붕을 얹은 집 앞에 앉아 있던 노인과 얘기를 나누었다. 그는 모음이 구르는 것 같은 악센트로 조언을 해주었다.

"자넨 다이닝턴 독스 펍 바로 옆으로 지나갈 거야. 사이다 한두 병은 마셔야 할 거야, 젊은 친구."

나는 멈출 생각이 전혀 없었다. 그러나 무덥고 눈부신 몇 킬로미터를 더 걷고는 그만 결심이 무너졌다. 노인의 예언대로 나는 펍의 시원한 그늘 아래 있는 벤치에 털썩 주저앉았다. 차갑고 짜릿한 사이다 두 잔에 반쯤 취한 상태로 원기를 회복해 다시 앞으로 나아갔다.

아스테릭스(로마에 저항한 갈리아 지방-옮긴이)의 술 취한 노병처럼 노래를 불렀다. 즐거웠다. 사방에 밤이 내렸고, 나는 부드러운 초원에서 잠이 들었다.

다음 날, 나는 로마 시대부터 내려온 도시 일체스터에 도착해 와이파이와 아침 커피를 즐겼다. 마을회관에서는 낯선 이에게도 친근한 할머니들이 나를 둘러싸고 혀를 차며 법석을 떨었다.

"사랑스런 친구, 1파운드면 차 한 잔과 케이크 한 조각을 먹을 수 있다오."

존경하는 숙녀여, 2.5파운드로 차 두 잔과 케이크 두 조각, 추가로 길을 가다 먹을 수 있는 케이크까지 얻었습니다.

다시 출발한 나는 눈부신 유채꽃이 가득한 들판에서 좁은 길을 헤치고 내려갔다. 신발은 흙먼지로 뒤덮였다. 작은 담배 연기 같은 흰 구름이 무덥고 푸른 하늘에 점점이 떠 있었다. 지나던 한 마을에서 우체국장이 내가 아이스크림을 먹을 수 있도록 점심 시간 동안 우체국 문을 열어줬다. 기뻤다. 고마움을 표하자 그는 아무렇지 않은 듯 "당신에게 필요할 것 같아서요" 하면서 어깨를 으쓱했다.

한참을 걷다가 수영하기에 충분히 깊은 개울을 발견했다. 브루 강에서 수영을 한 다음 내가 가진 유일한 셔츠를 벗어 강물에 빨아 다시 입었다. 그리고 걸으며 말렸다. 로마인들이 봤다면 내 위생관념에 눈살을 찌푸렸겠지. 이어 온천 도시 배스에 도착했다. 여기에 있는 로마 시대의 목욕탕은 세계 문화유산이다.

나는 배스의 북쪽으로 계속 올라갔다. 그리고 드디어 오솔길을 따라 마지막 초원을 지나 템스 강의 발원지이자 이번 모험의 종점인 고원에 도착했다. 텅 빈 들판은 여름인데도 물이 흐르지 않았다. 하지만 그건 중요하지 않았다. 나는 스스로를 위한 작은 모험을 창조했다. 단 며칠이지만 야외에서 자고 강에서 수영을 하며 극도로 단순하게 살면서 정말 열심히 걸었다. 그것만으로 이번 모험은 정말 충분했다. ◐

◯ 역사 여행을 떠날 수 있는 또 다른 아이디어

- 윈체스터에서 캔터베리까지 걸쳐진 '순례자의 길(192킬로미터)' : 토마스 베켓 성지에 가는 길로 알려져 있다.
- 1200년 머서 왕이 만든 '오파의 배수로' : 웰쉬-잉글랜드 경계선으로, 배수로를 따라 국가 지정 걷기 코스(113킬로미터)가 조성되어 있다.
- 스노돈(웨일스 최고봉으로 1,085미터-옮긴이) 정복 : 계단을 이용하지 않고 10개의 성바울 대성당을 오르는 것 같은 기분이라고 전해지곤 한다.

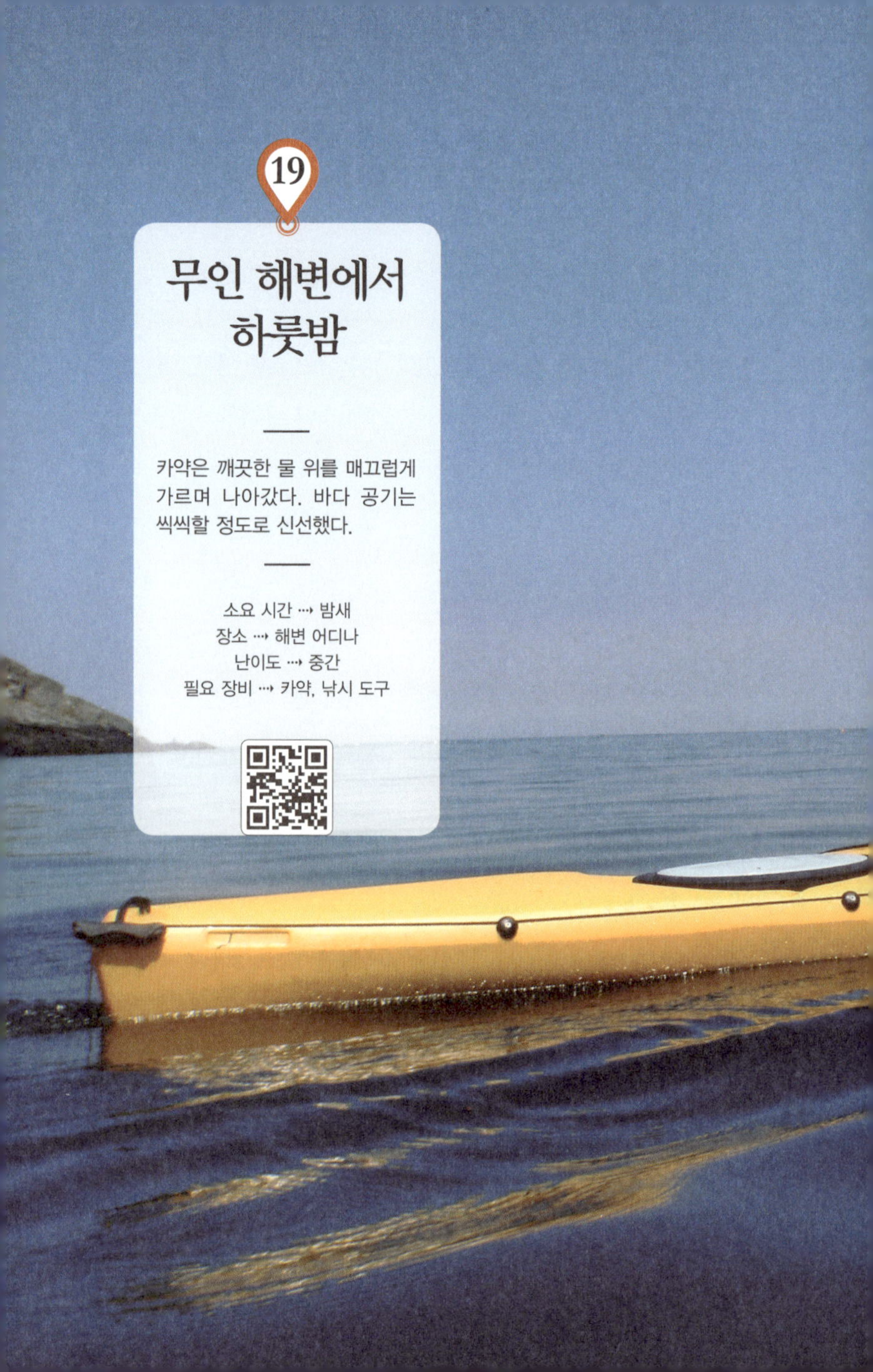

무인 해변에서
하룻밤

—

카약은 깨끗한 물 위를 매끄럽게
가르며 나아갔다. 바다 공기는
씩씩할 정도로 신선했다.

—

소요 시간 ⋯⟶ 밤새
장소 ⋯⟶ 해변 어디나
난이도 ⋯⟶ 중간
필요 장비 ⋯⟶ 카약, 낚시 도구

나는 열심히 노를 저었다. 파도가 카약을 낚아채 해변으로 밀어붙였다. 친구 사이먼과 리치는 바로 옆을 휙 지나쳐 갔다. 해변에는 우리뿐이었고, 앞에는 절벽이 치솟아 있었다. 즉 이 해변에 접근할 수 있는 유일한 방법은 청록색 빛깔의 바다를 가로지르는 것 외엔 없었다. 텅 빈 백사장에 밝은 빛의 보트를 끌어올렸다. 다 개발되었다고 생각한 영국에서 이토록 외지고 신기한 곳을 찾는 것이 얼마나 쉬운지 깨닫고 놀란 것은 이번이 처음이 아니다.

우리의 계획은 단순했다. 강어귀를 벗어나 오른쪽으로 꺾어 해안을 탐사하는 것이었다. 뒤쪽에는 낚싯줄을 드리워서 적막한 해변에서 보낼 오늘 밤에 모닥불로 해먹을 먹을거리를 잡을 요량이었다. 멀리 갈 생각은 아니었지만, 이 한가한 해변은 오지 같은 느낌과 먼 곳이라는 환상을 주었다. 마이크로 어드벤처의 중요한 포인트 가운데 하나인 모험에 대한 편견(모험은 멀리 떠나야 하고 오래 걸려야 한다는)에서 벗어나기에 아주 적합한 장소였다.

우리가 노를 저어 바다로 나온 시간은 느지막했다. 완벽하게

잔잔한 바다는 푸른 하늘을 거울처럼 반사했다. 바다 카약은 익숙한 풍경에 대한 새로운 관점을 선사해준다. 해변에는 주말을 즐기려는 사람들로 붐볐지만 카약을 타고 조금 나오니 해변가에 머물러 있을 때는 볼 수 없는 것들을 보여주었다. 서늘하고 어두운 바다 동굴로 들어섰을 때는 마치 오지를 탐험하는 기분이었다. 다시 밝은 햇빛 속으로 나오자 물개들이 수면 위로 떠올라 뱃전으로 다가와 코를 쿵쿵 댔다. 물개들이 물속으로 들어가자, 우리는 물개들이 어디서 떠오를지 찾으려고 주위를 열심히 두리번거렸다. 바다오리는 머리 위로 재빨리 날아갔다. 갑자기 주변에서 뛰어오른 돌고래 한 마리 때문에 우리 셋은 즐거운 비명을 질렀다.

카약은 깨끗한 물 위를 매끄럽게 가르며 나아갔다. 바다 공기는 씩씩할 정도로 신선했다. 리치와 사이먼은 벌써 농어와 고등어를 잡아 줄에 매달고 있었다. 초보 낚시꾼인 나는 경쟁심과 부러움을 느꼈다. 뒤편의 낚싯줄에서 당기는 힘을 감지하고 안도감

과 놀라움을 맛보았다. 릴을 감아 올려보니 정말 거대하다고밖에 표현할 길이 없었다. 고기라기보다 고래에 가깝다고 큰소리를 쳤다. 솔직히 말하면 친구들 것보다 아주 조금 더 컸다.

바다는 천천히 일렁이면서 부풀어 올랐다. 나는 파도 꼭대기에서 경사면을 내려오는 속도감을 즐겼다. 오늘 밤은 보름이라 한사리(간만의 차가 가장 클 때−옮긴이)이기 때문에 보통 때보다 파도가 더 높다. 게다가 달은 근지점에 있어 지구와 가장 가까워지고, 물결은 더욱 높아지며, 달은 다른 때보다 크고 한층 인상적일 것이다. 위키피디아에 따르면, 과학적인 명칭은 '지구−달−태양 근지점 삭망(지구−달−태양 순으로 일렬로 정렬되어 조력이 더욱 커진다−옮긴이)'이다. 그날 밤 우리를 포근하게 감싼 만 위로 달이 밝게 떠올랐을 때, 그 모습은 흔히 하는 말로 '슈퍼 문'이 어울렸다.

한사리라는 것은 우리가 갈 수 있는 해변이 적다는 것을 의미하기도 했다. 힘껏 노를 저어 모래사장 위에 멈춰 섰다. 우리는 작은 무인 해변으로 올라갔다. 해변 위쪽에는 바람이 조각한 듯

한 소나무가 점점이 박힌 초록빛 언덕이 완만하게 흐르다가 갑자기 깎아지른 절벽을 이루며 해변에 있는 우리를 폭 감쌌다. 우리는 크게 기지개를 펴고 웃음을 지었다.

바다 카약 여행의 좋은 점은 많은 장비를 휴대할 수 있다는 것이다. 우리는 수영복과 마스크, 스노클을 갖추고 저녁거리를 보충하기 위해 근처의 바위로 수영해서 갔다.

밀려드는 희뿌연 파도는 아름답게 초록색 바위에 부서졌다.
우리는 숨을 들이쉬고 소용돌이치는 해초들 사이로 잠수했다.

거미게가 무더기로 있는 것을 발견했다. 크기는 포도송이만 했고 서로 엉겨 있거나 바위에 붙어 있었다. 스페인 사람들은 같은 무게라면 랍스터보다 거미게를 더 비싸게 쳐준다. 그런 것을 우리는 기분 전환하러 간 저녁 수영으로 간단히 건져 올렸다. 물에 떠다니는 목재를 모아 불을 피워 요리를 했다. 이 정도 식사를 레스토랑에서 했다면 비싼 계산서를 받아야겠지만 여기선 무료였다. 게다가 바다에 가라앉는 석양을 바라보는 호사는 덤이었다.

밤이 되자 우리는 모닥불에 나무를 좀 더 쌓아올렸다. 그리고 불 주위에 모여 앉아 노 젓기부터 가장 좋았던 순간에 대해 얘기를 나눴다. 진정으로 중요한 것에 감사하기 위해 바쁜 사회생활의 속도를 늦추는, 문화적으로 힘든 도전에 대해서도 오래도록 의견을 나누었다. 이런 작은 일탈도 충분히 제대로 된 모험으로 느껴졌다. 슬로 어드벤처라고 할 수 있는데, 패스트푸드에 대항하는 슬로푸드 운동과도 일맥상통한다. 큰 비용이 들거나 크게 신경 쓰지 않고, 해외로 나갈 필요도 없는 이런 마이크로 어드벤처야말로 여행과 모험에서 가장 소중하고 중요한 가치를 담고 있다. 나는 해산물과 신선한 공기로 포만감을 느꼈다. 마음이 푸근해졌고, 오늘 하루가 아니라 몇 주일 동안 일상에서 벗어나 있었던 것처럼 느껴졌다. 우리는 부드러운 모래 위에 침낭을 폈다. 그리고 별을 올려다보며 이 사적이고 비밀스런 해변으로 몰려드는 파도 소리를 들으면서 잠이 들었다. 모험은 정말로 이곳에 있다. 단지 그것을 추구하는 노력만 한다면. 🔱

🔍 바다 카약 모험을 하려면

이번 모험을 책에 포함시킬지 말지 망설였다. 바다 카약은 기존 마이크로 어드벤처보다 비싼 장비와 물품이 필요하기 때문이다. 하지만 해안에서만 보는 것보다 색다른 안목을 선사하고, 낯설고 야생의 곳으로 갈 수 있는 가장 손쉽고 멋진 방법이기에 규칙을 완화해 소개하기로 마음먹었다. 해보면 절대 후회하지 않을 것이다. 하지만 필요한 장비들을 사기 전에 주변에 바다 카약을 시도하기 좋은 곳이 있는지 먼저 확인하길 권한다.

20

기본으로
돌아가자

———

아침에 일어나서는 다시 먹을 것
을 찾아 하루 종일을 보냈다. 그
렇게 하루하루가 지나갔다.

———

소요 시간 ⋯ 상황에 따라
장소 ⋯ 상황에 따라
난이도 ⋯ 중간
이동 수단 ⋯ 없음
필요 장비 ⋯ 없음

나는 기본으로 돌아가고 싶었다. 삶을 단순화하는 것이다. 모든 것으로부터 벗어나서 속도를 줄이기. 나는 닉에게 연락했다. (처음 만났을 때 그는 나무 위의 집에서 살고 있었다.) 우리는 함께 숲속에서 며칠을 보내기로 했다. 세상과 떨어져 최대한 단순하게 지내기로 했다. 수렵 채집 생활을 우리도 할 수 있을지 궁금했다. (서섹스 숲으로 들어가기 전에 마지막으로 들은 노래가 조니 캐쉬의 〈허트(Hurt)〉 공연 실황이었는데, 선견지명이었다.)

출발할 때 우리는 칼과 도끼, 송곳만 휴대했다. 닉이 운영하는 '먹이 찾기 학교'에서 약간의 육포와 고기 한 덩이를 가져왔는데, 원시 시대의 동굴 인간도 약간의 저장품은 있었을 테니까. 야생에서 새의 알을 먹는 것은 불법이라 달걀 한 박스도 가져갔다. 진짜 네안데르탈인처럼 밤에 추울 때 입을 약간의 모피도 챙겼다.

이게 전부다. 준비물을 챙기기에는 아주 쉬운 여행이었다.

혼자였다면 지루함과 허기에 압도되기 한 시간 전까지만 견딜 수 있었을 것이다. 하지만 닉은 훨씬 태평했고 인내심이 강했다. 그는 실제로 보이지 않는 주변의 자연에 대해 놀라운 수준의 지식을 갖추고 있었다. 그래서 우리는 참았다. (여러분과 나처럼 보통 사람이라면 약간의 음식과 티백, 성냥을 챙기기를 권한다. 하지만 복잡한 마음을 가라앉히길 원하는 것이라면 스마트폰은 두고 오시길.)

때는 5월이라 봄의 초록빛을 보기에는 너무 늦었고, 견과류나 과일이 나기에는 너무 일렀다. 우리는 우엉 뿌리와 홉 줄기, 땅콩, 부추를 먹으며 지냈다. 이것들은 배를 채우기에는 부족하고, 맛있지도 않아서 점점 허기가 졌다. 정말 배가 고팠다. 우리는 먹을 것을 찾으러 다니는 사이사이에 불을 피웠다('우리'라고 했지만

실은 닉이 했다). 유연한 개암나무와 서어나무 가지에 잠자리를 만들었지만 추위와 허기로 밤새 떨었다. 아침에 일어나서는 다시 먹을 것을 찾아 하루를 보냈다. 그렇게 하루하루가 지나갔다. 하지만 재미를 위한 재미는 필요 없었다. 우리는 아무 데도 가지 않았고 많이 보지도 않았으며 실제로 많은 것을 하지도 않았다. 그러나 이것이야말로 매혹적이고 기억할 만한 마이크로 어드벤처였다.

약 1만 8천 평의 숲에서 세상과 아무 접촉 없이 직접 구한 음식만으로 며칠을 지낸다는 것은 힘들면서도 뭔가를 깨우쳐주었고, 마음을 편안하고 아늑하게 진정시키는 새로운 경험이었다.

런던으로 돌아와 집으로 가는 지하철을 탔을 때 아무도 내 옆에 앉지 않았다. 내 꼴이 꼬질꼬질한데다 나무 탄 냄새마저 풍겼으니 당연하겠지만. 바람과 새소리뿐인 조용한 초록 세상에서 며칠을 보내며 무감각해졌던 감각들이 깨어났다. 나는 매일의 일상을 좀 더 주의 깊게, 흥미롭게 바라보게 되었다. 음식 냄새가 더 좋아졌고, 여성은 더 아름다워 보였으며, 음악은 한층 풍성하게 들렸다. 그날 나는 일기에 이렇게 적었다.

"오늘은 수요일일 것으로 추정된다. 나는 숲 속에서 겨우 몇 시간 전에 돌아왔다. 집에서 멀리 떨어지지는 않았지만 세상에서 동떨어진 것처럼 느껴졌다. 내가 배운 것은 이런 것들이다.

기초 지식과 연습은 유익하다. 닉은 막대기를 비벼서 몇 분 만에 불을 피웠다. 마법 같았다. 일단 불을 피우면 나무를 모으고 잠자리를 만든다. 부족한 식사와 작은 숲에서 며칠을 보내야 한다는 생각 때문에 머릿속이 복잡했다. 지금까지 나는 시간 쪼개 쓰기, 커피, 음악, 이메일, 트위터 같은 데 빠져 살고 있었다.

직접 구해서 만든 음식은 더 맛있다. 야생과 아름다움은 결코 멀리 있지 않다. 찾아내기만 하면 된다. 타들어가는 모닥불 옆 탁 트인 공기 속에서 잠이 깨어 새들의 노래 소리를 듣고 해가 떠오르는 모습을 보는 것은 영혼에 좋은 일이다.

바보 같은 짓을 시작한 것을 후회하면서 몇 시간을 보내고 나니 마음이 천천히 가라앉았다. 전화기가 없고, 인터넷도 없으며, 뉴스도 없는 데 적응했다. 대신 나는 관찰하기 시작했다. 먹을 수 있는 작은 잎사귀를 열심히 찾았고, 토끼가 바스락거리는 소리에 멈췄으며, 모든 자연에 온전한 주의를 기울였다.

내 손톱은 아직도 지저분하다. 실내도 너무 덥게 느껴진다. 하지만 지금 마신 커피 맛은 기막히게 좋고, 〈오 사랑스런 아가씨여 (푸치니의 〈라보엠〉 중 이중창—옮긴이)〉는 정말 달콤하며, 침대는 편안하다. 오늘의 교훈에 감사한다. 속도를 줄이자. 중요한 것에 집중하자. 감사한 마음을 잊지 말자."

Back to Basics
기본으로 돌아가는 모험을 시도하려면

닉 웨스턴이 운영하는 사이트(www.huntergathercook.com)를 참고해 자연 속에서 살아가는 지혜와 음식 구하는 법을 배우자.

눈 감고
출발하는
무작정 여행

지금 필요한 것은 지도를 꺼내고
눈을 감은 다음, 지도 위에서 손
가락을 흔들다가 무작위로 한 곳
을 콕 짚는 것이다.

소요 시간 ⋯ 상황에 따라
장소 ⋯ 상황에 따라
난이도 ⋯ 중간
이동 수단 ⋯ 도보, 자전거
필요 장비 ⋯ 지도, 나침반,
그리고 이를 사용할 수 있는
기술

전 세계를 여행하며 보내던 시절, 여행의 하이라이트는 유명한 관광지가 아니란 것을 알았다. 최고의 여행은 명소들 사이에서 발견하는, 작고 예상하지 못한 것들이었다. 마추픽추는 멋졌지만 그곳으로 이어지는 험준한 산길을 자전거로 오르는 것과는 비교가 되지 않았다. 피라미드는 흥미롭지만 그곳에 가기 위해 시나이 반도를 자전거로 횡단하는 것만큼 재미있지는 않았다.

세상은 무한히 다양하며 새롭고 놀라운 곳이다. 그러니 TV에서 이미 본 경치를 다시 본다면 얼마나 따분한 일인가. 과감히, 그리고 용감하게 미지의 장소로 가자.

마이크로 어드벤처도 마찬가지다. 나는 특별한 제약에 얽매이지 않고 어디서나 시도할 수 있는 아이디어를 가능하면 많이 소개하려고 노력한다. 마이크로 어드벤처는 시간과 환경에 지배당하는 것이 아니라 각자가 가진 시간과 환경을 최대한 활용하는 것이다. 다시 말해 지금 필요한 것은 지도를 꺼내고 눈을 감은 다음, 지도 위에서 손가락을 흔들다가 무작위로 한 곳을 콕 짚는 것이다. 그럼 이제 막 목적지를 찾았다. 처음에는 이같은 목표 지점이 없으면 어떤 모험이라도 시작하기 힘들다. 시작부터 하자.

무작위로 고른 지점으로 마음 내키는 대로 여행을 떠나면 된다.
가는 도중에 마주치고, 보고, 생각하는 것들이
아마도 지도 위의 지점보다 흥미로울 것이다.

이런 모험은 오드넌스 서베이 맵(군용 측량 지도―옮긴이) 같은 것으로 시도할 수 있다. 만약 정말 배짱이 두둑하고 시간도 충분하다면 세계 지도로 해보자! 지구를 돌려라, 모험심 가득한 이방인이여. 그리고 목표 지점을 확인하라. 이건 허세가 아니다. 이 아이디어를 나처럼 스코틀랜드 고원 지대에서 시도한다면 분명 멋진 수확을 거둘 수 있는 기회가 된다.

이 모험을 시작할 때 나는 토리돈에 있는 카페에서 베이컨 샌드위치를 먹고 있었는데, (토리돈은 영국에서 내가 가장 좋아하는 곳 중의 하나다) 첫 번째 손가락은 바다 한가운데를 짚어서 다시 시도했다. 지도 위에서 빵 부스러기를 쓸어내고 손가락이 가리키는 곳을 자세히 보았다. 손가락은 산 위에 있었다. 붉은 색 등고선은 굵고 복잡했는데, 지형은 마치 스파게티 접시같이 오목했다. 지도 위의 등고선과 기호를 통해 실제 지형은 어떤 모습일지 상상해보려고 애썼다. 꽉 조인 골짜기에 막혀 산허리 위의 단층에는 작고 둥근 호수가 있었다. 그곳으로 수영하러 가는 여행이라는 생각이 들었다.

그날은 잿빛 아침이었다. 창문에 비가 내리쳤다. 언제나처럼 나는 커피 한 잔을 더 주문했다. 카페는 조용했고 내가 유일한 손님이었다. 아마도 내 상상으로는, 나의 등을 바라보는 종업원의 눈빛은 지루하고 표정에는 짜증도 엿보였을 것이다. 나는 한숨을 쉬며 값을 치르고 빗속으로 걸어 나왔다.

마을을 벗어나면서 바보 같은 내 모습에 혼자서 투덜댔다. 그리고 케이크 한 조각이라도 먹으러 카페로 다시 돌아가는 것이 합리적이라고 스스로를 최대한 설득했다. 하지만 일단 물에 젖으면 그냥 받아들이게 된다. 더 이상 잃을 것이 없다고 깨닫게 되는 것이다. 그리고 잠시 후 스스로 생각하는 것만큼 현실이 그렇게 비참하지는 않다는 것도 깨닫는다.

구름은 나를 둘러싼 봉우리들을 드러낼 만큼만 움직였다. 정말 놀라운 곳이었다. 나는 빗속을 터덜터덜 걷는 것을 즐기기 시작했다. 특별히 정해진 장소를 향하는 것이 아니라는 사실은 실제로 풍경을 더 즐기게 해주었다. 나는 성격이 급한 편이라 어디로 갈 때는 최대한 빨리 서두르지만, 지금 여기서는 길을 따라 펼쳐지는 작은 순간들을 음미하는 것 외에는 별로 할 일이 없다. 그래서 산을 오르기 위해 기슭의 젖은 초원을 걷기보다 암석이 펼쳐진 들판으로 방향을 돌렸다. 길은 더 멀었지만 더 재미있었다. 한 봉우리는 너무 가팔라서 마지막 몇 미터는 암벽을 타야 했다. 나는 등산가가 아니어서 암벽 타기는 힘들고 두려웠다. 만약 추락했다면 결과는 즐겁지 않았을 것이다.

그날은 높은 곳에서 잤다. 스코틀랜드에서 모기를 피할 수 있는 유일한 방법이다. 나는 비 내리는 먼로(해발 900미터 이상의 스코틀랜드 산을 가르킨다—옮긴이)에서 혼자였다. 날씨로 인해 시야가 좁아 전망은 막혔고 책도 가져오지 않았다. 부슬비가 내리기 시작했는데, 특별히 흥분되지도 즐겁지도 않아서 아주 일찍 잠자리에 들어 축축한 밤을 보냈다.

비 오는 밤에 비박하는 것은 별로 멋지지 않다. 침낭 깊숙이 들어가 머리까지 뒤집어쓰고 아침을 기다리는 수밖에 없다. 호텔에 있는 것보다는 불편하지만, 그 보상은 완전한 자유에서 오는 즐거움을 길게 들이마시는 것이다. 그래도 숨 막히게 덥고 위생적인 호텔방보다는 여기가 낫다.

평소 나의 아침은 갑자기 난입하듯 돌연스럽고 반갑지 않은 알람 시계의 끔찍한 소리와 함께 시작된다. 매일 아침마다 짧은 후회로 시작하는 것이다. 아침이 아니었으면 싶고, 오늘이 아직 오지 않았으면 싶다. 심리적으로 좋은 출발이 될 수 없다!

하지만 산 위에서 잠에서 깨는 것은 행복하다. 비는 그쳤고 하늘은 맑았으며 경치는 굉장했다. 나는 내가 행복한 남자라고 느꼈다. 보통 젖은 침낭에서 자고, 눅눅한 감자칩을 아침으로 먹어야 하는 남자가 느껴야 한다고 여겨지는 행복보다 훨씬.

자연에서 잠이 깨어 앞으로 걸어 나가 산을 올려다보는 것이 얼마나 즐거운지 경험자는 알 것이다. 맑은 아침, 비에 젖었지만 공기는 달콤하고 신선했다.

> 나는 맑은 아침 공기 속에서 바위 위에 한동안 앉아 경치를 보며 술 한 잔을 마셨다. 이 위에 있다는 것이 황홀했다.

안개 속 산을 오를 때 좋은 점은 오늘처럼 날씨가 좋아져서 깨끗한 세상과 발 아래의 장관을 아침에 눈 뜨자마자 보는 경이로움을 얻을 수 있다는 것이다. 발밑은 너무 가팔라서 산이 아니라 비행기에서 보는 경치 같았다. 나는 잿빛의 해수호를 향해 있는 계곡을 내려다보았다. 어제 빗속에서 걸어온 길이 보였다. 그런 수고를 해낸 것이 기뻤다. 길옆으로는 늘씬한 은빛 강이 흘렀다. 계곡 바닥은 평평했다가 갑자기 바위투성이의 산 중턱에 이르면 깎아지른 절벽과 짧은 암반이 규칙적으로 드러났다. 완벽한 적막이 땅을 가로질러 펼쳐진 듯해서 내가 움직이면 망가질 것 같은 이상한 느낌도 들었다.

아마도 이번이 지금까지 내가 한 것 중 가장 핵심이 없는 여행일 것이다. 아무것도 없을 것을 알면서도 지도 위에서 임의로 찍은 점까지 걸어왔으니까. 앞으로 내가 할 일이라고는, 도착하면 방향을 돌려 다시 돌아가는 것이다. 하지만 이런 행위를 무시하는 것은 등산과 극지 탐험, 자전거로 집을 떠나 세계를 일주하고 다시 집으로 되돌아오는 일을 의미 없다고 무시하는 것이다.

나는 바위투성이 산기슭을 오르내렸고, 야생화가 핀 황야의 풀밭을 지나면서 다리가 젖었다. 날씨는 다시 나빠졌다. 차갑고 눅눅한 지대를 통과할 때 구름이 낮게 내려오는 바람에 앞이 잘 보이지 않았다. 나는 나침반 바늘을 따라 움직였다. 작은 개울을 뛰어넘어 폭포 위를 가로지르는 바위 위에서 균형을 잡았다.

따뜻한 여름날이라면 아름답고 매혹적이겠지만 영국에서 날씨는 운에 맡겨야 한다. 좋은 날씨가 보장되기만을 기다린다면 어디에도 가기 힘들다.

몇 시간 뒤 나는 지도에 찍은 기준점에 도착했다. 지도를 보고 바위 절벽이 작은 호수의 삼면을 에워싸고 가파르게 솟아 있을 것이라는 것을 알았다. 뭐라도 볼 수 있다면 정말 감동적이겠지만 내가 볼 수 있는 것이라고는 바위와 초원 사이에 있는 평평한 수면뿐이었다.

나는 혼자 쓴웃음을 지으며 배낭을 벗고 물가에 앉았다. 무작위로 뽑지 않았다면 결코 올 일이 없는 곳이었다. 솔직히 말하자면, 지금 눈앞의 경치를 굳이 구경하러 오고 싶어 하지는 않을 것 같았다. 하지만 그런 기회를 이렇게 얻어버렸다. 내 급한 성격이 견딜 수 있는 한 최대한 오래 앉아서 평화로움을 즐겼다.

나는 옷을 벗고 차가운 호수로 들어가 최대한 멀리까지 수영해 갔다. 물가가 보이지 않을 때까지 수영했다. 보이는 것이라고는 어느 방향이든 물과 안개뿐이었다. 지구에서 내가 사라져버린 느낌마저 들었다. 와락 겁이 난 나는 방향을 돌려 옷을 벗어둔 곳으로 돌아와서 잘 우려낸 차 한 잔과 케이크 조각을 생각하며 마을까지 뛰어 내려갔다.

 **무작정 여행을 하기 위한
또 다른 아이디어**

- 주사위를 던진다. 1=자전거, 2=걷기, 3=달리기, 4=수영, 5=카누, 6=마음대로
- 갈림길에서 어느 방향으로 갈지 정하기 위해 병을 돌린다.
- 설정한 나침반 바늘이 가리키는 방향이나 경도선을 따라 최대한 간다.
- 지오캐시는 아이들에게도 몹시 흥미로운 활동이기도 하고, 미지의 장소로 가기 위해 무작위로 고를 수 있는 좋은 방법이다. 온라인으로 정보를 확인하고, 집 근처에 있는 지오캐시를 찾으러 간다.

무인도에서
캠핑하기

—

소형 보트를 타고 작은 섬들을
탐험하면 얼마나 환상적일까.

소요 시간 ⋯→ 밤새
이동 수단 ⋯→ 수영
난이도 ⋯→ 중간
필요 장비 ⋯→ 비닐 백,
따뜻한 여벌의 옷

　모험을 해서 실제 이득을 얻는 건 없다. 단지 시간도, 참을성도 없고 불만만 가득한 성인이 되었지만 아직 꿈이 있기에 한다. 어렸을 때부터 나는 모험 이야기를 좋아했다. 이를테면 에니드 블리턴의 『다섯 친구』, 윌러드 프라이스의 『어드벤처』 시리즈, 아서 랜섬의 『제비호와 아마존호』 같은 것들 말이다. 소형 보트를 타고 작은 섬들을 탐험하면 얼마나 환상적일까. 지금도 동경은 여전하다. 그렇다고 내가 아직 어른이 덜 되었다는 소리는 아니다. 그저 성인이 되었다 해도 모험과 야생을 향한 동경심이 줄어드는 건 아니라는 걸 의미할 뿐.

　『제비호와 아마존호』에서 영감을 받은 내 친구 알란과 퍼그, 나 이렇게 세 명은 섬에서 하룻밤을 보내기로 했다. 우리에게 보트는 없지만(맥주도 없다) 그런 건 소소한 문제일 뿐. 장비와 짐을 간

소하게 하고 도전은 극대화하기 위해 우리는 섬까지 수영을 하기로 했다. 섬은 해변에서 겨우 100미터밖에 떨어져 있지 않아 춥지만 않으면 쉬운 일이었다.

그래서 우리는 털모자와 다운재킷을 입고 호숫가에 섰다.
문득 회의가 들었다. 왜 발렌타인데이를, 그것도 이렇게 추운 날씨에
남자들과 함께 거의 벌거벗고 보내야 하는지.

하지만 지금까지의 경험으로 미루어 보건대 '이건 멋진 아이디어야!' 싶다가 곧바로 '정말 어리석은 짓이야!'라는 생각이 뒤따른다면 그건 분명 좋은 아이디어다. 만약 겁을 먹고 실행하지 않는다면 반드시 후회할 것이다. 그래서 우리는 수영을 시작했다. 어쨌든 '얼간이가 되기보다는 차라리 물에 빠져 죽는 것이 낫다'.

우리는 비명을 질렀다. (최소한 나는 질렀다. 알란과 퍼그는 훨씬

잘 견뎠다.) 물은 놀라울 정도로 차가웠다. 그래도 우리는 해냈다. 섬에 도착하자 덜덜 떨면서도 계속 웃음이 나왔다. 서둘러 불을 피우고 몸을 녹였다.

무인도에서의 캠핑은 흔치 않다. 분명히 '땅 위'에 있을 때와는 다르다. 보다 모험적으로 느껴진다. 우리는 고기를 굽고 와인을 마셨다. 보급품을 책임진 알란은 어이없게도 고기와 와인만 달랑 가져왔다. 그의 주장은, 편한 밤을 보내려면 좋은 땅만 있으면 다른 아무것도 필요 없단다. 뭐, 우리는 떠들고 웃었다.

**우리는 침낭을 펴고 자리에 누워 잠이 들 때까지
부드럽게 흔들리는 나무 사이로 별을 올려다보았다.**

나는 이번 마이크로 어드벤처가 정말 즐거웠다. 우선 매우 간단하고 비용이 들지 않으며 시간도 많이 필요 없었다. 하지만 바쁜 일상에 생기를 되찾고 다시 시작할 버튼을 누르는 데는 매우 효과적이었다. 100미터짜리 짧은 수영은 바깥세상의 근심들로부터 우리를 분리시켜 놓았다. 단 하룻밤이라도 일상에서 한발 물러날 수 있다면 새로운 관점과 집중력이 생긴다.

　다음 날 아침에는 모닥불에 베이컨을 굽고 커피를 끓였다. 다시 육지까지 수영해서 가야 하는 것 때문에 긴장이 됐다. 물속으로 들어가면서 우리는 모두 비명을 질러댔다. 겨울 아침의 수영은 잔인하지만 잠을 깨는 데는 매우 효과적이다.

　이런 비슷한 모험을 꼭 해보길 권한다. 이때 일어날 수 있는 가장 나쁜 일은, 너무 힘든 나머지 예전보다 훨씬 더 평범한 일상을 사랑하고 따뜻하고 편안한 침대에 감사하자고 마음먹는 것이다. 하다못해 그것도 그다지 나쁜 결론은 아니다. 하지만 이 모험을 통해 마이크로 어드벤처를 소중히 여기게 되고, 평소 일상에 대해 보다 나은 관점을 얻게 되는 쪽이 더 일어날 법한 일이다. 실제 세상은 섬에서 동떨어진, 차갑고 투명한 호수 건너편 저쪽에 있다. 기회를 잡아야 한다. 후회하지 않을 것이다. 🔥

🔍 작가의 한마디

1. 무인도는 모험하기에 좋다.
2. 그리고 꼭 수영으로 가지 않아도 된다. 배가 있다면 그걸 이용하라.

23

가계도 거슬러
올라가기

—

우리 할아버지는 이 거리에 사는
모든 사람들이 집 앞에 벚나무를
심게 하려고 애썼다.

—

소요 시간 ⋯→ 상황에 따라
장소 ⋯→ 상황에 따라
난이도 ⋯→ 중간
필요 장비 ⋯→ 걷기, 자전거

이번 모험은 지금까지 중 가장 힘든 시간이 될 것이다. 어느 날 나는 부모님의 어린 시절이 궁금해졌다. 아버지가 성장한 곳에서 어머니가 어린 시절을 보낸 곳까지 여행하면 재미있겠다는 생각이 들었다. 두 분의 어린 시절에 대한 흥미로운 내용을 알 수 있을 것이고, 인생에서 마주치게 되는 우연성도 다시 한 번 생각하게 될 것이다. 무엇보다도 리즈에서 리버풀까지 페나인 산맥을 가로지르는 자전거 여행을 할 좋은 명분이 되었다.

우리 아버지는 추운 1월의 어느 날 리즈의 조용한 거리에 있는 집의 2층 앞쪽 방에서 태어났다. 골프를 좋아한 할아버지는 그 집을 페어웨이라고 불렀다. 나는 따스한 평일 오후에 그 거리를 찾았다. 명패는 그대로지만 글자는 검게 지워져 있었다. 대신 39라는 숫자가 그 위에 붙어 있었다. 숫자 아래에 있는 오래된 이름을 보기 전까진 제대로 찾아온 건지 확신할 수 없었다.

숙모 말에 따르면, 할아버지는 이 거리에 사는 모든 사람들이 집 앞에 벚나무를 심게 하려고 애썼다고 한다. 할아버지의 캠페인이 성공하지 못한 게 아쉽다. 만약 그랬다면 지금쯤 굉장한 경치가 되었을 텐데. 어떤 결심을 할 때 우리는 이것이 몇 십 년 뒤에 어떤 영향을 미칠지에 대해서는 생각하지 않는 편이다. 그런데 할아버지의 경우를 보면, 생각해야 하는 것 아닐까?

집 문을 노크했다. 아무 반응이 없었다. 솔직히 조금은 안도감이 들었다. 무슨 말을 해야 할지 몰랐으니까. 나는 몇 분간 주위를 어슬렁거리며 거리에서 아버지가 축구하는 모습과 자전거를 배우는 장면, 아침에 신문 배달을 나서는 모습을 상상했다. 그곳에 있으니 예상한 것보다 훨씬 더 감동적이고 향수를 자극했다. 곧 나는 자전거에 올라 어머니의 집이 있던 리버풀로 향했다.

아버지의 어린 시절 추억에서 멀어지면서 나의 추억이 있는 요크셔 데일스로 들어섰고, 아름다운 볼랜드 언덕을 넘어 어머니의 옛집으로 향했다.

이번 여행의 핵심은 '목적이 분명한 방랑'이다. 나는 게으른데다 그다지 느긋하지도 않아서 며칠 동안 무작정 들판을 달릴 수 없는 사람이다. 명확한 목표가 필요하다. 일종의 명분이 있어야 했다. 그렇다고 거창한 이유가 필요한 것은 아니다. 고속도로의 잿빛 소음에 가려진 조용하고 푸른 대지의 구석구석을 탐험하는 것을 정말 즐기니까. 하지만 확실한 목적의식이 없으면 집에 가서 차나 한 잔 마시며 이메일을 확인하는 게 좋겠다고 스스로를 설득하며 모험을 끝낼 확률이 높다.

사실 이번 모험의 경로는 누구도 똑같이 할 수 없는 것이다. 같은 부모님을 가진 내 동생만이 이 모험에 관심을 가질 합당한 이유가 있지만 그는 거의 책을 읽지 않으니 이 책도 보지 않겠지. 나는 리즈를 벗어나 서쪽으로 향했고, 경치는 점점 시골풍이 되었다. 이 여행에는 즐겁고 우연한 요소가 있다. 아버지는 리즈에서 태어났고 어머니는 리버풀 출생인데, 나 역시 이 두 도시에서 나고 자랐다.

언덕에서 내려가는 동안 나는 랭커셔 지역의 방앗간 있는 마을들이 눈앞에 드넓게 펼쳐진 모습을 보았다. 그 뒤의 해변에는 블랙풀 타워가 서 있다. 그렇다면 타워 왼쪽(즉 남쪽)에 리버풀이 있다. 어렵지 않게 다음 날 런던으로 돌아가는 열차 시간에 맞춰 그곳에 도착할 것이다. 비가 내리기 시작했다. 비가 내 열정까지 적실 만큼 좀 더 달렸다. 그 후 잘 시간까지는 펍에서 쉬었다.

> 펍에는 수많은 사람들이 쉬거나 친구들과 한두 잔 술을 마시고 있거나 혼자 있었다. 나도 맥주 한 잔, 책 한 권을 벗 삼아 펍에 혼자 있는 것을 좋아한다.

나와 사람들의 차이점은, 그들은 곧 이곳을 벗어나 집과 화장실, 침대로 돌아간다는 것이다. 나는 교외의 경계 어디쯤에서 잘 것이다. 야생 인간의 생활은 일몰 시간에 좌우되기 때문에 해가 질 때까지 여기서 시간을 보내고 있을 뿐이다.

나는 들판에 도착할 적당한 시간을 기다렸다. 적당한 시간이란, 몸을 뉘이기에 좋은 장소를 찾을 수 있을 만큼 충분히 일러야 하고, 산책객들이 모두 집으로 돌아가 나 혼자 들판을 차지할 수 있을 정도로 충분히 늦어야 한다. 나는 A59번 도로에서 돌팔매질을 하면 닿을 정도의 거리가 떨어진 산사나무 아래에서 밤을 보냈다. 나를 지켜본 것은 호기심 어린 표정으로 풀을 뜯던 소뿐이었다.

아침에 조용히 짐을 챙겨 일어나 자전거를 타고 출근길 차량과 함께 리버풀로 들어섰다. 교외의 푸른 하늘 아래에서 페니 레인으로 내려갔는데, 그곳은 부모님이 결혼식을 올린 곳이다. 2~3킬로미터 더 가서 나는 어머니가 살던 동네에 진입했다. 아주 어릴 때 가끔 이곳으로 할머니를 찾아왔던 추억이 있다. 어렴풋이 붉은 벽돌로 만든 지붕 벽과 이웃집 진입로가 기억났다. 나는 해낸 것이다. 이번 여행이 마무리되고 완성되는 순간이었다.

이번 여행은 매력적이고 추억을 자극했으며 '목적이 분명한 방랑'이 어떤 것인지 확실하게 알려주었다. 그리고 특별히 좋았던 것은 호기심 어린 운명의 손이 오랜 시간 전에 페나인 산맥의 이쪽과 저쪽에 사는 소년과 소녀를 이어주었다는 사실이다. ♤

가계도를 거슬러 올라가는 여행을 위한 또 다른 아이디어

이 모험은 각자에 맞춰 응용할 수 있다. 원래 나는 조부모님들의 출생지를 자전거로 가고 싶었지만 콘월까지 가는 것은 너무 멀었다. 초등학교에서 중학교, 고등학교, 대학교까지를 가보거나 증조부모의 묘소를 찾을 수도 있다. 유명인 두 사람의 출생지에서 출생지까지 걸어서 가보거나, 앞서 한 다른 사람의 여정을 답습할 수도 있다. 임의적인 여행을 구상하는 개념에는 제한이 없다. 핵심은 각자에게 의미 있는 여행이면 된다는 것과 나가서 실제로 하는 것이다.

24

발원지에서
바다까지

—

아무 강이나 따라가 보자. 어떤
강이든 흥미로운 여정이다.

—

소요 시간 ⟶ 상황에 따라
장소 ⟶ 상황에 따라
난이도 ⟶ 중간
필요 장비 ⟶ 물에 뜨는 물건

마이크로 어드벤처를 할 때 가장 좋은 장소는 강이다. 영국에는 탐험할 수 있는 강이 7,000개가 넘는다. 이는 여생에 남은 주말보다 더 많은 주말 여행을 할 수 있음을 의미한다. 또 일주일이면 하나의 강줄기 전체를 여행할 수 있다. 영국에서 가장 긴 시번 강을 생각하고 고민할 지도 모르겠다. 시번 강은 플린리몬 산기슭에서 발원해 시번 만까지 320킬로미터니까. 하지만 아주 긴 강들을 제외해도 탐험할 강은 수천 개나 된다.

> 나는 오랫동안 강을 사랑해왔다.
> 어릴 때는 동생, 친구들과 함께 댐을 만들고, 개울을 뛰어넘고,
> 작고 미끄러운 물고기를 손으로 잡으며 자랐다.

나중에 내 시선이 지평선으로 옮겨가 긴 여행을 시작하면서 강은 단순한 놀이 장소를 넘어서 강력한 친밀감으로 다가왔다. 모든 강은 발원지부터 종착점까지 끊임없이 흐른다. 아무 강이나 따라가보자. 지구상의 어떤 강이든 발원지에서 바다까지 가는 것은 흥미로운 여정이다. 그 사이에는 고원 지대와 저지대를 비롯해 모든 것이 다 있다. 그리고 이 모험은 바다에서 끝이 나는데, 바다는 여행을 끝내기에 언제나 가장 좋은 장소다. 이 아이디어가 처음에는 아무리 재미없게 들리더라도 집 근처에 있는 어떤 강이든 따라가 보라고 강조하고 싶다.

나는 이틀의 시간과 자동차 트렁크에 실린 고무보트와 함께 스코틀랜드에 있었다. 지도를 꺼내 들고 단 이틀 동안 여행할 수 있는 강을 찾았다. 너무 많아 대충 무작위로 하나를 골라 자동차로 근처까지 간 다음 어깨에 짐을 지고 강의 발원지가 있는 산을 걸

어서 올랐다. 어리석게도 지도를 두고 왔지만 별로 걱정되지 않았다. 하루 정도 강이 나올 때까지 나침반 방위만 따라가면 되고, 그다음에는 강을 따라 바다까지 가면 된다.

이름 없는 산을 넘어 굵직한 소나무 조림지를 지났다. 한 무리의 사슴이 나를 보고 놀라 떨고 있다가 내가 개울을 뛰어넘느라 갑작스레 움직이자 펄쩍 뛰어 달아났다. 그날 밤 나는 푹신푹신한 야생화 위에서 잤는데, 텅 빈 언덕에서 나는 거의 유일한 사람

이었다. 내가 탐사한 모든 것의 주인이 된 자부심으로 마치 왕이
된 것처럼 느껴졌다. 사실 이것이야말로 백만장자처럼 느낄 수
있는 가장 값싼 방법일 것이다(다만 백만장자라도 침낭에서 으깬 돼
지고기 파이를 먹어야 하고 모기에 시달려야 한다).

다음 날 나는 산꼭대기 근처에 아늑하게 자리한 작은 호수에
도착했다. 사랑스럽고 작은 호수였지만 이름이나 여행 가이드북
에 소개는 없을 것 같았다. 이 작은 여행을 구상하지 않았다면 결

코 와보지 않았을 것이다. 호수에서 흘러나오는 개울을 따라 걸으며 땅콩을 먹었다. 물길은 작은 잡목림과 이끼로 뒤덮인 오리나무 사이로 가파르게 흘러내려 작은 폭포를 이뤘다. 나는 개울을 따라 갔다. 날씨는 따뜻하고 건조했다. 어제 도로를 벗어난 이후로 한 사람도 보지 못했다. 어느 방향으로 가고 있는지, 어떤 지형이 나타날지 개의치 않았다. 작은 개울을 따라 어디가 나오든 여행의 종착지인 바다로 가면 된다.

> 이렇게 강을 따라가는 것이 얼마나 단순하고,
> 또 내게서 쓸데없는 생각과 걱정을 멀리 떨쳐버리는지.

산에서 힘들게 걷는 것도 좋지만 게으름은 개울과 지류가 '나의' 강으로 합류해서 강이 점점 커져가는 것을 반겼다. 강이 커지는 만큼 강으로 뛰어들 순간이 가까워지고 있었다. 충분히 강이 커진 후 나는 작은 보트를 부풀린 다음 즐거운 미소와 함께 물길을 타고 내려갔다. 내가 하늘나라에 가더라도 노를 저을 수 있는 급류가 있기를. (보트가 없다면 좀 더 부드러운 강을 골라 트랙터 바퀴의 튜브 또는 에어매트를 이용해도 된다.)

물은 토탄 습지를 지나면서 위스키 빛을 띠었다. 나는 작은 급류를 지나 느리고 구불거리는 곡류에서 헤엄치는 연어 위로 흘러갔다. 머리 위로 내려온 나뭇가지 아래로 몸을 구부려 이제는 너무 얕아져서 노를 젓기 어려운 자갈밭에 보트를 세웠다. 밤이 오기 한두 시간 전, 나는 마지막으로 시야가 확보될 때까지 노를 저었다. 강은 넓고 느렸다. 조용한 웅덩이마다 연어가 파리를 잡으러 도약을 하고, 왜가리는 둑 위에서 나를 바라보고 있었다.

마침내 내 앞으로 전망이 탁 트였다. 바다에 도착한 것이다! 그건 의외로 격한 감동이었다. 발원지에서 바다까지의 여정은 즐거웠고 만족스러운 완벽한 여행이었다.

황혼 무렵, 조용한 자갈 해변에서 보트를 챙겨 가장 가까운 열차역으로 출발하자마자 나는 실수를 깨달았다. 지금 내가 서 있는 곳은 원래 예상했던 도착지가 아니었다. 내가 계획한 강을 따라온 것이 아니었던 것이다!

하지만 이런 실수가 모험의 즐거움을 약화시키지는 않았다. 오히려 어디로 가든 또는 어떤 강을 여행했든 그건 별로 중요하지 않다는 사실을 재확인시켜주었다. 중요한 것은 강을 노 저어 여행하고 모험을 추구했다는 것이다. 다른 강을 갔다고 그런 것이 없겠는가. 🜂

🔍 영국에서 강과 운하를 탐험할 때 필요한 것

일반적으로 스코틀랜드는 보트를 타기에 가장 좋다. 그래서 스코틀랜드 사람들은 대부분의 아웃도어 활동을 한다. 잉글랜드와 웨일스에서는 공공 부지를 통해 강에 접근해야 하고, 사유지를 통과할 때는 허락을 얻어야 한다.

강을 이용하는 다른 사람들을 배려하고, 누군가 뭘 하고 있다면 방해하지 말며, 새가 부화하는 시기나 연어 산란장에서는 특히 조심해야 한다.

강과 운하에서 카누 항해를 하려면 가끔은 면허가 필요하다. 영국 카누 협회는 카누와 카약 관련 주관 단체다. 온라인을 통해 면허에 대한 최신 정보를 찾아볼 수 있다.

25

운하 따라 모험

우리는 부활절의 멋진 보름달 아래서 밤새 노를 저었다.

소요 시간 ⟶ 상황에 따라
장소 ⟶ 상황에 따라
난이도 ⟶ 중간
필요 장비 ⟶ 허가서

강뿐 아니라 영국 전역에 3,200킬로미터에 달하는 운하를 등한시하면 안 된다. 수많은 운하는 보통 사람들도 즐길 수 있다.

운하는 영국 역사에서 빼놓을 수 없는 부분으로, 산업 혁명에서도 핵심적인 역할을 했다. 운하는 도시에 사는 사람들에게 오아시스 겸 마이크로 어드벤처를 위한 통로가 된다. 하지만 과소평가하지는 말기를.

예를 들어, 데비즈에서 웨스트민스터까지 200킬로미터의 카누 경기는 '세계에서 가장 긴 논스톱 카누 마라톤'으로, 처음 83킬로미터는 케넷과 아본 운하를 지난다. 경기는 매년 부활절 주말에 열린다. 꼭 추천하는 정말 환상적인 도전이다.

이 경기는 무모하지만 살아있음을 증명하는 수많은 다른 도전들처럼 펍에서 내기를 하다가 처음 시작되었다.

출발선에 선 우리는 아예 시작도 못할까 봐 걱정이었다. 다른 사람들은 모두 프로처럼 보였고, 경기 참가 전 최소한 4개월은 힘든 훈련을 해야 한다는 얘기도 들었기 때문이다. 내 친구 루시와 나는 단 두 번 함께 타본 것이 전부였다.

그녀를 파트너로 선택한 것은 그녀의 집 정원 뒤편이 강과 인접해 있어 빌린 카누를 그곳에 보관했기 때문이지 그녀가 거칠고 강하며 카누에 적합한 어깨를 가진 사람이라서는 아니었다. 아마 그녀 역시 내게 같은 말을 하겠지만. 하지만 우리는 경기에 최선을 다하고 싶었다. 날씨 조건은 최악이었고, 경기 전에 들리는 말들이 긴장을 더했다. '저체온증…눈…홍수…최악의 여건…매우 위험…몇 달의 훈련… 등등.'

출발선을 지났을 때 심판은 내가 쥔 노가 뒤집혔다고 지적했다. 사람들은 내가 카누 전용이 아닌 화려한 노랑색 고무장갑을 낀 것을 보고 웃었다. 빌린 카누는 무거웠고 벌써부터 물이 스며들었다.

태양은 빛났고 모든 것이 희망적으로 보였다. 운하는 아름답고 평화로웠다. 하지만 곧 바람이 일고 밤이 찾아왔다. 게다가 눈이 얼굴을 향해 수평으로 날아들어 200킬로미터가 점차 멀게 느껴지기 시작했다.

우리는 부활절의 멋진 보름달 아래서 밤새 노를 저었다. 경기를 하는 동안 수문을 우회하느라 77번이나 내려 물에서 보트를 들어 올려 육지로 옮겨야 했다. 한번은 1.6킬로미터를 걸어야 했다. 카약에 밀어 넣은 익숙지 않은 다리를 펼 수 있는 기회였기에 처음 몇 번은 좋았지만, 육상 이동이 거듭되면서 좋은 감정은 금방 사라지고 말았다.

> 배는 얼음과 함께 빛났고 밤은 길었다. 정말 아름다운 경험이었다.
> 심야에 도시를 조용히 노 저어 지나온 기억은 참 좋았다.

나이트 클럽에서 나오는 음악이 요란하게 울렸고(〈지금 아무것도 우릴 멈출 순 없어〉), 펍 창문으로 비친 TV 화면에서는 크리켓 경기 중에 누군가가 공을 향해 달려가고 있었다. 달밤에 기댄 추운 밤, 우리가 천천히 움직이고 있을 때 환하게 불을 밝힌 열차가 굉음을 내며 지나갔다.

해 뜰 무렵 우리는 템스 강에 도착했으나 완전히 지쳐 있었다. 아직도 노를 저어 가야 할 거리가 110킬로미터 정도나 남아 있었

다. 나는 교훈을 하나 얻었다. 생기 없고 낡은 저 운하를 절대 과소평가하지 말라. 🔥

🔍 영국에서 경험할 수 있는 아름다운 직선 운하들

- 폰트치실트 수로 : 아마도 영국에서 대단한 현기증을 느낄 수 있는 유일한 곳!
- 칼레도니안 운하
- 버밍엄에서 앨브처치
- 해턴 연쇄 갑문
- 몬머스셔와 브레콘 운하
- 노퍽 브로드 : 표준적인 운하는 아니지만 아름답다.

26

일상 탈출 모험

———

조약돌 위에 작은 불을 피웠다.
온기와 불빛은 불길한 상상력과
밤으로부터 나를 숨겨주었다.

———

소요 시간 ⋯ 밤새
장소 ⋯ 사는 지역
난이도 ⋯ 쉬움
이동 수단 ⋯ 자전거

"바빠."

이 말은 시간의 저주다. 물론 우리 모두는 바쁘다. 늘 바쁜 시간이다. 너무 바쁘면 모험을 할 시간이나 스스로를 위한 시간, 자연에서 쉴 시간조차 내기 어렵다. 그렇기 때문에 지나치게 바쁜 생활에 억눌린 사람들에게 마이크로 어드벤처는 절대적으로 필요하다. 나는 인생에서 모험이 하찮은 일부가 되어서는 안 된다고 생각한다. 단순한 재미를 위해 하는 것이 아니라 테니스나 서커스 구경처럼 종종 해야만 하는 것이다. 아니, 그보다 훨씬 더 중요하다. 하지만 요즘 나는 너무 바쁘다. 타야 할 비행기가 있고, 처리해야 할 청구서도 많다. 그래서 이번 모험은 책상 앞에서 살짝 벗어나는 정도로 짧게, 하지만 꼭 해야 할 필요가 있었다.

겨울의 잉글랜드는 태양으로부터 외면 받는다.
낮은 짧고 추우며, 사람들은 실내에 머물거나 따뜻한 코트를 입고
손은 호주머니에 넣은 채 눈을 내리뜨고 집으로 종종걸음 친다.

야외로 나서기 좋은 계절은 아니지만 나는 오후 3시에 컴퓨터를 껐다. 프리랜서인 다른 사람들처럼 나도 일을 중간에 멈추기가 쉽지 않다. 그게 바보 같다는 것은 안다. 내 일의 본질이 모험을 찾고, 일에 찌든 사람들이 좀 더 모험을 즐기는 방향으로 나가도록 고무하는 것 아닌가.

나는 문 밖으로 나섰다. 배낭을 등에 메고 문을 잠갔다. 자전거를 타고 거리에 나섰다. 핸들이 차갑게 느껴졌다. 나는 장갑을 끼고 두꺼운 재킷을 입었다. 태양은 벌써 낮게 내려앉아 있었다. 길고 추운 밤이 될 것 같았다.

영국의 마을 중심가는 정말 단조롭다. 그동안 이 익숙한 지역의 느긋한 궤도를 따라 너무 오랜 시간을 안주하며 보냈다. 익숙한 일상에서 탈출하는 것은 쉽지 않은 일이다.

> 하지만 결심만 한다면 휙 떠날 수 있다.
> 나는 흥분되었고, 거의 탈출하는 느낌으로, 어쩌면 반항하는 기분으로
> 겨울 해 질 녘에 마을을 벗어났다.

뭘 해야 할지 특별한 계획은 없었지만 저 아래 바닷가에서 잘 생각이었다. 마을을 벗어나 동쪽으로 향했다. 학교 앞에서 아이들의 하교를 기다리는 아주머니들과 술집으로 가는 아저씨들을 지나쳤다. 신문 보급소와 과자 가게를 지나고 작은 공단을 거쳐 바람이 불고 있는 습지대로 들어섰다. 우리 동네 바로 뒤편이 이렇게 낯선 곳이란 게 놀라웠다.

자동차들이 스쳐 지나갔다. 차에 탄 사람들은 누에고치에 든 것처럼 따뜻하겠지. 바깥이 춥기는 해도 나무 사이로 부는 바람이 멋졌다. 낮은 태양은 겨울 작물을 비추고, 바람에 흔들린 작물은 하나하나의 줄기가 앙상하게 두드러졌다. 가느다란 햇살의 후광이 아름다웠다. 석양은 몹시도 짧았다. 해는 그대로 넘어갔고, 곧 어두워졌다. 어둠은 더욱 차갑고 고요했다.

나는 런던 동쪽의 해변에 도착했다. 그곳은 반은 땅, 반은 물, 반은 바다, 반은 만 같은 곳이었다. 도시는 아니지만 그렇다고 시골도 아니었다. 하지만 해변은 아늑하고 자갈과 조개껍질로 깊게 쌓여 있었다. 밤을 보내기 위해 편안한 잠자리를 만들어야 했다.

나는 방조제에 다리를 늘어뜨리고 걸터앉아 생선과 칩을 먹으

면서 만 저편을 바라보았다. 두 남자가 개를 데리고 나를 지나쳐 갔다. 개들이 뛰어오르더니 내게 으르렁거렸다. 남자들은 훨씬 호의적이었다. 한 사람은 뚱뚱해서 셔츠가 그의 둥근 배를 팽팽하게 뒤덮고 있었다. 다른 사람은 조금 나이가 들었는데, 야위고 가죽옷을 입었고 목에는 문신을 했으며 매달린 귀걸이는 왼쪽에 있는 가스 정유 공장의 불빛에 예쁘게 반짝거렸다.

그들은 발길을 멈추더니 내게 뭘 하고 있는지 물었다. 어떤 때는 설명하지 않는 것이 더 쉽다. 번거로운 질문을 피하기 위해–이를테면 시간 부족에 저항하는 야생성, 휴식 없이 스스로를 너무 가혹하게 대하는 것에 대한 반발, 만족하지 못했는데 빨리 지나가는 인생, 따뜻하고 깔끔한 실내에서 너무 오랜 시간을 보냈다는 자각, 겨울밤의 생생함 속에서 보낸 시간이 부족하다는 느낌–별을 보고 있다고만 답했다.

"오늘 밤 여긴 기막히게 좋을 거요." 놀랍게도 그들은 이렇게 말했다. 아마 내가 좀 이상하다고 생각했을 수도 있다. 하늘이 맑다고 그들이 가리켰다. 별 보기에는 좋은 날이다.

그들은 시간이 나면 밤에 여기에 나와 낚시하는 걸 좋아한다고 했다. 저쪽의 갯벌 위에서 미끼로 쓸 지렁이를 잡고 깊은 밤까지 몇 시간이고 낚시를 한다고 했다. 단 두 사람만. 둘은 그 시간을 좋아했다. 나도 동의했다. "그건 친구들끼리 하는 놀이지요. 약간의 맥주와 밤낚시라니, 환상적이네요."

어쨌든 두 사람은 내가 왜 여기 있는지를 이해했다. 왜 이 춥고 어두운 곳에서 피시 앤 칩스를 먹으며 별을 보고 싶어 하는지를 말이다. 템스 강의 북쪽 제방을 가로질러 하늘을 오렌지 빛으로 더럽히는 캔베이 섬의 추한 불빛, 가스 정유 공장 뒤편 화학 공장의 이상한 악취, 잠들지 않는 런던 공항에 착륙할 순서를 기다리며 머리 위에서 선회하고 있는 비행기들에도 불구하고 두 사람은 여기 있는 것을 좋아했고, 나 역시 그랬다.

놀랍게도 이 거친 두 남자는 별에 대한 궁금증으로 가득했다. 사실 난 잘 모르지만 아는 것─별을 이용해서 어떻게 북쪽을 찾는지─을 알려주었다.

"저 위에 있는 쟁기 보이나요?" 내가 북두칠성을 가리키면서 물었다.

"프라이팬 같은데." 두 사람은 내가 가리키는 방향을 보았다.

"뭐 좋아요. 프라이팬의 앞부분을 따라가 보세요. 입구 지름의 두 배 정도 떨어진 곳에 보이는 밝은 별이 북극성입니다. 저 별은 북극 위에 있어요. 언젠가는 저곳에 가고 싶어요."

그들은 재미있어 했다. 두 사람은 내게 잘 자라고 인사하고 손에 쥔 로프로 개를 끌며 걸어갔다. 둘은 맥주 캔을 마시기 위해 머리를 뒤로 젖혔는데 아마 그 순간 위에 있는 별을 보았을 것이다. 그들은 빈 맥주 캔을 해변에 던졌다. 이제 이곳에는 다시 나와 밤, 그리고 습지뿐이다.

150년 전 디킨스의 『위대한 유산』에도 이곳이 등장한다. 당시에는 아주 멀게 느껴진 켄트가 이제 파리행 고속 열차를 타면 런던 중심가에서 20분이면 도착하는 거리가 되었다. 매그위치가 탈출한 낡은 죄수 수송선을 정박시킨 곳이 바로 여기다. 하지만 나는 곧 탈옥수를 생각하는 것은 해변에서 혼자 자는 평화로운 밤에 도움이 되지 않는다는 걸 깨달았다. 그래서 조약돌 위에 작은 불을 피웠다. 온기와 불빛은 불길한 상상력과 밤으로부터 나를 숨겨주었다.

다음 날 아침, 밤은 가고 다시 세상이 시작됐다. 수영을 할 계획이었지만 조수가 너무 멀리 물러나 수영은 고사하고 바다도 거의 보이지 않았다.

갯벌이 몇 킬로미터에 걸쳐 있는데 반은 물이고 반은 하늘이었다. 유일하게 들리는 것이라고는 마도요 새의 선명한 울음소리뿐이었다.

나는 침낭을 정리하고 내버려진 맥주 캔을 챙긴 다음 제시간에 집으로 돌아왔다. 그리고 샤워를 하고 아침을 먹은 후 다시 책상 앞에 앉아 일을 시작했다.

시작하자! 시도하자! 주중에 마이크로 어드벤처를 해보시길. 조금 빨리 일을 마치고, 가능하다면 자전거를 타고 들판으로 가서 별을 보며 하룻밤을 보내는 것이다. 떠오르는 태양을 보고 다시 일터로 돌아오면 된다. 어쩌면 1시간쯤 지각하고, 조금은 냄새도 나겠지만 이 정도는 작은 대가라고 생각하자. 주중의 마이크로 어드벤처는 정말 기운을 북돋아주고 정서적으로도 좋다. 손해 본 시간을 훨씬 능률적으로 만회할 수 있다는 건 확실하다. 🔥

겨울에 야외에서 잘 때 온기를 유지하는 법

- 낮은 지대에 있는다. 100미터가 높아질 때마다 거의 1도씩 기온이 떨어진다. 단, 계곡은 차가운 바람이 불기 때문에 피한다.
- 주위에 바람막이가 있는 장소를 찾아 바람을 피한다. 한층 따뜻하게 보낼 수 있다.
- 잘 때 털모자를 쓴다.
- 젖은 옷을 입고 자지 않는다.
- 헐렁한 옷을 여러 겹 입는다.
- 숨 쉴 공간만 작게 남기고 침낭의 후드를 덮는다. 끈을 조일 때 느껴지는 폐쇄 공포증은 곧 익숙해진다.
- 잠자기 전에 잘 먹는다. 뜨겁고 기름진 음식은 소화에 오랜 시간이 걸려 밤새 온기를 유지하는 데 도움을 준다.
- 따뜻한 상태로 잠자리에 든다.
- 침낭은 단열 역할만 할 뿐 따뜻하게 해주는 것은 아니다. 그래서 자기 전에 체온을 올리기 위해 운동을 하는 것이 좋다. 손을 발끝에 모았다가 허리를 펴면서 뛰어오르는 스타점프, 팔 굽혀 펴기, 앉았다 일어서기 등을 한 후 침낭에 들어간다.
- 캠핑용 난로가 있다면 물병을 데워 침낭 안에 넣고 잔다. 물통 뚜껑을 꼭 잠그고 너무 뜨겁지 않도록 한다.

황야의 모험

저녁 무렵 나는 황야 속으로 꽤 깊이 들어섰다. 주변에는 붉은 사슴과 외로운 뻐꾸기만이 함께 했다.

소요 시간 ⋯ 2일 이상
장소 ⋯ 스코틀랜드 북서부
난이도 ⋯ 꽤 어려움
이동 수단 ⋯ 걷기
필요 장비 ⋯ 황야에 체류하는
기간 동안 먹을 음식

경치는 점점 아름다워지고 웅장해졌다. 나는 북쪽으로 몇 시간 동안 차를 타고 달려 마침내 말레이그에서 도로 끝에 도착했다. 렌터카를 주차하고 1분도 남지 않은 간발의 차이로 간신히 작은 여객선에 뛰어올랐다.

나는 적당한 야생 지대를 찾아 크노이다트 반도로 가고 있었다. 크노이다트는 인구가 과밀한 영국 본토 기준에서 보면 아주 고립된 곳이다. 이곳에 가는 방법은 배를 타거나 바위투성이 광야를 이틀 동안 걸어서 가는 것뿐이다.

특별한 이유는 없었다. 특별한 도전이나 가고 싶은 산이 있는 것도 아니었다. 다만 평소보다 훨씬 단절된 느낌을 맛보고 싶었다. 솔직히 말하자면 처음 배에서 내렸을 땐 뭘 해야 할지 몰랐다. 나는 계획 없이 움직이는 데 별로 익숙하지 않다. 배가 닿은 인버리의 작은 마을을 둘러보았다.

투명한 공기는 잔디 깎은 냄새와 크레오소트 향과 함께 오감을 자극했다. 느린 봄이 이제야 오고 있다는 신호이기를.

해안을 따라 걷는 동안 노란색 가시금작화 덤불에서는 코코넛 오일 타는 냄새가 났다. 나는 발밑으로 자갈을 밟으며 바다 공기를 심호흡했다. 부드러운 봄 잎사귀로 환한 너도밤나무 숲을 지났다. 평소 천천히 걷지 않는 나는 세세한 것을 잘 살펴보지 못하는 편이다. 원래부터 느긋하지 못한 성미 탓에 의식적으로 속도를 늦추려고 애썼다. 집에서 수백 킬로미터를 달리고 배까지 타고 들어와서야 비로소 도로도, 휴대폰 소리도 없는 장소에 닿을 수 있다는 것은 슬픈 일이다. 초롱꽃은 산들바람에 흔들리고 있

었다. 초롱꽃의 탈색한 푸른빛 느낌을 잡아내기 위해 여러 번 사진을 찍으며 시간을 보냈다. 몸을 구부려 자세히 살펴보자 노란 앵초가 초롱꽃 아래에서 바람에 말려 있었다. 앵초는 수줍게 떨고 있었다.

일단 모험 계획을 잡기 위해 지도를 폈다. 계곡과 산록을 상상하며 등고선을 궁리했다. 노력과 즐거움 사이에서 균형을 잡을 수 있도록 신경을 썼다. 마음을 바꾸고 또 바꾸었다. 무얼 선택하더라도 괜찮은 일이다. 중요한 건 그게 아니니까.

이제 저 산들을 오르기 위해 움직일 시간이다. 숲을 지나 이끼로 뒤덮인 돌담과 함께 이어진 울퉁불퉁한 길을 걸어 올랐다. 저녁 무렵 나는 황야 속으로 꽤 깊이 들어섰다. 주변에는 붉은 사슴과 외로운 뻐꾸기만이 함께했다. 조금 뒤 나는 협곡으로 들어섰다. 바위투성이의 험준한 산이 사방에서 에워싸고 있었다. 스스로가 초라하게 느껴졌다. 꽤 익숙한 감정이지만 오늘 밤 산으로 둘러싸인 이곳에서 내가 유일한 인간이라는 사실을 즐겼다. 언덕 꼭대기에 오르자 슬슬 지치기 시작했다. 밑에 작은 호수가 있었다. 밤을 보낼 평탄한 초원을 찾아 호숫가로 곧장 내려갔다.

날씨가 심상치 않아 침낭 위쪽에 방수포를 쳤다. 정말 잘한 일이었다. 방수포 밑으로 들어가자마자 하늘이 열리더니 우박이 방수포를 후려쳤으니까. 폭풍은 밤새 불었고, 바람은 거셌다. 파도는 30센티미터 높이로 일어나 호반을 강타했다. 방수포는 머리 위에서 요동치고 갈라졌다. 나는 침낭 안으로 더 깊이 파고들며 아침을 기다렸다. 사실 왜 그렇게 아침을 열망했는지 모르겠다.

아침이 온다는 건 따뜻한 침낭에서 나와 축축하고 차가운 바깥 세계로 나가야 한다는 걸 의미하는데 말이다. 물은 발밑에서 홍수처럼 넘쳐났다. 나는 흠뻑 젖고 말았다. 날씨가 바뀌기를 바라며 최대한 오랫동안 시간을 보냈다. 하지만 그대로였다.

이번에는 산꼭대기에 두텁게 눈이 내렸다. 내가 잘 갖춰 입기는 했지만 5월의 스코틀랜드에 대비해서 그런 것이지 시베리아의 파멸적인 겨울에 맞춘 것은 아니다! 나는 장비를 챙겨서 얼굴을 찡그리며 빗속으로 들어섰다. 그리고 위쪽의 고개를 오르기 시작했다.

> 나는 고개를 숙인 채 한발 한발 느릿느릿 걸었다.
> 반대편으로 내려다보이는 경치만이
> 이 머나먼 크노이다트에 온 것을 고맙게 여기게 해주었다.

영국에서 산꼭대기에 올랐을 때 맞은편에 마을이나 도로가 보이지 않는 곳은 정말 드물다. 어젯밤 내린 눈으로 뒤덮인 노랗고 검은 산들이 바라보이는 탁 트인 전망은 정말 근사했다.

그 위에서 나는 강풍과 눈에 패배했다는 것을 인정했다. 지금 나는 전혀 즐겁지 않았다. 그래서 그만두기로 마음먹었다. 견딜 것인지 포기할 것인지를 결정할 때의 생각이 흘러가는 과정을 설명하기란 어렵다. 한 가지 확실한 점은 결정을 내리기까지 마음속의 논란은 여행 전, 중, 후가 매우 다르다는 것이다. 당장 중요해 보이는 것도 나중에 돌아보면 그렇지 않을 수도 있다.

내가 이전에 했던, 보다 큰 규모의 모험에서는 이 난제를 단순하면서 완고하게 회피했다. 그만두는 것은 결코 선택할 수 있는

옵션이 아니었기 때문이다. 토론도 필요 없었다. 그만두는 것 결사반대. 나는 분명히 그 생각에 동의했고 또 언제나 그렇게 했다! 나는 스스로 포기한 적이 없다. 지금껏 나는 언젠가는 되돌아보는 기쁨을 얻을 것을 기대하며 고집스럽게 앞으로 전진하는 삶을 살아오는 데 많은 시간을 보냈다.

하지만 바로 그 이유 때문에 바람 불고 비에 젖은 이번 모험을 단번에 포기한 것은 또 다른 작은 기쁨이었다. 큰 모험을 할 때의 정신력이라면 나는 아무리 힘들어도 스스로를 강제해서라도 그 위에서 버텼겠지만 이번에 나는 너무 기쁜 마음으로 방향을 돌려 인버리에 있는 펍으로 잽싸게 내려갔다! 후퇴했지만, 패배했지만, 행복했다.

황야를 걷는 대신에 나는 영국 최북단 펍을 방문했다. 지치고 물에 젖은 나는 '영국 본토에서 가장 먼 곳에 있는 펍'인 올드 포지인에서 피난처를 찾았다.

창밖으로는 오랫동안 퍼부은 폭우 사이로 만이 빛났다. 여전히 산에서 불어오는 강하고 차가운 바람이 몰아쳤다.

바다 건너편으로 보이는 산들은 이제 실루엣으로 남아 잿빛 그림자로만 구분되었다.

펍의 명함에는 '노동자, 여행자, 개, 어린이, 무정부주의자, 음악가 모두 환영'이라고 적혀 있었다. 벽에는 판매용 티셔츠가 붙어 있는데 '올라가면 산, 내려오면 맥주'라고 써 있었다. 그밖에도 기타와 바이올린, 털이 가득한 양 머리도 벽에 달려 있었다. 난로는 크고 어두운 정육면체 바위로 만들어졌는데, 그 위에 가로대로 사용되는 울퉁불퉁하고 검은 통나무가 얹혀 있었다.

불빛이 얼굴에 반사되고 눈이 따가워지는 걸 느끼면서 나는 신발을 벗고 의자에 깊숙이 눌러 앉았다. 저 비참하고 빌어먹을 산을 오르는 대신 이렇게 펍에 앉아 있으니 정말 좋았다. 🍂

28

야생 오두막 짓기

—

우리가 저지른 유일한 실수를 발견했을 때는 이미 너무 늦었다. 침대가 짧았다.

—

소요 시간 ⋯→ 하루
장소 ⋯→ 지역
난이도 ⋯→ 어려움
필요 장비 ⋯→ 톱, 끈

낯선 사람이 멋진 아이디어를 담아 보낸 이메일만큼 반가운 것은 없다. 가장 좋았던 건 글래스고에 사는 케빈의 제안이었다. 케빈은 자연 재료만을 이용해 야생 오두막을 만드는 것을 도와달라고 나를 초대했다. 짓고 나서 그곳에서 자는 것이었다. 케빈은 이미 스코틀랜드 각지에 100개의 야생 오두막을 만들면서 천천히 자신의 길을 개척하고 있었다. 나는 그 분야는 잘 몰랐지만 흥미롭게 느껴져서 흔쾌히 승낙했다.

케빈이 이번 모험에 필요한 모든 준비를 도맡았다. 그가 퍼스 외곽의 주차장에 세워둔 자신의 차 트렁크에서 가방을 꺼냈을 때 나는 기뻤다. 톱과 침낭, 초대형 소시지 팩이 들어 있었기 때문이다. 일행은 4명이었다. 케빈은 도움을 줄 자신의 친구 리치를 데려왔고, 나는 마크를 데려갔다. 일손이 많으면 분명 도움이 될 것이다. 우리는 함께 오늘 밤 잠자리가 될 언덕으로 올라갔다. 그날은 3월의 춥고 흐린 오후 중반쯤이었다.

언덕에는 우리 말고 개를 데리고 산책하는 사람과 느긋하게 시간을 보내는 노인들 몇 명뿐이었다.

반쯤 녹아 섬뜩해 보이는 눈사람 가족의 잔해를 지나 계속 걸어갔다. 공기는 차가웠고 아이들이 놀던 몇 개의 굴을 따라 눈뭉치가 흩어져 있었다.

우리는 숲을 벗어나 옆에 쇠락한 탑이 서 있는 높은 절벽 꼭대기에 올라섰다. 조망이 장관이었다. 왼쪽으로는 테이 강이 조용히 흐르고, 오른쪽에는 퍼스 시가지가 펼쳐져 있었다. 바로 밑은 고속도로였다. 1년 전 어느 일요일 아침, 나는 택시를 타고 저 고속도로를 지난 적이 있다. 친구 결혼식에 참석했다가 밤새 축하 주를 마시고 만취한 상태로 귀가하는 길이었다. 그때 이 가파른 언덕을 올려다보면서 언젠가 올라보고 싶은 멋진 언덕이라고 생각했었다.

스코틀랜드의 겨울날은 짧다. 그래서 시간이 중요하다.
우리는 숲속으로 퍼져서 오두막을 만들 적당한 목재를 찾았다.

나무를 상하게 하고 싶지 않았기 때문에 죽거나 떨어진 목재만 사용했다. 길고 튼튼하고 길쭉한 가지를 모았다. 길이는 3미터 정도, 굵기는 우리 손목만 한 것이 이상적이었다. 이 목재는 오두막의 골격을 이룰 것이다. 계획은 4개의 분리된 싱글베드를 만들고 위에 3면을 가진 피라미드 지붕을 얹는 것이었다. 먼저 나뭇가지를 정해진 길이로 자른 다음 정원용 노끈으로 묶었다. 자연 분해되는 이 노끈만이 사용된 재료 중 유일하게 인간이 만든 물질이었다. 그다지 튼튼해 보이지 않았지만 케빈은 괜찮다고 우리를 안심시켰다. 노끈은 연결 부위를 임시로 고정하는 것이고, 그후 길이가 다른 목재로 쐐기를 박아 단단하게 연결했다. 작업이 거의 끝날 쯤 모든 것은 그물처럼 잘 짜여 있었고, 오두막은 정말 견고했다. 지붕 골격을 완성하고 나서 우리는 침대를 만들면서 작은 막대를 위쪽에 가로질러 놓았다. 그 위에 마른 풀을 한 아름 깔아서 훨씬 푹신하게 마무리했다. 뒤에 우리가 저지른 유일한 실수를 발견했을 때는 이미 너무 늦었다. 침대가 짧았다.

그다음은 야심적인 디자인의 지붕을 만들었다. 나보다 숙련되고 인내심 있으며 상상력도 풍부한 이들과 함께 뭔가를 만드는 것은 정말 가치 있는 경험이다. 먼저 나뭇가지를 묶어 삼각형 골격을 만든 후 막대기를 격자 형태로 덮는다. 그 위에 45센티미터 정도의 두께로 고사리와 낙엽을 쌓고 또 하나의 삼각형 골격으로 눌러 덮는다. 내 생각에 이것의 명칭은 '치즈 토스트 지붕'이다(생긴 게 치즈 토스트 같으니까). 우리는 이 과정을 세 번 반복했다. 각각의 패널은 너무 무거워 들어서 제자리에 놓을 때 세 사람이나 필요했다.

슬슬 비가 내리기 시작했다. 진눈깨비가 위협했지만 우리는 작업을 계속했다. 황혼이 빠르게 내리고 마을의 불빛이 어둠 속에서 빛났다. 아래쪽의 도로는 하얀 빛과 빨간 빛을 발산하는 매혹적인 강을 이뤘다. 보기에는 아름다웠지만 그래도 나는 러시아워의 행렬에서 자유로운 산꼭대기에 있는 것이 더 기뻤다.

내가 도시 가까이에서 마이크로 어드벤처를 즐기는 것은 뭔가 색다른 것을 할 때도 도시에서 멀리 벗어날 필요가 없음을 증명하기 때문이다.

저녁이 오고 사람들은 각자의 집으로 돌아갈 때 우리는 직접 만든 야생의 집 안에 들어갔다. 리치가 불을 피웠다. 곧 소시지 냄새가 공기를 채웠다. 불 주위를 둘러싸고 서서 온기와 불빛 그리고 음식을 재미있는 사람들과 함께 나누었다. 이런 것은 절대로 질리지 않는다.

오두막을 짓는 데 10시간이 걸렸다. 짓는 시간만큼 오두막 안에서 오래 머물지 않을 것이라는 사실은 중요하지 않다. 이제 테스트할 시간이 왔다. 각자의 침대에 누울 때다. 침대 위에 놓은 침낭에 들어가기 위해 우리는 씩씩대고 헉헉대며 꿈틀대야 했다.

누워 보니 뾰족한 막대기가 이따금 등을 찌르는 것만 빼면 놀라울 정도로 튼튼하고 편안했다. 단지 크기가 너무 작아서 투덜대거나 불평하거나 신음할 뿐이었다. 이름뿐인 영국 남자인 내가 가장 투덜이라는 혐의를 받았다. 나는 강하게 이의를 제기했다. (내 침대가 가장 짧았다.) 최소한 침낭에 들어가기 위해 애쓰느라 몸이 더워진 것은 사실이다. 그날은 올 한해를 통 털어 가장 즐거운 밤 중 하나였다.

이번 모험에서 나는 재미있는 사람들을 만나 예전에 해본 적 없는 새로운 기술을 배웠다. 흥미로웠다. 뭔가를 열심히 만든다는 것은 성취감을 준다는 사실도 느꼈다. 오두막을 만드느라 나무를 나르며 시간을 보내고, 머리를 털어내며 집중해서 작업하느라 잠시 동안 일상에서 벗어난 것이 정말 좋았다.

29

타이어 타고
강 여행

모든 위대한 모험은 불확실성의
매혹에서 시작된다.

소요 시간 ⋯ 몇 시간
혹은 며칠
장소 ⋯ 떠내려가기에
충분히 깊은 강
난이도 ⋯ 중간
필요 장비 ⋯ 노, 비닐 백
이동 수단 ⋯ 트랙터
타이어의 튜브

조용한 수요일 오후, 웨스트 웨일스에서 GT(장거리 여행에 적합한 고성능 자동차—옮긴이) 타이어는 모험의 대상이 아니다. 그렇지만 그날 나는 유쾌하지만 믿기 힘든 가능성을 발견했다.

한쪽 구석에 낡은 타이어가 엄청나게 쌓여 있었는데, 마구 뒤섞여서 거의 천장에 닿을 정도였다. 벽의 페인트칠은 벗겨지고 콘센트가 달린 전선은 축 늘어져 있었다.

타이어 숍 점원은 우리가 트랙터 타이어용 튜브 4개를 사겠다고 하자 웃더니 기분 좋게 바람까지 넣어주었다. 흥정 끝에 튜브 4개를 50파운드(약 8만 5천 원)에 구입했다. 아주 만족스러웠다(카누와 고무보트, 요트, 소형 잠수함의 가격을 생각해보라). 나는 타이어로 둘러싸인 곳에서 일하면서, 게다가 바로 옆에 강이 있는데 한

번도 타이어로 항해를 해보지 않았다는 사실에 놀랐다. 그 사람들이 보기에는 우리가 바보 같았겠지만.

한 가족이 강둑에 나와 우리가 출발하는 것을 지켜보았다. 아이들도 조용히 선 채 우리를 보고 있었다. 우리는 타이어에 올라타고 사람들에게 최대한 영웅적으로 보이려고 애쓰면서 손을 흔들고 물결 속으로 들어갔다. 강 여행의 장점은 자전거나 걷는 것보다 훨씬 많은 짐을 가져갈 수 있다는 것이다. 우리는 캠핑용품과 음식, 주철 냄비, 술 같은 필수품을 비닐 백에 담아 매달아 끌고 갔다. 출발하기 전에는 얼마나 잘 떠 있을지 걱정했지만 다행히 가라앉지 않아서 마음을 놓았다.

미지의 장소로 가는 것은 언제나 흥미롭다. 모든 위대한 모험

은 불확실성의 매혹에서 시작된다. 웨일스에 있는 온화한 강에도 이는 그대로 적용되었다. 우리는 마을을 벗어나 떠내려갔다. 그렇게 느린 여행에 적응하는 데는 시간이 조금 걸렸다. 1시간 반이 지났는데도 여전히 뒤에 출발지가 보였다.

> 여행에는 멋진 규칙이 있는데.
> 여행 속도가 느릴수록 경험은 더 풍부해진다는 것이다.

우리는 유유자적 흘러가거나 느릿느릿 노를 저었다. 가끔은 뭉쳐서 가기도 하고, 가끔은 일렬종대를 이루거나 구름처럼 각자 흩어져 가기도 했다. 물은 탁했고, 강둑에는 초록빛 나무가 우거졌다. 꼭 아마존 강을 타고 내려가는 것 같았다. 나는 만족스럽게 주변을 둘러보았다. 알렉스는 천천히 노를 젓고 있고, 루벤은 손

을 머리 뒤로 두르고 뒤쪽에 기대고 있다. 사무실을 벗어나서 기쁜 남자의 모습이었다. 맨 앞에 있는 에이드는 노 대신 오리발을 가져와 즐겁게 첨벙거리며 물보라를 일으켰다.

이 여행은 강어귀까지 겨우 몇 킬로미터를 가서 해변에 도착하는 것이다. 몇 번의 큰 구비를 지나 강이 넓어지기 시작했다. 고정된 부표가 부드러운 물결 위에서 까닥거렸다. 우리는 '탐색자'라고 쓰인 작고 붉은 보트를 지났다. 파란색 보트에서 일하던 노인이 소리쳤다. "그거 강을 타는 데 가장 값싼 방법이군."

보트를 가진 사람은 실제로 항해보다 보트를 수리하는 데 더 많은 시간과 돈을 들이기 마련인지라 조금 짜증난 목소리였다.

정원이 강둑까지 이어진 몇 채의 집을 지났다. 나도 언젠가는 강변에 살고 싶다. 파란 오두막이 강을 내려다보고 있고 강물에는 오두막의 창문이 비쳤다. 아름다운 풍경이었다. 나는 생각에 잠겼다. '내가 여기에 산다면…, 저 오두막이 내 것이라면, 모든 문제는 해결될 것이다. 엄청난 책을 쓸 수 있을 것이고, 이 강물에서 매일 수영을 할 것이다. 그러면 좀 더 나은 사람이 될 것이다. 더 효율적이고, 만족할 수 있을 것이다.'

나는 여행을 할 때마다 거의 비슷한 생각을 갖는다. 크노이다트에서는 오두막, 스트라스퓨퍼에서는 더 좋은 자전거, 데본에서는 농장, 토리돈에서는 카페, 셰틀랜드 제도에서는 우체부가 부러웠다. 하지만 해외로 큰 모험을 나설 때는 현재의 내 집이 그리워진다. 그리고 다짐하는 것이다. 이번에 돌아가면 멋진 책을 쓰고 더 나은 사람이 되자, 더 만족하는 사람이 되자.

이게 인간의 본성이다. 만약 오두막에 사는 남자가 멋진 소설이 완성된 원고지 위로 웬 멍청이 4명이 타이어를 타고 떠내려가는 모습을 봤다면, 아마도 엄청 부러워했을 것이다.

그래서 나는 앞만 보고 강을 내려갔다. 마치 안락의자에 앉은 것처럼 흘러가는 물 위에 편안히 앉아 가는 것이 좋았다. 이제 강과 주변 경치가 탁 트였다. 강 양쪽에는 낮은 언덕이 있고, 초록빛 들판에는 노란 가시금작화가 모여 있었다. 언덕은 깔때기 모양의 계곡을 이루어 우리를 바다로 밀어내는 듯 했다.

> 강어귀는 넓었고 조수는 썰물이 강하게 흘렀다.
> 물결이 빨라서 우리는 즐겁게 흔들리면서 흘러갔다.

수위가 낮아지자 강에는 모래 언덕이 나타났다. 이제 진행 방향은 우리의 항해술이 아니라 물결의 기분에 따라 정해졌다. 우리 셋은 모래톱을 우회해 다시 다른 모래톱을 거치면서 왼편으로 굽은 거대한 만곡을 거쳐 바다로 나섰다. 바다의 하늘은 나무와 건물, 산으로 잠식된 일상의 하늘보다 훨씬 크다. 작은 소용돌이가 우리를 해변으로 이끌어주었다. 강물이 지금까지 흘러온 반대 방향으로 흐르기 시작했다. 정시에 도착한 것이다. 우리는 큰 소리로 떠들고 웃으며 여행이 잘 마무리되고 제시간에 해변에 도착한 것을 기뻐했다.

날씨가 조금 흐려졌다. 하늘은 점점 낮아지고 어두워졌다. 잿빛 웨일스에서는 친숙한 날씨다. 우리는 가져온 가방과 타이어를 해변으로 끌어올리고, 모래 언덕 사이에 캠핑을 할 만한 장소를 찾았다. 그곳은 바람에 흔들리는 가시 돋친 녹갈색 풀밭과 덤불로 둘러싸여 있었다.

우리는 옷을 갈아입고 장작을 모으기 위해 흩어졌다가 바닷물에 매끄러워진 나무를 한 아름씩 안고 다시 모였다. 맨발에 청바지와 모자 달린 검은 옷을 입은 루벤이 요리를 위해 불을 피웠다. 알렉스는 제일 늦게 느릿느릿 돌아왔다. 알렉스는 커다란 통나무를 끌고 오면서 자신이 가장 큰 장작을 찾았다는 것을 아는 웃음을 지었다.

타이어는 훌륭한 안락의자로 변신했다. 주흥과 즐거움이 넘쳤다. 우리는 4개의 에나멜 머그잔을 꺼내고 와인 병을 따서(원래는 요리용이었는데) 멋진 여행에 건배했다. 🔥

③0

언덕 위의 만찬

오래 기다릴수록 스튜는 더 맛있
다. 불 위에서는 저녁이 끓고, 하
루는 저물어갔다.

소요 시간 ⋯ 밤새
장소 ⋯ 지역
난이도 ⋯ 중간
(사전 계획이 필요해서)
필요 장비 ⋯ 좋은 음식.
친구

직장인에게 주중은 진부한 일상의 연속이다. 일–잠–일–잠, 이러다가 천천히 주말이 가까워진다. 하지만 취침 시간을 지키는 분별 있는 직장인이라도 얼마든지 주중에 즐거운 시간을 만들 수 있다.

보통 친구들과 함께 저녁을 먹기 위해서는 누군가의 집이나 식당 또는 펍에 모여 술 한잔하며 부질없는 잡담을 나눈다. 이런 즐거운 저녁 시간은 언제나 좋다. 이때 할 수 있는 퇴근 후 마이크로어드벤처가 있다. 대도시에 살면 친구가 도시의 반대편에 살 경우 모이는 것이 귀찮게 느껴진다. 그래서 바쁜 일상과 남자들이 흔히 하는 멍청이 짓을 합쳐보았다. 이러지 않으면 친구들과 모이기까지 몇 달은 그냥 지나가버릴 테니까.

우리는 날짜를 잡고 퇴근 후 시골의 작은 펍에서 모이기로 했다. 온화한 저녁 6시 30분쯤, 모두 자리에 앉자 갓 뽑아낸 신선한 지역 맥주가 우리 앞에 놓였고 편안함이 엄습했다. 우리는 흥분했다. 도시의 무게가 어깨에서 내려지는 느낌이었다. 1차로 마시는 맥주는 언제나 그렇듯 간단히 하고, 밖으로 나와 마을을 벗어나 작은 언덕을 올랐다. 배가 고팠다.

도시를 벗어나 밤을 보낼 때마다 나는 들판이 얼마나 아름답고 조용한지 놀란다. 그럴 때마다 나는 앞으로 더 많이 이렇게 할 것을 다짐한다. 하지만 막상 도시에 있을 때는 들판과 산꼭대기, 야생화와 쇠똥 같은 것들을 떠올리기가 쉽지 않다.

이곳으로 출발하기 전 누군가가 "오늘 저녁 무슨 계획 있나요?" 하고 물어서 "아, 친구들을 만나 저녁 먹을 거예요, 산꼭대

기에서요" 하고 대답하니 그들은 즐거움과 놀람, 부러움이 뒤섞인 복잡한 표정을 지었다. 뭐 어이없어 하는 것일 수도 있겠지만. 그런 표정은 약간의 광기와 반골 기질이야말로 마이크로 어드벤처에서 내가 가장 좋아하는 요소임을 상기시킨다.

언덕을 3분의 2쯤 오른 곳에서 멈춰 주변을 둘러보았다. 패러글라이더들이 순조로운 초저녁의 상승 기류를 타고 머리 위에서 선회하고 있었다. 계곡 아래쪽으로는 방금 지나온 철길을 따라 열차가 천천히 움직였다.

처음 피어난 유채꽃 밭은 푸른 들판에 헝겊을 기운 듯한 눈부신 노란색의 장방형으로 시야가 미치는 끝까지 펼쳐져 있었다.

작은 마을과 교회의 첨탑이 흩어져 있었다. 저 넘어 어딘가에 거대한 도시가 있다는 것을 상상하기가 어려웠다. 우리는 돌아서서 다시 올라갔다. 서두르지 않고 웃고 떠들면서 걸었다. 얼마 가지 않아 오늘 밤을 보낼 작은 잡목림에 도착했다. 우리는 나무를 모아 세 곳에 나눠 쌓았다. 작고 마른 가지는 어둠을 밝히는 용도, 조금 더 큰 막대기는 불을 피우는 용도, 그리고 큰 통나무는 밤새 태우는 용도. 불은 곧 행복하게 활활 타올랐다. 태양은 언덕 너머로 졌고, 우리의 캠프장에도 어둠이 내렸다.

나는 배낭을 꺼내 내용물을 꺼냈다. 보통 나 혼자 야외에서 밤을 보낼 경우 음식은 우선순위에서 상당히 아래쪽이다. 샌드위치와 으깬 돼지고기 파이 정도거나 상황에 따라서는 출발 전에 미리 먹기도 한다. 하지만 오늘 밤은 음식이 모든 것이다. 그리고 모닥불, 언덕 꼭대기, 맥주, 와인!

나는 가방에서 오래전부터 캠핑에서 사용해 흠집이 많이 나고 찌그러진 데다 검게 변한 냄비를 꺼냈다. 그리고 또 한줌의 시든 야채와 딱딱한 식빵, 으깨지고 형태가 망가진 스튜용 스테이크, 레드 와인 한 병을 꺼냈다. 마지막으로 최고의 영광은 1갤런(4.5리터)짜리 에일 맥주였다.

> 스튜 요리가 좋은 점은 준비하기가 매우 쉽다는 것이다.
> 그냥 모든 것을 덩어리째 잘라서 와인 반병과 함께
> 냄비에 던져 넣은 다음 불 위에 놓기만 하면 된다.

우리는 맥주를 마시며 앉아서 기다렸다. 오래 기다릴수록 스튜는 더 맛있다. 불 위에서는 저녁이 끓고, 하루는 저물어갔다. 너도밤나무 가지는 캠핑장 위로 아치를 그렸다. 팔을 뻗으니 촉촉한 새싹이 느껴졌다. 새로 나온 잎은 연두색에 얇고 부드러웠으며 섬세했다. 모닥불 불빛이 얼굴에 비치고 황혼은 더 멀리까지 내려앉았다. 나는 처음 나타난 별을 찾았다. 누군가 모닥불에 장작을 더 집어넣고 스튜를 젓고는 맥주를 따랐다. 모닥불에서 나온 연기가 둥글게 에워쌌다. 눈이 따가워 휘저으며 바람에 연기가 흩어지기를 기다렸다. 나는 나무 타는 냄새를 좋아한다. 이 냄새는 아버지의 모닥불과 전 세계를 돌며 보낸 수백 일의 밤을 떠올리게 한다. 내 인생에서 최고의 시간이었다. 모닥불 옆에서 자고 난 다음 날 아침, 옷에서 느껴지는 그 탄내마저도 좋아한다. 이 냄새는 도시로 가는 열차 속 출근하는 사람들의 스킨로션 냄새, 커피 냄새와 뒤섞여 방랑자를 상징하는 달콤한 자유의 향수가 된다.

불을 좀 더 높이 쌓아올렸다. 우리는 큰 통나무 뒤쪽에 앉아서 잡담을 하거나 꿈을 나누었다. 아인슈타인은 '창의성은 소모한 시간의 잔여물'이라고 했다. 아마 그 누구라도 친구들과 모닥불 주위에 둘러앉아 있는 것보다 저녁 시간을 더 잘 보내기는 어려울 것이다.

다시 맥주 한 잔 더. 그리고 스튜를 또 저었다.
공기 중에는 늦은 봄의 냉기가 남아 있었다.

이제 스튜 냄새가 정말 좋아졌다. 냄비의 테두리까지 꽉 채울 정도로 풍성하게 끓어올랐다. 다들 말없이 그냥 치직거리는 불꽃과 고동치는 숯불 사이에서 부드럽게 끓는 냄비를 쳐다보며 침만 흘리고 있었다. 이제 먹을 시간인 것이다.

우리는 자리를 잡고 앉아 무릎 위에 큰 에나멜 접시를 놓았다. 빵을 뜯으며 풍성한 스튜를 먹었다. 그러면서 지금 먹는 스튜가 지금껏 먹었던 것보다 얼마나 더 맛있는지 낮게 낄낄대며 얘기를 나눴다. 우리는 지금 시내의 레스토랑에서 1시간은 떨어진 언덕 꼭대기에 있지만 여기보다 나은 곳은 없을 것이다. 각자 한 그릇씩 더 먹고 냄비와 접시를 남은 빵으로 깨끗하게 닦았다. 이제 불 옆에 누워 얘기를 나누며 와인과 맥주를 끝장내는 것 외에 무슨 할 일이 있을까.

늦은 시간은 아니었지만 평소에는 인공 불빛의 세상에 살기 때문에 우리 몸은 어둠 속에 있으면 혼란을 일으키는 경향이 있다. 그래서 저 아래 진짜 세상의 펍에 있을 때보다 훨씬 빨리 졸렸다.

다음 날 아침, 잠에서 깼을 때 호기심 많은 양떼가 우리를 지켜보고 있었다. 양들은 몇 미터 떨어져서 줄을 지어 서 있었다. 하늘에는 구름 한 점 없고, 완벽하고 조용한 아침이었다. 양들은 아직도 멍하니 보고 있었다. 양들이 무슨 생각을 하고 있을까? '당신들 누군데 이상한 꼴을 하고 우리 들판에 누워 있어? 우린 매일 아침을 여기서 맞고 있다고.'

세 친구가 부드럽게 코를 고는 사이 나는 일출을 지켜보았다. 새들은 크게 노래 부르고, 나는 지금 이 시간 집에 있을 때보다 훨씬 정신이 말짱한 느낌이었다.

곧 일어나 우리를 오전 9시까지 도시로 데려다줄 열차를 타야 했다. 이날도 일상적인 평일이었다. 우리와 다른 통근자들 사이에 유일하게 다른 점은 달콤한 나무 연기 냄새와 오랫동안 남을 추억이 있다는 점이다. 복잡한 열차에 한두 시간 끼어 타고 가는 동안 누군가는 냄새를 맡고 부러워하기를.

여러분도 조만간 해보지 않겠는가. 다음에 모일 때는 언덕 꼭대기에서 하자고 친구들을 설득하는 것이다. 특별히 다를 것도 없다. 함께 시간을 보내고, 함께 좋은 음식을 먹고, 함께 마시고 웃고, 그리고 다음 날 아침 평소처럼 출근하면 된다. 분명 특별히 다를 것은 없지만, 장담하건대 엄청나게 다를 것이다. ♨

31

하지의
짧은 밤 등산

———

집집마다 창문이 열려 있고, 날
씨는 맑고 따뜻했다. 우리는 훌
륭한 저녁 식사를 마쳤고, 밤은
깊어갔다.

———

일출 ⟶ 오전 4시 43분
일몰 ⟶ 오후 9시 21분
월출 ⟶ 오후 7시 5분
월몰 ⟶ 오전 2시 58분
달의 크기 ⟶ 보름달의
96.3퍼센트

이번 모험은 지금껏 산에서 보낸 가장 짧고 간단한 밤일 것이다. 콘월에서 아내와 휴가 중이던 나는 연중 가장 짧은 하지의 밤을 야외에서 보내고 싶었다. 그때 우리는 바닷가에 있었기 때문에 조용한 비박 장소를 찾는 것은 간단했다. 앉아 있던 저녁 테이블에서 걸어서 단 15분 거리에 있는 좋은 언덕을 눈여겨보았다. 집집마다 창문이 열려 있고, 날씨는 맑고 따뜻했다. 우리는 훌륭한 저녁 식사를 마쳤고, 밤은 깊어갔다. 내 아내 사라는 함께 가겠다고 했다. 나는 작은 가방에 하룻밤 보내는 데 필요한 모든 것을 넣었고, 사라는 베개 두 개를 버들가지 통에 담았다. 우리는 출발했다.

하지만 갑자기 날씨가 급변했다. 화가 치밀게 하는 영국 날씨의 변덕은 어떻게 돌변할지 절대 예측할 수가 없다. 그렇기 때문에 무얼 하든 날씨에 지배받아서는 안 된다. 영국에서 완벽히 좋은 날씨를 기다린다면 야외 활동은 영원히 못한다. 그냥 해야 한다. 가끔은 성공할 것이고, 또 가끔은 실패할 수도 있다.

걷다 보니 첫 번째 빗방울이 떨어졌다. 이미 우리는 실패하고 있었다. 해변에 도착할 때까지 비가 줄기차게 내렸다.

따뜻한 하지의 비였지만 그래도 비는 비였고, 밤 시간대의 비였다. 이때부터 이건 완전히 잘못된 생각이라고 느끼기 시작했다. 실제로 그날이 하지가 아니었으면 나는 집으로 돌아가 다른 날을 기약했을 것이다. 하지만 하지를 좋아했기 때문에 참아보기로 했다. 그래도 사라에게는 선택권을 주었다. 내게서 겁쟁이라는 말을 '그다지 많이' 듣지 않고도 집으로 돌아가 마른 침대에서 잘 수 있는 기회를 준 것이다. 하지만 그녀는 요지부동이었고, 우리는 계속 가기로 했다.

만 건너편에서는 밴드 테이크 댓이 공연을 하고 있었다. 세찬 비와 먼 거리 때문에 잘 들리지는 않았지만, "오늘은 우리 인생 최고의 날이 될 것"이라고 노래하는 것 같았다. 어쩔 수 없이 인정할 수밖에 없는데, 그게 그렇게 될 것 같지가 않았다. 퍼붓는 비는 숫제 양동이로 들이붓는 듯했다. '오줌을 내려 갈기듯'은 사라의 표현으로, 그녀의 악문 이빨 사이로 한숨이 새어나왔다.

우리는 언덕 꼭대기에 도착했다. 이미 어두웠고 비는 어마어마하게 쏟아졌다. 나는 미친 듯이 최대한 빠른 속도로 침낭을 방수포 안으로 밀어 넣었다. "이거 재미있지 않아? 우후!"

나는 퍼붓는 차가운 빗속에서 열정적으로 말했다. 물론 그렇지 않다는 걸 잘 알면서도. 정상 바로 아래 살짝 패인 부분에 자리를 잡고 침낭에 들어갔다. 최소한 바람은 막아주었다. 우리는 말이 없었다. 별로 할 말도 없었다. 나는 다시 재미를 강조하고 싶었지만 아내의 얼굴을 보니 아무래도 그만두는 것이 좋을 것 같았다. 따뜻하고 보송보송한 집을 놔두고 퍼붓는 빗속에서 울퉁불퉁한 산기슭에 누워 있는 상황인 것이다.

잠시 잠이 들었지만 문득 깼을 때 우리는 젖어 있었다. 그것도 아주 많이. 그리고 아침은 한참 멀었다. 물은 우리 위와 아래에서 마치 작은 강처럼 흘러내렸다. 어떤 방수포라도 강 위에 누워 있다면 젖는 걸 막지 못한다. 내 탓이기도 하고, 또 나는 이런 비참한 상황에 익숙하기 때문에 그냥 좀 더 자려고 몸을 돌렸다. 그때 사라가 말했다. "이건 끔찍한 생각이에요. 그만 집에 가요."

즉시 따르지 않으면 나는 불친절하며 고집불통인 사람이 되고 말 것이다. 그래서 우리는 철수했다. 시간은 자정에서 1분이 지나고 있었다. 사라가 물었다. "이렇게 해도 여전히 마이크로 어드벤처로 의미가 있어요?"

비 오는 언덕 위에서 연중 가장 짧은 밤을 보내는 건 의심할 바 없이 어리석은 일이다. 하지만 집으로 걸어 돌아올 때 나는 윙윙대는 행복감을 맛보았다. 나는 그 언덕을 이전에도 여러 번 걷거나 달려서 넘었지만 어두울 때 가본 적은 없었다. 밤이면 세상은 돌변한다. 세상은 완전히 달라 보이고, 보다 야생적으로 느껴진다. 발 아래 작은 마을에 몇몇 집에만 불이 켜져 있는 것이 꼭 바다에 뜬 배 같아 보였다. 밤에 보트를 타고 바다에 나가면 바다와 하늘은 하나처럼 느껴진다. 다른 배의 불빛을 볼 때만 수평선과 물이 끝나는 곳, 하늘이 시작되는 곳을 느낄 수 있다. 비가 쏟아지고 바람도 거세게 불었다. 여름의 조수는 구름에 가려 보이지 않는 보름달의 인력에 끌려 해변 위까지 치밀었다. 우리는 어둠 속의 생생한 야생의 세계를 걷고 있었다.

주택가의 불빛은 밤에 야외에 있는 것이 얼마나 생경하고 야생적인지, 밖으로 나오는 것만으로도 삶이 얼마나 다르게 느껴지는지를 분명하게 깨닫게 해주었다. 나는 빗물에 젖은 머리를 손으로 빗었다. 집에 거의 다 왔다. 흠뻑 젖은 청바지와 전체적으로 엉망이었던 모든 것이 행복하게 느껴졌다. 하지만 이 생각은 혼자만 간직하기로 했다. 🔥

32

산 정상에서 바다까지 걸어서 여행

———

잉글랜드 최고봉 위에서 잠을 깨
는 것은 흥분되는 일이다. 이제
부터 바다까지 이어지는 여행을
시작해야 한다.

———

소요 시간 ⋯ 밤새
장소 ⋯ 지역
난이도 ⋯ 중간
이동 수단 ⋯ 도보, 자전거

"여기서부터 계속 내리막이다!"

나는 외쳤다. 우리는 여행을 시작하게 될 산꼭대기 주위를 돌아보았다. 고지대에서 출발하는 모험은 특별한 호소력이 있다. (그곳까지 오르는데 얼마나 힘들었는지는 잊자.) 내 계획은 지역에서 가장 높은 지점에서 가장 낮은 지점까지 여행하는 것이었다.

모험에 나서기 위해 언제나 합리적인 목표를 가질 필요는 없다.
모험을 구상해서 실제로 출발하기만 한다면 그것만으로도 특별한 경험을 할 수 있다.

어디에 사느냐에 따라 이 도전은 매우 달라진다. 예를 들어 만약 노퍽에 살고 있다면 비콘 힐은 103미터밖에 되지 않고 바다까지는 1.6킬로미터면 된다! (셋퍼드에 산다면 비콘 힐까지 160킬로미터를 가야 한다.) 바다에서 완전히 분리된 레터셔에 산다면 바다에서 여행을 끝마칠 생각은 포기하는 게 낫다.

우리는 컴브리아에서 여행을 시작했는데 잉글랜드에서 가장

높은 산꼭대기에서 아름답게 펼쳐진 해변까지 가기로 한 것이다. 우리는 '세계 최고의 허풍쟁이 대회'를 여는 펍에서 만났다. (허풍쟁이 펍 주인을 기념해서 시작한 대회로, 그는 이 지역의 순무가 너무 커서 외양간으로 쓰려고 속을 파냈다는 허풍을 쳤다.) 함께 술을 마시면서 나는 톰에게 스카펠 파이크 산을 33분 만에 올랐다고 말했고, 그래서 우리는 얼마 후에 함께 출발했다. 실제로는 컴브리아 정상 위에 서기까지 1시간 30분이 걸렸다.

땀에 젖었지만 행복한 마음으로 우리는 경치를 보았다. 아무것도 없었다. 구름밖에 보이지 않았다. 하지만 그건 별로 중요하지 않았다. 우리 둘은 높은 산에 올랐다는 즐거움에 얼굴이 상기되었다. 그날 마지막으로 오른 사람이 내려가자 산은 하룻밤 동안 우리 둘의 수중에 놓였다. 지금 우리는 잉글랜드에서 가장 높은 사람이다. 저 아래에는 5,500만 명의 남녀가 있지만, 우리 둘

은 오늘 밤을 잉글랜드 최고봉에서 보내기 위해 침대를 버렸다. 바람을 피해 케른(등산 용어로, 돌무지 등을 말한다—옮긴이) 뒤편에 자리를 마련하고, 황혼 무렵에는 톰의 기발한 맥주 캔 스토브를 이용해서 요리를 했다.

잠시 후 구름이 흩어지자 주변을 둘러싼 능선이 살짝 드러났고, 저 아래쪽에는 작은 호수가 있었다. 그리고는 다시 구름에 가렸다. 이런 상황은 오히려 더 흥분되었다. 우리를 약 올리면서 더 많은 것을 바라게 만들었다. 나는 나고르노−카라바흐 분쟁(구소련 남부 지역에서 1992년에 벌어진 영토 분쟁—옮긴이)과 아제르바이잔−아르메니아 관계에 대한 톰의 설명을 들으면서 잠이 들었다.

다음 날, 톰은 1994년 휴전 얘기를 마무리하기도 전에 잠이 들어버린 나를 문책하듯 "푸른 하늘이야!" 하면서 새벽에 잠을 깨웠다. 잔뜩 기대하고 침낭에서 머리를 내밀었지만 손바닥만 한 푸른 하늘은 때마침 온통 하늘을 뒤덮은 단색의 우울한 구름 속으로 사라지고 있었다. 그것으로 푸른 하늘은 끝이었다. 산 위에서 보는 특별한 일출로 보상받기는 틀렸다. 그래도 잉글랜드 최고봉 위에서 잠을 깨는 것은 흥분되는 일이다. 이제부터 바다까지 이어지는 여행을 시작해야 한다. 분명히 재미있을 것이다. 우리 앞에는 고도차 1,000미터를 내려가는 길만 남았다!

우리는 산을 내려갔다. 산꼭대기에 있는 쓰레기를 담아서 오느라 짐이 조금 더 무거워졌다. 산의 아름다움을 즐기기 위해 산을 올랐으면서 쓰레기 봉지를 돌 틈에 숨기고 가도 된다고 생각하는 멍청이는 도대체 누구란 말인가. 바나나와 오렌지 껍질도 분해되는 데 2년이 걸리므로 반드시 다시 가져와야 한다.

우리는 구름 아래로 내려왔고, 이제 모든 잉글랜드가 눈앞에 놓여 있었다. 잉글랜드에서 가장 깊은 호수인 와스트워터를 내려다보았다. 그 너머 몇 킬로미터 뒤에는 우리가 이미 보았던 해안이 있다. 특별히 긴 여행은 아니라도 인상적인 여정이 될 것이다. 우리는 자전거를 타고 경치를 보면서 제때 아침을 먹기 위해 해변을 향해 달렸다.

고사리가 가로수처럼 띠를 이룬 워즈데일 외곽의 좁은 길은 잉글랜드에서 가장 아름다운 길 중의 하나다. 이 길은 와스트워터의 물가를 따라서 간다. 이 호수는 너무나 매혹적이어서 웬만한 심장을 가진 이가 아니라면 수영을 거부하기 힘들 것이다. 하지만 조금 으스스한 수영이 될 수 있다. 차가운 물에 뛰어들어 자갈 바닥을 벗어나면 밑으로는 심연의 암흑뿐이니까. 비록 모순이지만 이게 말이 된다면 '수정처럼 맑은 암흑'이다. 물은 맑고 깨끗하지만 바닥이 너무 깊어서 물빛은 흑요석처럼 암흑을 반사할 뿐이다. 나는 여기서 꽤 오랜 시간을 보냈지만 바다로 이어지는 좁고 예쁜 길만 따라가지는 않았다.

이 아름다운 경관에 둘러싸여 사는 톰도 인정하듯이 프리랜서로 일하는 사람들은 특유의 일 중독에서 탈출하기 위해 애를 쓰는데, 이렇게 집을 벗어나는 것은 신선한 공기를 마시고 머리를 쉴 수 있는 좋은 명분이 된다. 이 모험을 하지 않았다면 우린 둘다 그날 컴퓨터를 떠나지 못했을 것이다.

우리는 아일랜드 해와 작은 마을 시스케일로 향하는 마지막 내리막길을 페달도 밟지 않고 편안하게 내려갔다. 나무로 만든 부두에 도착해 자전거에서 내리자 조용한 아침이었다. 썰물이 밀려나가 수백 미터의 평탄한 해변이 드러났다. 한 남자가 개와 함께 물가를 따라 걷고 있었다. 그가 해변에 있는 유일한 사람이었다. 지금 눈앞에 있는 수평선과 고작 몇 시간 전에 우리가 있었던, 하늘을 찌르는 가파른 협곡의 수직선이 얼마나 서로 다른지 새삼 놀라웠다.

우리는 부두에 자전거를 두고 해변을 걸어 원자력 발전소 부근의 바다에서 수영을 했다. 멋졌다. 잉글랜드 최고봉에서 출발해 아침 식사 전에 바다에 도착하는 여정을 해낸 것이다. 만족스러운 하루의 시작이었다. 🔥

33

주말 비박에
도전하기

소요 시간 ⋯ 하룻밤
장소 ⋯ 지역
난이도 ⋯ 중간
필요 장비 ⋯ 좋아하는
무엇이라도 가능

책으로 하는 모험은 충분하다. 이제는 실행에 옮길 때다.

영국에 산다면 어디서건 몇 시간만 가면 멋진 하룻밤을 보낼 수 있는 초록빛의 아름답고 활기찬 장소를 발견할 수 있다. 영국에서 가장 큰 도시의 한가운데에 자리한 왕궁에 있는 여왕조차 최고의 비박 장소인 엡섬 커먼의 그레이트 폰드 옆의 숲에서 겨우 24킬로미터 떨어져 있을 뿐이다.

따뜻하고 햇살이 비치는 맑은 주말, 한번 비박에 도전해보는 건 어떨까.

간단한 비박 도전 규칙

1. 여행은 현관문 앞에서 시작해서 현관문 앞에서 끝낸다.
2. 엔진이나 모터를 사용하지 않되 최소한 50킬로미터 정도의 원점 회귀 코스를 잡는다. (그렇지 않으면 적당히 힘든 정도의 거리를 잡는다.)
3. 집을 떠나 하룻밤을 보낸다.
4. 한 번도 가본 적이 없는 곳에서 텐트를 사용하지 않고 하룻밤을 보낸다.
5. 할 수 있다면 야외에서 수영을 한다.
6. 규칙은 바보도 지킬 수 있게 간단하게 하고, 안내는 현명하게 한다.

비박할 때 가져갈 것들

필요한 장비 : 침낭, 비비백
불필요한 장비 : 그밖의 모든 것
* 이것이 내가 제시하는 유일한 기본틀이자 가이드 라인이다. 나머지는 여러분에게 달렸다.

34

섬 일주 여행

—

그건 마치 세상의 끝에 있는 등
대 위에서 백일몽을 꾸는 것만
같았다.

—

소요 시간 ⋯ 2일
장소 ⋯ 와이트 섬
난이도 ⋯ 중간

이번 모험은 영혼을 자극하기 위한 것이다. 용감한 이방인이 되어 집에서부터 떠나 진홍색 바다를 건너 육지에 닿을 때까지 항해하는 것이다. 일단 출항하고 나면 바다를 배의 왼쪽으로 둘 건지, 오른쪽으로 둘 건지 선택해야 한다. 이제 출발이다. 미지의 세계로.

이번 여행은 아주 특별할 것이다. 호주나 아프리카를 한 바퀴 돈다고 생각해보라. 얼마나 엄청난 여행이 되겠는가! 또 얼마나 멋진 이야깃거리가 될 것인가! 엄청난 추억이 될 것은 물론이다. 하지만 아직 호주나 아프리카를 돌 용기나 돈이 없고, 진짜 하고 싶은지도 잘 모르겠다면 일단 집에서 가까운 곳에서 일주 여행을 하는 것은 어떨까? 호수나 만이 될 수도 있고, 거주 지역이나 작은 섬도 무방하다. 아니면 한 바퀴 도는 순환 도로도 좋다. 너무 거창한 계획을 세우지 말고, 일단 가보자.

그런 모험을 하기에 와이트 섬은 좋은 장소다. 어느 늦은 오후, 나는 접이식 자전거를 가지고 런던을 벗어나는 통근 열차에 올랐다. 미지의 세계로 들어선다는 느낌에 가슴이 두근거렸다. 내 앞에 무엇이 있을지 모르기 때문에 흥분됐다. 나는 와이트 섬에 가본 적이 없다. (결혼식 전날 밤을 제외하고. 하지만 그날에 대해서는 전혀 기억이 없다.) 출발하기 전에 나는 일부러 여행 안내서나 지도, 사진 같은 섬 관련 정보를 찾아보지 않았다. 이는 섬에서 가장 볼 만한 관광 명소를 놓칠 수도 있다는 뜻이다. 하지만 그런 위험을 감수하기로 했다. 미지의 세계가 주는 경이로움 때문이다.

나는 여객선 접안 부두를 따라 자전거를 타고 섬으로 들어섰

다. 여기도 여전히 잉글랜드지만 배를 타고 도착하면 왠지 훨씬 더 낯섦을 맛볼 수 있다. 거대하게 느껴지는 작은 발걸음, 아마도 이것이 마이크로 어드벤처의 포인트 중 하나일 것이다.

긴 언덕길을 올라 마을 외곽으로 들어서서 식사를 해결하려고 펍에 들렀다.

"식사요? 이렇게 늦은 시간에?" 놀란 여종업원이 반문했다. 겨우 8시가 조금 지난 시간이었다. 어쨌든 지금 나는 런던에서 먼 길을 왔다. "없어요! 이 방향으로는 몇 킬로미터를 더 가도 식당은 없어요."

나는 믿기지 않아 웃으며 머리를 흔들고 나왔다. 긴 언덕을 다시 내려와 여객선 부두 옆에 있는 중국 음식점인 제이드 가든으로 갔다. 바다쪽 창가에 앉아 갈비를 먹으면서 마을 뒤편으로 지는 일몰을 바라보았다.

하늘은 맑고 태양은 진홍색을 띠었다.
바다는 낙조를 반사하며 실루엣을 이룬 건물과 요트 반대편에서 빛났다.

햄프셔가 아니라 쿠바의 하바나 해변처럼 느껴졌다. 나는 항상 '지금'에 충실하자고 스스로 다짐하고 또 노력하지만 지금은 좀 암담하다. 해가 지고 난 뒤 어떻게 될지, 어디에서 잘 것인지 걱정하지 말자고 스스로를 다독였다. 그냥 지금을 즐기고 싶었다. 나는 시계를 풀었다. 시간을 보지 말고 내가 어디 있는지 또는 어디로 가는지 걱정하지 말라고 스스로에게 말한 것이다. 나는 쉬고 싶었고, 즉흥적이 되고 싶었으며, 속도를 늦추고 멀리 돌아가고 싶었다. 크게 보자면 내 인생에 대한 생각이고, 이번 마이크로 어드벤처에 대한 관점이었다. 나는 마을을 조금 벗어나 늙은 밤나무 아래에 길게 펼쳐진 잔디밭에서 잠자기 좋은 곳을 찾아냈다. 내 침대는 바닷가 언덕 위에 있고 높은 파도는 내 밑에서 부드럽게 찰랑거렸다. 황혼이 사라질 무렵 나는 8킬로미터 떨어진 본토의 불빛과 밤을 향해서 누운 채 솔렌트 해협으로 미끄러지는 배들을 보며 잠이 들었다.

다음 날, 일찍 잠이 깼지만 되돌아 누워 다시 잠을 청했다. 이런 느긋한 태도를 나는 아주 진지하게 받아들였다! 다시 일어났을 때 해는 수평선에서 손바닥만큼 떠올라 있었고, 위장은 아침 식사 시간을 알렸다. 잔디밭 위에서 맨발로 느긋하게 짐을 싸고 있는데, 한 노인이 엄청나게 뚱뚱한 래브라도를 끌고 걸어왔다. 우리는 얘기를 나누었다. 그는 비박과 접이식 자전거에 대해 많은 질문을 던졌다. 나는 어디로 갈지 모르고, 계획이라면 가능한 최대한 크게 섬을 한 바퀴 도는 것이라고 설명했다. 그는 즐거워했다.

"아주 멋진 아이디어야! 정말 부럽네." 그가 소리쳤다. 나는 함께 가자고 그를 초대했지만 그는 웃으면서 사양했다. 그러면서 마을에서 가장 좋은 아침을 먹을 수 있는 곳을 소개해주었다.

계란 프라이와 베이컨을 먹을 생각을 하며 나는 라이딩을 시작했다. 쇠사슬을 잡아당겨 움직이는 낡은 나룻배로 메디나 강을 건너고, 기념품 가게와 카우스 타운의 카페 가게를 거쳐 다시 바다를 만났다. 바다를 따라간다는 것이 생각처럼 쉽지 않았다. 솔렌트 해협은 배가 많았다. 온갖 색깔의 돛을 단 요트들이 풍선처

럼 만을 가로질러 부드럽게 움직였다.

　나는 지도가 없었고, 다음 마을까지 얼마나 가야 하는지, 현재 위치가 어딘지 사람들에게 묻지 않으려고 노력했다.

> 지름길을 찾지 말자고 스스로 다짐했고,
> 마음이 동하면 무조건 멈추고 사진을 찍었다.

　자전거를 끌고 가파른 언덕을 올랐다. 그늘진 숲에서 쉬었다. 이 글을 쓰는 지금에야 섬 지도를 보았다. 여행을 하고 난 다음, 내가 움직인 방향과 자전거를 타고 갔던 곳을 찾아보는 것은 재미있다. 특별히 카우스의 서쪽 해변이 기억나는데, 하와이나 레이캬비크(아이슬란드의 수도―옮긴이)를 떠올리게 했기 때문이다. 거리는 좁고 가팔랐으며 갖가지 판잣집이 뒤섞여 있고 바다 전망을 최대한 활용하고 있었다. 집들은 파란색이나 노란색으로 칠해져 있고, 베란다 주변은 조개껍질이 점점이 박혀 있었다. 이 어떤 것도 어제 내가 떠나온, 눅눅한 런던의 지하를 상상할 수 없었다.

　길은 바다를 벗어나 섬 내륙으로 들어갔다. 나는 북극 탐험가 비비안 푸치스나 진흙투성이의 모험가 베어 그릴스처럼 미지의 장소로 향하는 모험을 하고 있었다. 두 사람 모두 이곳에서 태어났다. 이 섬에서 오랫동안 살았던 테니슨은 이렇게 말했다. "어서 오게, 친구. 새로운 세상을 찾기에는 결코 늦지 않았네."

　나는 한가로운 농장을 지나 큰 오르막을 오른 다음 실바람이 부는 내리막을 질주했다. 때때로 길은 숲을 지나고 머리 위에 아치를 그리며 휘어진 나무 터널을 거쳤다. 얼룩진 햇살은 도로 위에 모여 있고, 나는 빛이 모인 웅덩이들 사이로 달렸다.

야마우스에서 다시 바다에 도착했다. 수영을 할 만한 조용한 곳을 찾아 마을을 둘러보았다. 땀이 흥건한 상태라 청록색 물은 아주 즐겁고 상쾌했다. 기운을 얻은 나는 햇볕에 말리기 위해 물을 뚝뚝 흘리면서 잠시 동안 부드러운 자갈 해변을 걸었다.

그리고는 나는 조금도 예상하지 못한 것과 마주쳤다. 아름답고도 감동적이었다. 나보다 지리학 지식이 많은 진짜 탐험가라면 조금도 놀라지 않았겠지만. 나는 지금까지 니들즈가 콘월의 아래쪽에 있다고 생각했기 때문에 높은 언덕 위에서 잔잔하고 푸른 바다 위로 솟구친 인상적인 하얀 석회암 더미를 보고는 무척 놀랐다. 그건 마치 세상의 끝에 있는 등대 위에서 백일몽을 꾸는 것만 같았다. (바늘처럼 뾰족한 바위 절벽이 도열한 니들즈는 와이트 섬 서쪽에 있는데, 저자는 본토인 잉글랜드의 콘월 서쪽 끝에 있는 것으로 착각해서 깜짝 놀란 것이다—옮긴이)

태양의 높이와 꼬르륵거리는 배를 보니 오후도 중반쯤 된 것 같았다. 니들즈에서 방향을 돌려 아이스크림을 찾아 나섰다. 높직한 초원 지대를 따라 자전거로 달리는데 야생 초원에 꽃이 가득해 아름다웠다. 산책하는 사람이 언덕 꼭대기의 길을 걸으면서 갈매기 새끼들의 보금자리에 너무 가까이 접근하자 갈매기가 하늘 높이 솟구쳤다가 급강하했다. 얼마나 왔는지 몰랐지만 더 이상 영국 본토가 보이지 않는 걸 보면 섬의 남쪽 해안으로 접어든 것 같았다. 앞에서 부는 강한 맞바람이 그 증표다.

한때 공룡 발자국이 발견되어 화제였던 해변에서 아이스크림 가게를 발견했다. 아이스크림으로 원기를 회복하고 천천히 움직였다. 그러자 날이 저물었다. 작은 마을과 밀밭, 해변 마을을 거쳐 조용한 만에 도착했다. 칼새는 하늘을 돌며 벌레를 사냥하고, 갈매기는 밭을 가는 붉은 트랙터 뒤편에서 울며 맴돌았다.

나는 피시 앤 칩스를 먹으면서 맥주를 마셨다.
한 남자가 부둣가에 앉아 무심하게 얼굴에 내리쬐는 석양을 즐기며
아코디언을 연주했다.

기나긴 하루였다. 다시 초원 지대로 올라섰다. 아름다운 저녁이었다. 절벽 위쪽의 초원은 푹신푹신하고 부드러운 데다 내가 똑바로 서도 완전히 숨겨줄 만큼 키가 컸다. 별이 하나둘 나타났다. 나는 잠시 동안 깨어 있는 상태로 더 많은 별과 위성들을 찾아보았다.

다음 날 아침, 일찍 여행을 재개했다. 내가 어디 있을지 모르면서 예비 식량을 아무 것도 가져가지 않은 것은 배고픔을 참으면서 가게를 발견할 때까지 가야 한다는 걸 뜻했다. 덕분에 아침 식사는 훨씬 맛날 것이다. 이스트 카우스와 이번 작은 일주 여행의 종점을 알려주는 도로 표지판을 발견하자 불확실성에 대한 흥분이 더해졌다. 모든 모험은 내가 출발한 곳에 도착하면서 끝이 났다. 나는 바다를 건너 본토로 돌아가는 배에 올랐다. 🜂

35

뗏목으로
래프팅

—

우리의 작은 콘티키 호는 미친듯
이 흔들렸다. 곧 우리를 강물에
처박아버릴 기세였다.

—

소요 시간 ⋯ 하룻밤
장소 ⋯ 컴브리아 보로데일
난이도 ⋯ 힘듦
이동 수단 ⋯ 래프팅
필요 장비 ⋯ 비닐 백, 노,
헤드 랜턴

월요일 아침, 나는 책상에 앉아 이메일에 답하며 라디오를 듣고 있었다. DJ가 청취자들에게 주말에 찍은 사진을 보내달라고 했다. 이런 건 대개 무시하지만 지난 주말을 즐겁게 보냈기 때문에 재빨리 사진 몇 장을 보냈다. 몇 분 뒤에 나는 으쓱해졌다. 내가 보낸 사진을 "진짜 거친 남자의 사진"이라고 소개해주었기 때문이다. 나는 으스대며 메일 작업을 계속했다.

마이크로 어드벤처 계획을 세울 때 가장 쉽고 즐거우며 또 재미있는 방법은 다른 사람이 한 여행을 따라 하는 것이다. 쉽게 따라 할 수 있게 해주는 두 가지 테마는 역사 여행(〈로마 시대 사람처럼 방랑하기〉 참조)과 책에 나온 여행이다.

얼마 전 한 친구가 『밀리칸 달톤: 낭만과 자유의 탐색(Millican Dalton; A Search for Romance and Freedom)』이라는 책을 빌려주었다. 나는 밀리칸 달톤에 대해 들어본 적이 없었다.

> 1903년 그는 런던에서 보험사 직원으로 일하다가 그만두고는 야생으로 들어가 스스로를 '모험 교수'라고 불렀다.

기막히게 멋지고 별난 그의 삶은 해시태그가 생기기 훨씬 전에 마이크로 어드벤처를 중심으로 돌아갔다. 영감을 받은 나는 친구 톰과 함께 '작은 탈출'을 찾아 디스트릭트 호수로 향했다. 그가 했던 것처럼 우리는 뗏목을 만들어 더웬트 강을 노 저어 갈 것이다.

보로데일 골짜기는 잉글랜드 최고봉에서 더웬트 강을 따라 초원의 계곡으로 이어진다. 계곡은 좁고 언덕은 강 양쪽에서 높게 솟아올라 있으며, 바위투성이 지형에는 참나무가 가득했다. 계곡에 들어서는 순간 우리는 넋을 잃었다. 잉글랜드가 아니라 프랑

스가 떠올랐다. 톰은 나의 비유에 대해 그보단 대만을 더 닮았다
고 응수했다. 나는 대만에 가본 적이 없으니 그가 맞겠지.

우리는 6개의 플라스틱 관과 노끈 한 롤을 가져왔다. 달톤이 봤
다면 눈살을 찌푸렸을 것이다. 하지만 우리는 뗏목을 만들면서
환경 훼손을 최소화하고 싶었다. 그리고 손이 덜 가는 뗏목을 만
들고 싶었다. 달톤은 '해변의 숲속에 누워 있는 쓰러진 나무를 발
견'하여 '어떤 것은 길이가 10미터가 넘어서 5명이 물까지 옮겨야'
했으니까.

더웬트 강의 수위는 낮았다. 물은 따뜻했고 자갈 급류를 넘어
웅덩이와 웅덩이 사이로 흘렀다. '작은 탈출'은 좀 불가능해 보였

지만 디스트릭트 호수의 가장 아름다운 곳에서 즐거운 하루를 보낼 수는 있을 것 같았다.

우리는 따뜻한 자갈밭 물가에 장비를 내려놓고 돼지고기 파이를 오리 가족과 나눠 먹은 후 작업을 시작했다.

먼저 숲속을 누비며 적당한 크기의 쓰러진 나무를 찾았다. 뗏목을 어떻게 만들지 계획이 없었기 때문에 일단 나무를 모은 후에 다음 단계를 생각해보기로 했다. 나는 키 큰 고사리 사이로 나무를 끌고 나오면서 내 것이 톰 것보다 더 크기를 은근히 기대했다. 물론 이게 멍청한 열정이란 걸 안다. 경쟁심 없는 톰은 오히려 내가 많은 일을 해준다고 기뻐할 테니까! 풀에 긁힌 몸으로 돌아온 나는 빨리 더위를 식히려고 깨끗한 웅덩이로 뛰어들었다.

우리는 2미터 50센티미터 정도의 가장 긴 목재로 뼈대를 짰다. 톰이 묶는 게 걱정되어 진부하지만 확실한 격언을 들려주었다. "서툴면 무조건 많이 묶어라." 가늘고 유연한 목재부터 플라스틱 관과 함께 뼈대에 묶었다. 앉을 수 있도록 막대기로 격자 모양을 짠 다음 래프팅의 궁극적인 호화로움을 위해 고사리 잎사귀를 두텁게 쌓아 앉을 자리를 만들었다. 완성된 우리의 배는 금방이라도 주저앉을 듯했지만 고물 뗏목의 대부인 포파 뉴트리노는 인정해주었을 것이다. (그는 고물 뗏목을 타고 대서양을 횡단했다.) 우리는 뗏목이 자랑스러웠고 시험할 생각에 흥분되었다.

그리고 뗏목은 멋지게 물에 떴다! 침낭과 카메라, 전화기, 지갑 등 모든 장비를 비닐 백에 담고 항해 준비를 했다. 평소라면 바로 출발했겠지만 왠지 이번엔 진짜 짐을 싣기 전에 먼저 테스트를 해보고 싶었다. 그리고 그러기가 천만다행이었다.

뗏목은 성인 두 명을 태우기에 충분한 부력을 발휘하지 못하는 것으로 금방 드러났기 때문이다. 큰 함성과 웃음과 함께 우리의 작은 콘티키 호(1947년 인류학자 토르 헤위에르달이 태평양을 건넜던 뗏목 이름—옮긴이)는 미친 듯이 흔들렸다. 곧 우리를 강물에 처박아버릴 기세였다. 그러다 점점 안정을 찾아 수면 아래로 3~5센티미터 정도 가라앉았다. 하류로 노를 저어갔다. 즐겁지만 머저리가 된 기분이 드는 여러 번의 시도 끝에 실패를 인정할 수밖에 없었다. 뗏목은 제 기능을 못했다. 그래도 별로 중요하지 않았다. 만드는 과정이 정말 재미있었으니까. 30대인 우리는 마치 13살처럼 즐거워했다. 뗏목을 만들면서 보낸 그날 오후는 요크셔 데일의 강변에서 뛰어놀던 내 어린 시절을 떠올리게 했다.

우리는 일단 장비를 땅 위에 놔두고 뗏목으로 전진하려고 노력했다. 하지만 너무 느려서 금세 짐을 둔 자리로 다시 돌아올 수 있었다. 뗏목은 두 사람을 지탱하지 못했다. 그래서 한 사람씩 돌아가며 타며 즐거운 시간을 보냈다. 우리는 새로운 계획을 세웠다. 뗏목을 강물에 흘려보내는 것이었다. 새삼 베니스의 코네토(악기) 상인들을 더 존경하게 되었다. 뗏목은 보기처럼 간단하지 않았다.

뗏목은 매우 느리지만 강은 아름답고 여름 저녁은 길었다.

개울은 너무 얕은 곳이 많아 뗏목을 들어 깊은 물까지 옮겼다. 바보 같기도 했지만 오랜만에 가장 재미있었다. 원래 우리는 하류를 따라가서 더웬트 워터까지 갈 생각이었다. 호수를 횡단하려는 숨은 야망까지 있었다. 그러나 몇 시간 동안 아주 조금밖에 전진하지 못했다. 겨우 하류에 자리 잡은 작은 마을에 가까워졌다. 자연스럽게 펍의 맥주가 얼마나 더 맛있을지가 화제로 떠올랐다. 하늘은 점점 어두워졌다. 비까지 접근하고 있었다. 첫 번째 빗방울이 빠르게 그리고 갑자기 떨어졌다. 빗소리는 점점 커졌다. 어느 순간 조용하던 강줄기는 야생의 정글처럼 변해 강력한 폭풍으로 우리를 덮쳤다. 쏟아지는 비는 따스했다. 빗줄기가 수면을 거칠게 때리고 우리를 홀딱 적실 때 톰과 나는 미친 듯이 웃으며 함성을 질렀다. 원시적이면서 마법 같은 경험이었다. 마을에 도착할 즈음 폭풍우가 지나갔다. 강둑에 뗏목을 두고 펍으로 향했다. 우리는 후줄근한 몰골로 맥주와 쉴 곳을 찾아 한적한 도로를 걸었다. 웃음이 나왔다.

그런데 펍이 없었다! 펍이 없는 영국 마을이라니? 다행히 비가 지나가자 저녁은 서늘하면서 신선했다. 우리는 상류로 올라가 장비를 챙긴 다음 밀리칸 달톤의 동굴을 찾았다. 숲에 가려 있는 데다 반쯤은 바위로 뒤덮인 경사면에 있는 큰 동굴에서 '모험 교수'는 수십 년을 살았다. 우리도 그곳에서 하룻밤을 보내고 싶었다.

어둠이 내릴 무렵 동굴에 도착했는데, 동굴은 물이 뚝뚝 떨어지는 숲에서 벗어나 강 저편에 수증기가 오르는 언덕배기를 바라보고 있었다.

랜턴을 켜고 키 큰 고사리를 동굴 입구에 던져 넣었다. 바깥은 밤에 매우 축축할 것이 분명했기 때문에 고사리가 마르기를 간절히 바랐다. 밀리칸의 동굴은 내가 생각한 것보다 훨씬 더 커서 강 방향으로 15미터나 뻗어 있었다. 다행스럽게도 동굴은 말라 있었다. 나는 세계 각지의 이상한 장소에서 수많은 밤을 보냈지만 이 동굴에서 혼자 잔다면 무서울 것 같았다. 동료가 있는 것은 좋은 일이다.

나는 너무 배가 고파 유통 기한이 지난 쿠스쿠스(그날 아침에 톰이 "한 팩에 겨우 50원"이라고 자랑했다)와 캔에 담긴 스튜를 기다렸다. 파란 불꽃이 냄비를 핥는 것을 보면서 동굴 입구에서 쉼 없이 떨어지는 물소리를 들었다. 물이 더 필요하면 금속 머그잔을 물 떨어지는 곳 아래에 두었다. 통, 통, 통 하는 소리는 컵에 물이 찰수록 점점 잦아들었다. 우리는 동굴의 평평한 곳에 침낭을 폈다.

그곳은 따뜻한 여름밤에 쏟아지는 폭우로부터 보호해주는 안식처였고 완벽한 피난처였다.

이 날은 정말 잊을 수 없는 날이다. 밀리칸 달톤의 책을 읽지 않았다면 나는 보로데일에 가지 않았을 것이다. 물론 톰과 나는 그의 영향이 없었더라도 언젠가는 래프팅 여행을 즐겼을 것이다. 하지만 이 여행을 더욱 즐길 수 있었던 것은 100년 전 약간 괴짜인 30대 남자가 지겨운 일상에서 탈출해 고독과 야생을 찾아 같은 장소에 왔었기 때문이다. 우리 세 사람이 즐긴 경치는 1세기의 차이가 있지만 똑같았다. 그래서 우리는 들판을 거쳐 아주 천천히 노를 저어가며 즐길 수 있었던 것이다. ♨

36

산악 어드벤처

우리 앞에 솟은 산은 고요했지만
바보스러울 정도로 흥분되었다.

소요 시간 ⤏ 2일
장소 ⤏ 스카이(Skye)
난이도 ⤏ 어려움
필요 장비 ⤏ 도보,
자전거, 보트
필요 장비 ⤏ 등산 장비

마이크로 어드벤처에 대한 자신감이 커질수록 능력의 한계치에 있는 도전을 하고 싶을 것이다. 이제 할 일은 그런 도전과 모험을 찾아내는 것뿐이다.

산꼭대기에서 단순히 12킬로미터를 걷는 것이 특별하진 않아도 인상적일 수는 있다. 내가 처음으로 쿠일린 산줄기를 본 것은 몇 킬로미터 떨어진 빌라치 나 바의 바다 위에서였다. 나는 즉흥적으로 스카이 섬을 향했다. 모르는 사람과 함께 위험한 산을 오르기 위해서였다. 알렉스는 내가 쓴 몇 권의 책을 읽고는 함께 어리석은 겨울 산악자전거 대회에 참가했다. 그때 그는 대회에서 우승했지만 나는 겨우 완주했을 뿐이다.

이메일을 봤을 때 알렉스의 아이디어가 즉시 마음에 와 닿았다. 산악자전거로 들판을 가로질러 바다로 갔다가 노를 저어 바

다를 건너 산으로 간 다음, 마지막으로 무시무시한 쿠일린 산을 오르는 것은, 영국에서 가장 멋진 곳에서 시도하는 마이크로 어드벤처의 트라이애슬론이었다. 나는 가겠다고 답했다.

우리는 슬리가찬의 펍에서 출발해 협곡을 따라 즐겁게 자전거를 타고 갔다. 이동 중에도 흥분을 감출 수 없었다. 그리고 당분간 좋은 날씨가 그대로 유지될 것 같아 보여서 반가웠다. 좋은 날씨는 이번 모험의 성공에 아주 중요한 조건이기 때문이다. 길은 좁은 싱글 트랙이었고 바위와 물골이 산재해 있었다. 나는 서레이 언덕을 산악자전거로 달리는 것만으로는 스코틀랜드의 하이랜드를 달릴 준비로 부족하다는 것을 곧 깨달았다. 하지만 자전거가 휘청거리고 발을 땅에 짚거나 우스꽝스럽게 핸들 위로 꼬꾸라져 습지에 처박힐 때도 나는 멋진 장거리 라이딩을 즐겼다.

협곡의 사방으로 황량한 봉우리가 따뜻한 하늘 높이 솟아 있었다. 그 순간의 적막함이 떠오른다. 너무나 적막해서 거의 압박감을 느낄 정도였다.

수영하기에 딱 좋은 호수를 만났지만 해가 지기 전에 갈 길이 멀었기 때문에 그대로 통과했다. 신나는 내리막을 질주해 활처럼 휘어진 만에 도착했다. 지독한 고립감은 전기나 수도로부터 아득히 동떨어진 만 한가운데 자리 잡은 하얀 집 한 채가 더욱 부추겼다. 그 집에서 친구들과 함께 시간을 보내며 산을 오르고, 맥주를 마시고, 거창한 계획을 세우고, 바다에서 잡은 홍합으로 요리를 한다면 얼마나 좋을까?

하지만 오늘은 계속 전진해야 했다. 언덕을 올라 반대편 내리막을 신나게 내려가 좁고 작은 만에 도착했다. 이제 우리의 트라이애슬론의 두 번째 장이 시작된다. 바다로 들어가 노를 저어 만을 건너 저 앞에 위풍당당히 서 있는 산 밑으로 갈 것이다.

나는 아끼는 고무보트에 바람을 넣었고, 그동안 알렉스는 그의 친구 콜린과 얘기를 나눴다. 콜린은 여기 와서 만났는데 그는 바다 카약을 몇 대 가져왔다.

승합차와 바다 카약까지 여러 대 갖춘 사람에게 의지하는 것은 마이크로 어드벤처의 정신에 어긋난다. 인정한다. 하지만 날씨는 더웠고 노 젓기는 즐거워서 바다에 대한 열망이 폭발할 것만 같았다. 바람이 불자 하늘의 흰 구름은 입으로 불어서 만든 비누 거품처럼 곳곳에 흩어졌다. 갈매기가 울었다. 여울을 지날 때 뭉툭한 고무보트에 부딪친 파도가 얼굴을 식혔고 옷을 적셨다.

보트를 타는 것은 특별하다. 탁 트인 시야라는 특권은 바닷가에 남겨진 사람들이 접근할 수 없는 것이다. 우리 앞에 솟은 산은 고요했지만 바보스러울 정도로 흥분되었다. 파도의 출렁임에 따라 예쁜 분홍색과 하얀색의 해파리가 투명하고 푸른 바다에서 일렁였다. 해변은 우리 뒤편으로 점점 멀어져갔다. 손에 물집이 잡혔지만 작게라도 노를 저을 때마다 산은 조금씩 크게 어른거렸다. 맞바람이 전진을 어렵게 했다. 눈부신 저녁 해를 바라보며 서쪽으로 노를 저어갔다. 때 이른 별들이 떨어져 보트의 뱃머리에서 산산이 부서졌다.

마침내 우리는 지치고 젖었지만 행복한 마음으로 산 아래에 도착했다. 맞바람을 막아주는 보트 뒤에 잠시 누운 채 휴식을 취했다. 그곳은 조용한 만의 입구였다. 해변에서 곧장 위협적으로 치솟은 산의 발치에 음울하게 움푹 들어간 부분에 좁게 형성된 곳이었다. 쿠일린은 오래 전 거대한 화산의 가장자리 부분이 침식된 흔적으로, 마치 썩은 이빨의 검은 자국처럼 우리 위에서 장대하게 커브를 그렸다.

영국에서 여기보다 더 아름다운 보트 여행 장소는 없을 것이다. 여기서 야생과 모험의 탐색을 시작하기로 한 스스로의 결정에 다시 한 번 기쁨의 웃음이 나왔다. 알렉스도 흥분했다. 그는 이 지역을 잘 알고 주기적으로 오지만, 이번처럼 노를 저어 오는 경험은 하지 못했다.

알렉스가 내 뒤를 가리켜서 돌아보았다. 10여 마리의 물개가 젖고 어두운 호기심 어린 눈으로 우리를 바라보고 있었다. 두 마리가 콧방귀를 뀌더니 바다로 뛰어들었다. 나머지는 해안으로 조용히 노 저어 가는 우리를 신기한 듯 바라보았다. 바다새 가운데 가장 희고 날씬한 제비갈매기 두 마리가 둥지에 있는 새끼가 걱정되었는지 비명을 지르면서 우리 쪽으로 날아왔다. 하지만 지금 우리는 먹을 것에만 관심 있을 뿐이다. 장시간 이동해서 몹시 시장했다. 작은 강 옆에 보트를 끌어올렸다.

알렉스가 큰 냄비로 파스타를 만드는 동안 나는 잠시 산책에 나섰다. 영국에서 가장 짧은 강의 하나인 스카베그 강줄기를 따라갔다. 강을 따라 겨우 수백 미터 갔는데 발원지인 코루이스크 호수가 나왔다. 오랫동안 이곳에 꼭 와보고 싶었다. 마침내 도착한 흥분에 절로 웃음이 터졌다. 이곳은 정말 멀고 분위기 있으며 아름답다.

저녁 식사 후 시계 알람이 깨울 때까지 해변에서 잠을 청했다. 알람은 새벽 3시. 모험의 세 번째 장을 시작할 시간이다.

저 유명한 쿠일린 산에 올라 처음 출발한 펍까지 돌아가는 것이다.
제때 도착해서 마지막 주문을 할 수 있기를.

우리와 맥주 사이에는 12킬로미터의 능선이 있을 뿐이고, 펍까지 가는 데 허용된 시간은 20시간이나 된다. 이건 다른 말로 하자면, 가는 길이 그만큼 험하다는 뜻이다.

콜린은 계속 자도록 내버려두었다(나중에 카약을 끌고 집으로 돌아갈 거니까). 알렉스와 나는 어둠 속에서 등반을 시작했다. 해가 뜰 무렵 그날의 첫 번째 봉우리 정상에 올랐다. 놀랍도록 아름다운 산, 바다, 섬 들을 바라보며 즐겼다.

이 봉우리(가스바인)는 쿠일린 등반의 출발점으로 알려져 있다. 우리는 빠른 속도와 충만한 사기로 출발했다. 날씨도 좋았다. 이른 시간에 출발했더니 모든 것이 희망적으로 느껴졌다. 몇 시간 동안 빠른 속도로 능선을 따라 걷고 점프를 하거나 기어올랐다.

능선 양쪽은 하늘, 그것도 엄청나게 넓은 하늘이었고, 발밑은 아득한 절벽이었다. 경치는 비행기에서 보는 것보다 더 아름다웠다.

이처럼 아름다운 곳을 본 적이 별로 없다. 하지만 잠깐씩밖에 경치를 돌아볼 틈이 없었다. 언제나 발걸음을 주시하고 루트를 찾느라 온 신경을 집중해야 했다. 드러난 능선에서 길 찾기가 어렵다고 하면 이상하게 들리겠지만, 이곳은 바위투성이의 뒤죽박죽 상태여서 앞으로 나아가기가 굉장히 어렵다. 한 지점에서 알렉스가 멈추더니 바위 틈을 뛰어넘고는 나를 뒤돌아보았다. 그의

얼굴이 조금 창백했다.

"아래는 보지 말고 그냥 뛰어요."

나는 점프했다. 그리고는 돌아서서 뛰어넘은 틈을 내려다보았다. 정말 길고 긴 절벽이었다. 깊은 한숨이 나왔다. '계속 밀어붙이는 거야. 계속 가는 거야.'

첫 번째 클라이밍 구간에 도착했을 때 나는 이 능선을 단 3시간 30분에 주파하는 사람들이 경이롭게 느껴졌고 존경스러워졌다. 산에 미친 등산가들은 로프도 없이 절벽을 오르내리는데 겁먹은 내 눈에는 엄청나게 무서웠다. 로프를 이용해 '매우 어려운(V Diff)' 그리고 '어느 정도 가혹한(MS)' 암벽을 올랐다가 반대편은 압자일렌(로프를 몸에 감고 암벽을 내려오는 기술—옮긴이)으로 내려왔다. 얼마나 다행스러웠는지. 클라이밍 구간은 도전을 중단시킬 수 있는 유일한 장애물이어서 돌파할 때마다 기운을 얻었다.

나는 등산가도 아니고, 되고 싶은 생각도 없다. 나는 산악 문학을 사랑하지만 목숨을 걸고 싶지는 않다. 나는 직벽에서 몸을 끌어올리는 손과 발의 조합으로서의 클라이밍을 즐기지만, 단지 두 발 사이로 보이는 경치를 즐기기 위해서 할 뿐 클라이밍 자체에 열정이 있는 것은 아니다.

이 지루하도록 텅 빈 공간의 기술적인 명칭은 '노출'이다.
나는 노출을 조금도 좋아하지 않는다. 하지만 이 공포를 마주하는 것은 매력적이다.

내 몸은 로프로 확실히 연결되어 있지만 안전하게 느껴지지는 않았다. 이는 등반이 마이크로 어드벤처가 될 수 있음을 말해준다. 위험 지대에서 벗어나 상대적으로 안전한 장소였지만 나로서

는 정신적으로 그리고 육체적으로 가혹하게 밀어붙이는 순간이었다.

이 능선에서 가장 장엄한 곳은 이름마저 놀라운 인액세서블(접근 불가) 봉이었다. 로버트 맥플레인의 책 『야생의 장소(Wild Places)』에서 묘사하기를 '능선에서 백여 미터나 솟아 있는 검은 바위로, 모양은 상어 지느러미 형태이며 내 생각으로는 오랫동안 세계에서 가장 험준한 곳 중의 하나였다. 칼날 같은 능선은 수직을 넘어 돌출되었고, 한쪽 면이 끝없는 절벽이라면 다른 쪽은 훨씬 더 가파르고 긴 절벽이다'.

인액세서블 봉은 이번 모험에서 상징적인 곳이다. 나는 바위에 바이스(물건을 죄는 도구—옮긴이)처럼 찰싹 달라붙었다. 그 위에서 바라보는 경치는 놀라웠다. 정말로 내가 가장 살아 있다는 느낌을 받은 순간이었다.

하지만 의기양양한 승리감과 살아 있는 듯한 생생한 느낌에도 불구하고, 불행하게도 나는 뒤틀어진 지형에서 발을 잘못 디디고 말았다. 무릎이 뒤틀린 나는 움직이기가 고통스러웠다. 이 상태로는 전 구간을 완주할 수 없을 것 같았다. 어쩔 수 없이 우리는 능선에서 흐느적거리면서 내려와 실패를 인정해야 했다.

실패했으니 기쁠 리가 없었다. 게다가 부상으로 그랬다는 것이 더욱 뼈아팠다. 트라이애슬론 마이크로 어드벤처 도전은 정말 좋았다. 알렉스까지 우울하게 만들어 미안했지만. 실패한 것에 대해서 나는 깊은 인상을 받았다. 영국은 특별히 지형이 험준한 곳이 아니다. 그래서 놀라운 자연 풍경이 없을 것이라고 생각했는데, 이 오래되고 놀라운 산에서 굴욕을 당하고는 복잡한 만족감을 얻었다. 내가 너무 과소평가했던 것이다.

> 산은 누군가가 기술이나 정상에서 얼마나 잘하든 관심이 없다.
> 산은 우리의 하찮은 의문이 시작되기도 전에 수백만 년 동안 있었고,
> 우리의 손자의 손자가 스스로를 시험하고 똑같이 설레고 변함없는 압박감을 느낄 때도
> 여전히 아름답지만 무심하게 서 있을 것이다.

직접 가서 여러분의 재치와 기술, 배짱, 운을 시험하자. 이길 수도 있고 질 수도 있지만 어떻게 되든 산은 상관하지 않는다. 아마도 그래서 산이 매력적인지도 모른다. 실패의 두려움 때문에 큰일을 미루지 말자. 사무실에 앉아 실패하는 사람들을 조소하고 무시하는 꽉 막힌 불평분자보다 낫다.

이번 마이크로 어드벤처는 실패했지만, 시작하지 않았다면 그곳에 가지도 않았을 테니 멋진 추억은 만들었다고 할 수 있다. 또한 나로서는 미완의 작업을 마치기 위해 스카이의 야생으로 곧 돌아갈 명분이 생겼다. ⬥

37

땅 끝을
여행하다

———

우리는 곧 길의 종착점에 도착했
다. 바위 위 등대의 불빛이 깜박
였다.

———

소요 시간 ⋯➤ 며칠
장소 ⋯➤ 셰틀랜드 제도
난이도 ⋯➤ 어려움
필요 장비 ⋯➤ 자전거, 고무보트

이른 아침, 나는 다른 사람들과 별다를 것이 없었다. 나는 접이식 자전거 브롬톤을 타고 출근하는 사람들 무리에 섞여 런던의 유스톤 거리를 따라 달렸다.

역에서 친구 조를 만났다. 우리는 몇 초 만에 자전거를 접어서 사람들로 붐비는 열차에 올라탔다. 우리의 날이 다른 사람들과는 다를 것이라는 유일한 단서는 배낭에 매단 카누용 노와 들뜬 웃음뿐. 우리는 지금 모험을 떠난다!

마이크로 어드벤처를 할 때는 재미있는 계획을 찾아내는 것만이 (그리고 실천하는 것이) 재미있고 도전적이며 보람 있는 경험을 실제로 보장한다. 페른베('먼 곳을 동경하는 마음'이라는 뜻의 아름다운 독일어)에 영원히 사로잡힌 사람에게 마이크로 어드벤처는 훌륭한 청량제가 된다.

열차가 북쪽으로 덜컹거리며 달릴 때 우리는 지도를 폈다. 슬리더스, 블루물 사운드, 머클 플루가 같은 지명이 셰틀랜드 제도의 섬과 만, 산꼭대기를 담은 지도 위에서 꿈틀대듯 들쭉날쭉하면서 호기심에 불을 붙였다. 머클 플루가를 이번 여행의 출발지로 삼은 것은 그럴듯했다. 사실 이번 여행은 왕실 크리켓 경기장에서부터 시작됐다. 정확하게 말하면, 어느 날 집에서 라디오로 크리켓 경기 특집 방송을 듣고 있는데, 셰틀랜드 제도의 등대지기가 경기를 보려고 처음으로 런던에 왔다가 인터뷰를 했다. 그 사람의 부드럽고 경쾌한 사투리는 스코틀랜드인이라기보다 노르웨이인에 가까웠다.

등대지기는 폭풍우가 할퀸 머클 플루가의 바위 위에 있는 영국

최북단 등대에서 엄청난 파도가 몰아칠 때마다 얼마나 자주 크리 켓 경기 중계를 들었는지 얘기했다.

대형 지도를 꺼내 머클 플루가를 찾아보니, 세인트 페테르부르 크나 헬싱키보다 더 북쪽의, 셰틀랜드 제도 최북단 섬인 우이스 트 북쪽 해변에서도 더 떨어진 작은 섬에 있었다. 내가 이전에 가 본 존 오그로츠보다 270킬로미터나 더 북쪽이었다. 말 그대로 머 클 플루가는 영국의 최북단 지점이다. 사실 들어본 적도 없고 가 본 적도 없었다. 그래서 나는 계획을 세우기 시작했다.

마침내 우리는 열차에서 여객선으로 갈아탔다. 조와 나는 미니 벨로를 끌고 애버딘에서 셰틀랜드 제도까지 밤새 가는 여객선의 짐칸에 올라탔다. 우리의 계획은 모든 좋은 모험이 그러해야 하 는 것처럼 단순했다. 최고의 모험은 진실해야 하고 한두 문장으 로 요약할 수 있어야 하며 책이나 지도 가게에서 받은 영수증 뒷 면에 적을 수 있을 정도로 단순해야 한다. 우리는 즐비한 섬들 가 운데 가장 남쪽 섬에서 출발해 북쪽으로 갈 생각이었다. 버스도 여객선도 없었다. 북쪽 작은 군도들을 자전거로 가로지르고, 고 무보트로 다음 섬까지 갈 것이다.

여객선에서 『오디세이』를 읽으며 잠이 들었다. 요정이여, 말해 다오. 멀고 넓은 세상으로 방랑을 떠난 남자의 이야기를…. 마이 크로 어드벤처를 하며 거창한 『오디세이』를 읽는 아이러니라니.

모험을 위해 키클롭스의 거인이나 감미로운 유혹의 말과 겨뤄 야 할 필요는 없다. 단지 필요한 것은 뭔가에 도전하는 것과 어딘 가 새로운 장소, 그리고 약간의 상상력뿐.

여객선으로 러위크에 도착하기까지 14시간이 걸렸다. 우리가 지금 외국에 와있다고 상상하는 것이 당연했다. 하지만 긴 여정과 뱃속에서 들끓는 방랑벽에도 불구하고 아직은 우리나라 안이다. 카페에서는 아직도 베이컨과 달걀 그리고 큰 머그잔에 담은 달콤한 차를 팔았다.

바로 자전거를 준비했다. 바람이 거센 여름날, 우리는 과적에다 기어까지 부족한 자전거를 타고 섬버그 헤드에서 출발해 북쪽으로 페달을 밟았다. 자전거에 매단 것은 섬과 섬 사이를 노 저어 가는데 필요한 텐트와 침낭 그밖에 온갖 장비들이었다. 나는 세심하게 기획한 모험에는 별로 참을성이 없는 편이라 이번 준비가 도를 넘은 것이 아닌가 걱정되었다. 여객선이 있는데 왜 고무보트를 가져가야 한단 말인가? (여객선은 1인당 10만 원이면 모든 짐을 실어 나를 수 있다.) 하지만 모험이란 역경을 이긴 성공의 기쁨을

보상으로 받기 위해 고의로 일을 어렵게 만드는 것이다. 그래서 나는 '새로움을 넣은 모험'이라는 기준선을 잡기로 했다.

이번 마이크로 어드벤처는 자전거로 세계 일주를 한 이후 가장 긴 자전거 여행이었다. (무려 3일!) 우리는 북위 60도선을 알리는 표지판을 지났다. 셰틀랜드 제도는 알래스카보다 북극에 더 가깝다. 이곳은 런던보다는 다른 5개 나라의 수도와 더 가까이 있다. 고립감과 거리감이 분명하게 느껴졌다.

살찐 물개들이 해변에서 햇볕을 쬐고 있었다. 우리가 다가가자 모래로 털썩 내려서더니 연푸른 바다의 안식처로 돌아가 눈만 물 위로 내놓고는 우리가 다시 3단 변속 자전거에 올라 비틀거리며 멀어져갈 때까지 주의 깊게 지켜보았다.

자전거를 타는 동안 바다는 놀라운 시간과 놀라운 장소에서 나타났다. 우리는 셰틀랜드의 어디서건 바다에서 5킬로미터 이상

떨어지지 않았다.

롱 핑거드 피오르(이곳에서는 보즈로 알려짐)가 사방으로 보였다. 피오르는 처음에는 왼쪽에서 그리고는 오른쪽에서 나타났다. 저녁 무렵 하늘은 무거워졌고 피오르는 흐릿한 회색으로 변했다. 방금 지나온 반쯤 불이 켜진 작은 마을은 조용하고 매력적이면서 아늑했다.

주위가 막힌 한 피오르에는 한 무리의 여자들이 단단하고 낡은 보트 앞에서 외출 준비를 하고 있었다. 여자들은 노를 받침대에 맞추고 수다를 떨며 배에 올랐다. 그들은 우리를 부르더니 같이 가지 않겠느냐고 물었다. 나는 "아뇨, 감사합니다" 하고 대답했다. 여행 중의 초대에 대한 최악의 답변이었다. 여자들의 보트가 조용한 만에서 빠져나가는 순간 바로 후회가 밀려왔다.

아마도 그다지 스트레스가 많지 않았을 하루를 보낸 그들에게 휴식을 취하기에는 이상적인 방법일 것이다. 나는 런던의 러시아 워가 떠올라 내가 왜 여기에 와서 살지 않는지 의아해졌다. 이 질문은 여행하는 내내 마음속에서 반복되었다. 이곳 작은 마을에서 산다면 정말 행복할지 아니면 아주 지겨울지 생각해보았다. 아마도 둘 다일 것이다.

최북단에서의 여름 여행이 좋은 것은 심장이 감당할 수 있을 때까지 움직여도 아직 해가 떠 있다는 것이다. 우리는 햇빛이 넓게 퍼진 오후 11시에 구릿빛의 토탄 개울 옆에서 텐트를 치고 저녁을 요리했다. 낮이 길다는 것은 이른 아침에 침낭에서 서둘러 나올 필요가 없다는 것을 의미하기도 한다. 그만큼 느긋한 모험이었지만 텐트 위로 드럼 소리를 내며 떨어지는 비 때문에 잠이 깬다면 여유롭다는 생각은 별로 들지 않을 것이다. 우리는 빗속을 달렸는데, 어제보다 셰틀랜드에 대한 애정이 훨씬 줄어든 기분이었다.

날씨 때문에 우울해지기도 하고 걱정도 되었다. 오늘 우리는 바다로 들어가 옐 해협의 강한 조수를 건너 다음 섬까지 노를 저어 가야 했다. 파도 앞에 섰을 때 나는 굉장히 걱정스러웠다. 조류는 빠르게 흘렀고 바람은 거센 데다 맞은편 해안은 보이지도 않았다. 청회색의 바다는 나쁜 예감을 주었다. 내 고무보트로는 처음 바다 항해를 시도하는 것이다. 우리는 자전거를 접어 보트에 묶은 다음 조류가 잠시 느려진 틈을 타서 머뭇대며 노를 저어 나갔다. 맞은편에 도착하려면 얼마나 가야 하는지 확신이 서지 않았다. (주의 : 이건 아주 어리석은 행동으로 절대 추천하지 않는다.)

조류가 다시 빨라지기 전에 꽤 많이 전진했지만 생각대로 움직일 수가 없었다. 우리는 쉴 곳을 찾아 작은 무인도로 갔다. 허물어진 농장 옆에 텐트를 치고 젖은 옷을 입은 채 몇 시간을 떨었다. 조류가 느려지기를 기다렸다. 다행히도 안개가 많이 걷혀 옐 섬이 보였다. 나는 『오디세이』를 읽으면서 다시 출발할 때까지 깜빡 잠이 들었다.

다시 출발하자 비까지 내리는 빠른 해류는 시야도 흐릿한 바다 항해를 더욱 성가시게 했다. 하지만 안개 사이로 지도에서 확인한 섬을 잠깐 보는 중요한 기회를 놓치지 않았다. 옐 섬은 저 방향에 있고 어둡고 넓은 바다 저편은 그리 멀지 않았다. 덕분에 우리의 공포는 누그러들었다. 마지막에는 저녁 폭우까지 쏟아졌지만 노 젓기는 꽤 수월했다. 공포스러웠던 일을 시도해서 성공적으로 해내고 나니 흠뻑 젖었지만 행복하고 흥분되었다.

그래서 우리는 재미삼아 적막한 저녁과 가끔 솟구치는 물개를 즐기면서 옐의 해안선을 따라 몇 킬로미터를 더 유유자적 노를 저어 갔다.

뼛속까지 젖었을 때 자존심 있는 모험가가 (금욕적이고 자학적인 열정에 찬 내 젊은 시절과는 반대로) 택할 수 있는 길은 한 가지뿐이다. 우리는 '영국 최북단 펍'인 힐톱 바에 가서 물에 젖은 장비를 라디에이터에 널었다. (지금 우리에게는 예전에 하늘과 땅을 옮겨 다녔던 힘이 더 이상 없다.)

주인아주머니는 우리를 보고 가엾다는 듯이 웃었다. 그리고 내일 그 악명 높은 블루물 해협까지 노를 저어 건너갈 것이란 말에 우리를 바보라고 불렀다. 곧 스코틀랜드 시골의 저녁 시간에 수없이 경험한, 부엌의 전자레인지에서 들리는 "땡" 하는 즐거운 소리가 들렸다. 엄청나게 뜨거운 새우튀김 접시를 앞에 두자 온 세상이 좋게 보였다.

나는 주민들의 매력적인 악센트와 날씨에 대한 집착(상당히 날씨에 집착하는 영국인 기준에서도) 외에 오지 생활에 대한 그들의 자부심 어린 애정에 놀랐다.

게 통조림 공장에서 일하는 기술자는 이 섬의 움직이는 DJ다. 여가 시간에 그는 마을 회관에서 디스코 음악을 튼다. 내가 영국 데이비드 캐머론의 '큰 사회(캐머론 영국 총리가 내건 슬로건으로, 사회 문제 해결의 주체를 국가에서 민간으로 이전하는 것이 핵심이다. 정부(국가)는 줄이고 사회를 키우는 형태—옮긴이)' 슬로건을 언급했다면 그는 아마도 비웃었을 것이다. 하지만 이것이 이 작은 마을에서 실제 살아가는 방식이다. 마을의 중요한 하이라이트는 '중국 밤'이다. 한 달에 한두 번 러위크의 중국 식당이 도로에서 행진을 하며 동양의 맛을 이 외딴 섬에 선보이는 날이다. 오랫동안 새우튀김을 힘들게 씹자 그 행사의 매력을 알 것 같았다.

"햇빛이다!"

다음 날 아침, 조가 텐트의 지퍼를 열면서 외쳤다. 동시에 나는 잠에서 깼고 행복감이 밀려왔다. 태양이 빛나고 모기가 없는 극히 드문 이 순간만큼 스코틀랜드보다 더 아름다운 곳은 지구상에 드물 것이다. 여름 휴가 분위기를 마음껏 즐기며 우리는 옐 섬의 좁은 구불길을 자전거로 달려 내가 가장 걱정했던 다음 항해 장소로 향했다. 블루물 해협은 좁지만 해류가 최대 시속 26킬로미터나 되어서 고무보트의 능력을 넘어선다.

다행히 조류가 잠잠했다. 우리는 아이 같은 기분으로 쉽게 노를 저어 잠잠한 바다를 건넜다. 돌이 많은 작은 만을 돌아 나갈 때는 물개와 수달 그리고 수천 마리의 새를 보았다. 마침내 영국 최북단의 유인도인 운스트에 닿았다. 이제 우리를 멈출 것은 없었다. 보트를 해변에 올린 다음 차갑고 맑은 물로 뛰어들어 축하의 수영을 했다.

운스트는 내가 가장 좋아하는 섬이다. 이곳에서는 조용한 삶의 분위기가 만져질 듯하다. 초원의 노란 꽃은 부드러운 실바람에 흔들리고, 조랑말들은 풀을 뜯는다. 우리 앞에는 언덕이 너울거렸다. 사방이 물이고, 작은 섬들은 빛나는 바다에 점점이 박혀 있다. 작은 집들이 푸른 언덕의 기슭에 흩어져 있었다. 버스 차고조차 인상적인데, 특이하게 장식해서 관광객의 눈길을 끄는 명소가 되었다.

우리는 곧 길의 종착점에 도착했다. 이번 마이크로 어드벤처에서 거리는 그다지 길지 않았다. 다시 자전거로 들판을 넘고 습지를 거쳐 언덕에 올라서 북쪽 해안의 절벽 지대에 도착해 감탄사를 터뜨렸다. 바다오리가 머리 위로 바쁘게 움직이더니 갑자기 방향을 땅으로 바꾸고는 필사적으로 날개를 펄럭거리며 절벽에 앉았다. 오렌지 빛 다리가 쫙 펴졌다. 부비새와 도둑갈매기는 바람 속에서 빙빙 맴돌았다. 작은 섬은 배설물과 바닷새로 완전히 하얗게 보였다. 우리의 발소리와 머클 플루가를 강타하는 청록색의 파도 소리가 뒤섞여 불협화음을 냈다.

우리는 해낸 것이다! 머클 플루가는 바다 위로 드러난 바위와 등대뿐이었다. 이걸 보기 위해 1,400킬로미터를 온 것이다. 특별히 언급할 말이 없다. 하지만 의심할 바 없이 국토의 끝까지 온 이번 여행은 즐거웠고 배울 게 많았으며 정말 모험이었다.

바위에 있는 등대가 불빛을 깜빡이기 시작했다. 긴 하루가 저물어간다. 나는 하지의 자정에 온화한 불빛이 바다를 보고 있는 텐트 옆에 서 있었다. 지금 나는 영국의 최북단에 서 있다. 이제야 깨닫지만 내 나라에 대해서도 아는 것이 얼마나 적은가.

우리가 텐트를 친 작은 잔디밭은 당구대처럼 평탄하고 초록빛이었다. 텐트 바깥의 한쪽 면은 절벽 끝이었다. 들리는 것이라고는 파도와 새 소리뿐이다. 이곳은 내가 가본 영국 최고의 캠핑장 중 하나였다. 아니 세계 최고의 캠핑 장소 중 하나이기도 하다. 이런 하룻밤 캠핑을 경험하는 데는 많은 시간이나 돈, 기술이 필요 없다. 그냥 가서 하면 된다. 🔥

38

M25 고속도로
따라 걷기

———

새벽이었고, 눈이 내리고 있었
다. 고속도로의 소음은 오히려
정적을 더 두드러지게 만들었다.

———

소요 시간 ⋯ 일주일
장소 ⋯ M25 고속도로
난이도 ⋯ 어려움
이동 수단 ⋯ 도보

마이크로 어드벤처는 거창한 야생에 가는 것이라기보다 태도와 상상력에 관한 것이라는 생각을 증명하기 위해 가장 지루한 장소에서 모험을 해보기로 했다.

친구 로브에게 전화를 걸어 함께 가자고 했더니, 그는 단번에 동의했다. "그거 바보 같은 생각이잖아. 해보자고!"

그래서 우리는 걸어서 M25 고속도로를 한 바퀴 돌기로 했다. M25 고속도로는 런던 외곽을 순환하는 길이 190킬로미터의 흉물로, 모든 사람들이 싫어한다. 직장인들에게 이 길은 교통 체증과 짜증스러움을 상징하고, 주변엔 별로 매력적인 것도 없다. 우리의 계획은 최대한 고속도로에 붙어서 1번 나들목에서 31번 나들목까지 걸어가는 것이었다. 이 루트를 따라가면 켄트에서 시작해 서레이를 거쳐 에섹스, 버크셔, 버킹엄셔, 허트포드셔로 이어질 것이다. 우리는 들판과 마을, 골프장, 택지 공사장을 걸을 것이다. 아마도 240킬로미터에서 320킬로미터 정도를 걸어야 할 것이다.

옆에 작은 길이 있으면 가끔 그런 곳도 걷겠지만 일부러 특별한 계획은 세우지 않았다.

이번 여행을 완주하기 위해 일주일을 빼두고, 고속도로 전체가 나온 간단한 지도만 휴대했다. 큰 도로에 바싹 붙어서 가는 것 말고 실제로 더 필요한 것도 없다. 우리는 가게에서 칩을 먹고, 허름한 카페에서 차를 마실 것이다. 땅 위에 눈이 두텁게 쌓여 있지만 밤에는 야외의 침낭에서 잘 것이다. 정말 우연하게도 모험을 시작하는 날이 하필이면 30년 만에 가장 추운 날이었다. 갑자기 시

베리아 벌판이 되어 버린 것 같았다. 그래서 우리는 가끔씩 다리 밑이나 헛간, 아니면 친절한 누군가의 집 같은 대피소를 찾기로 했다.

새벽이었고 눈이 내리고 있었다. 롭과 나는 템스 강 하구 남쪽의 공업 지대에 서 있었다. 위에는 웅장한 퀸 엘리자베스 2세 다리가 아치를 그리고 있었다. 다리 위에는 M25의 1번 나들목 톨게이트로 진입하려는 자동차들이 꽉 막힌 채 엉금엉금 기어가고 있다. 마침 신년 연휴가 끝난 후의 첫 번째 평일이어서 모든 경치가 우울하고 맥 빠져 보였다. 나는 다리의 측면을 눈여겨보았다. 일주일 뒤 우리가 도착할 곳이니까.

> M25를 걸어서 한 바퀴 도는 것은 그리 쉽지 않다.
> 이 길은 잘 알다시피 보행자를 위한 곳이 결코 아니다.

우리는 포장도로에서 걸어 내려와 주택가를 통과해 황무지를 건너 생울타리를 넘었다. 앞으로 나아가는 것이 깜짝 놀랄 정도로 힘들었다. 중심가의 코너에 있는 카페에 들렀다. 하이킹 장비를 갖추고 큰 배낭을 멘 사람은 분명히 이 카페의 일상적인 손님이 아니다. "어이, 친구. 그 바람 들어오는 문 좀 닫아요!"

지금 하고 있는 일을 설명하자 사람들은 웃으면서 우리가 미쳤다고 했다. "설탕은 두 개, 아니면 세 개요?"

M25는 정말 흥미롭고 어려운 모험이라는 것이 드러났다. 우선 육체적으로 힘들다. 우리는 재미있고 새로운 장소와 놀랍도록 아름다운 곳도 발견했다. 라이기트와 릭만스워스가 팀부쿠(말리의 수도-옮긴이)나 울란바토르는 아니지만, M25를 걸어서 일주하는

것은, 맹세컨대 솔직히 자전거로 세계를 일주하는 것과 똑같은 모험이었다.

"M25를 걷는다고요? 당신 미쳤어요?"

"글쎄요. 운전하는 것보다 빠를 것 같은데요."

"이런 날씨에요? 나보다 더…."

이 말은 사람들을 웃게 했고, 우리의 어리석음에 주목하게 했으며, 사람들이 서로 팔을 두르고 자신들은 곧 따뜻한 차를 타고 따뜻한 침대에서 오늘 밤을 보낼 것이라는 사실에 기뻐하게 만들었다. 건축공과 노인, 젊은 커플 모두 우리가 미쳤고, 우리 아이디어가 우스꽝스럽다고 생각했다. 게다가 30년 만에 가장 추운 겨울날에 이 짓을 한다는 것이 우리의 무모함을 확정지었다. 하지만 우리의 도보 여행은 즉석에서 대화의 문을 열었다. 우리에게는 온갖 질문과 설마 하는 불신감, 그리고 명랑한 비웃음이 쏟아졌다. 우리는 현관문 바로 앞에서 도전적인 모험을 찾고 있기 때문에, 우리가 사는 지역에 대해 더 많은 것을 배우고 싶고, 흥미로운 사람들을 만나 스스로를 시험하는 것이 즐거웠다.

베이컨 샌드위치와 머그잔에 담은 차가 나왔다. 우리의 모자와 장갑은 라디에이터에서 수증기를 뿜고 있었다. 하지만 우리를 정말 따스하게 해주고 또 M25로 빨리 되돌아가게 해준 것은 행운을 기원하는 사람들의 인사와 우리가 만들어낸 웃음, 그리고 우리가 정말로 모험을 하고 있다는 느낌이었다. 모든 좋은 여행처럼 우리는 서둘지 말아야 한다는 걸 알았고, 그래서 어떤 사람들과도 얘기를 나눌 수 있도록 마음을 열었다.

마침내 우리는 점심 때에 즈음하여 2번 나들목 근처에서 다트퍼드 지역을 벗어났다. 주택가와 막다른 골목을 뒤로 하고 울타리를 넘어 관광용 조랑말이 지켜보는 관목이 우거진 들판으로 들어섰다.

나는 고속도로 다리 밑에 가만히 서 있는 것을 좋아한다. 위쪽에는 한가득 모인 자동차 무리가 자유를 열망하며 양방향으로 하루 24시간 쉬지 않고 미친 듯이 질주한다. 그 아래에는 보이지 않지만 거대한 콘크리트 밑에서 사람들의 눈을 피해 우리가 쉬고 있다. 로브는 아까부터 아픈 발을 살펴보기 위해 신발을 벗었다. 지루한 젊은이들이 여기에 모여 강 건너로 깡통을 차거나 담배꽁초를 피면서 여자와 보낸 지난 토요일 밤을 자랑하거나 매일 반복되는 뻔한 삶을 되풀이해서 증명하는 낙서들을 훑어보았다. 가능하다면 그들을 데리고 나와 산 위에서의 하룻밤과 새로운 시야를 보여주고 싶었다.

아직 이른 오후일 뿐인데 햇살은 벌써 힘을 잃고 있었다. 영국은 새해를 축하하던 기분을 밀어 넣고 다시 일터로 돌아가는 중이었다. 우리는 반대로 야생의 사고방식과 리듬으로 돌아가고 있었다. 현대인의 삶은 끊임없이 불모화된다. 우리는 스스로 어둠을 택하기 전까지 너무 밝은 빛 속에서 지낸다. 온도는 계절과 상관없이 일정하게 유지되며, 냉장고는 각 계절에만 맛볼 수 있던 음식을 사시사철 제공하고, 수도는 즉시 식수를 공급한다.

하지만 로브와 나는 옛날 방식으로 돌아가 그날 먹을 음식과 물을 찾고, 날씨의 변덕에 따라 온기와 건조함을 유지하며, 매일 밤 잠자리를 찾아야 하는 약간의 불안감을 경험하고 싶었다. 이 모든 것을 런던 중심가에서 얼마 떨어지지 않은 곳에서 말이다.

근처를 지나는 고속도로의 윙윙 대는 소음이
오히려 정적을 더 두드러지게 만드는 하얀 들판을 터벅터벅 걸었다.
쌓인 눈은 그 소음마저 흡수하는 듯했다.

송전탑이 침침하게 보였다. 눈 쌓인 텅 빈 들판을 뽀드득 소리 내며 가로지르는 것은 방향을 가늠할 수 없게 만들고, 환상적인 느낌을 주었다. 우리가 지금 어디에 있는지, 어디로 가는지 아무 생각이 없었다. 하지만 도로를 따라가고 있는 한 그건 별로 중요 하지 않다.

밤이 되자 판초를 두 나무 사이에 묶어 지붕을 만들었다. 따뜻 한 우리 집! 침낭에 누워 슈퍼 누들(라면의 일종—옮긴이)을 먹으니 만사형통한 느낌이다. 일단 따뜻하게 침낭에 눕기만 하면 이곳이 M25의 3번 나들목 옆 눈 내리는 숲이라 해도 얼마나 분위기가 살 아나는지 놀랄 일이다.

고속도로는 잠들지 않았다. 승용차와 대형 트럭은 밤새 쉬지 않고 소리 내며 지나갔다. 그때마다 나는 잠이 깨어 달을 흘낏 보 았다. 하늘에서 달이 지나간 정도로 내가 얼마나 오래 잤는지를 대충 가늠했다. 고속도로도 쳐다보았다. 그곳은 언제나 살아 있 고 움직였다.

긴 밤에서 유일한 훼방꾼은 여우였다. 여우는 기회를 놓치지 않고 배낭에 있는 음식을 훔치려고 살금살금 기어왔다. 야생 동 물에게도 배고픈 시간이다. 하지만 장거리를 걸어온 여행자 역시 배고픈 시간이기도 하다. 그래서 나는 소리를 질러 녀석을 내쫓았고, 여우는 어둠 속으로 슬그머니 사라졌다.

겨울 모험이 즐거운 이유 중의 하나는 충분히 잘 수 있다는 것이다. 잠자리에 든 지 12시간 뒤에 알람이 울렸다. 이른 새벽의 어두운 하늘 위에 별들이 반짝였다. 땅 위는 토끼와 여우, 새들의 흔적으로 뒤덮여 우리가 모르는 밤의 세계를 말해주었다. 인간이 지배하는 세상이라는 느낌이 더 이상 들지 않았다. 마치 시베리아의 숲에 왔거나 몇 세기를 되돌아가 중세 시대의 켄트로 온 것 같았다.

수풀과 눈이 쌓여 휘어진 나뭇가지 아래를 밀어제치고 몸을 숙이면서 나아갔다. 나는 펄쩍 뛰어올라 나뭇가지 하나를 잡아서 로브를 눈으로 샤워를 시켜주었다. 도로에서 떨어져 있어 그의 악담과 나의 웃음만이 유일한 소리였다. 사람의 흔적을 볼 수 없었다. 사람 발자국은 우리 것뿐이었다. 여기는 우리뿐인데, 고작 20미터 떨어진 고속도로에는 수천 명이 있다.

이런 우리의 목가적인 전원 경험은 계획상 하루에 네 개의 나들목을 지나려면 밤까지 걸어야 한다는 것을 깨달으면서 조금 깨졌다. 그래서 충분한 거리를 갈 때까지 얼어붙은 어둠 속에서도 계속 걸어야 했다. 매일 아침 6시에 출발해 가장 늦게는 밤 11시까지 걸었다. 8번 나들목이 있는 레드힐에는 밤늦게 도착했다. 로브는 이제 몇 시간만 걸어가면 집에 갈 수 있겠다고 투덜거렸다. 우리는 춥고 지쳤다. 사기를 북돋울 겸 펍으로 향했다.

여자 바텐더는 맥주를 무료로 주었고, 친절한 부부인 로난과

헬렌은 자신들의 집에서 하룻밤 묵게 해줘 눈 내리는 야외에서 자야 할 신세에서 구해주었다. 샤워를 하고 따뜻하게 잘 수 있다는 기대감에 설레었다.

친절하고 낯선 사람들은 먼 해외뿐 아니라 잉글랜드 교외에도 살고 있다는 것을 발견하고 기뻤다. 모험 중에 가장 강렬한 기억은 도중에 만난 사람들일 것이다.

여행 동안 친절은 우리를 따라다녔다. 매트라는 남자는 트위터로 우리가 어디에 있는지 파악하고는 어느 날 아침 자전거를 타고 찾아와서는 그의 집으로 기름에 튀긴 아침 식사를 하도록 초대했다. 규범에서 조금만 벗어나서 뭔가 다르고 흥미로운 일을 한다면 세상 어디에 있든 사람들은 반응을 보인다.

여행의 중간 지점인 템스 강을 건넜다. 히드로 공항 부근의 도로 위에서 샌드위치를 먹을 때 머리 위로 비행기들이 시끄럽게 지나다녔다. 그렇게 며칠을 계속 걸었다.

어느 날 저녁 우리는 너무 지쳐 릭만스워스(17번 나들목) 근처의 펍으로 갔다. 한 여성이 우리에게 브랜디를 사주었고, 펍의 밴드는 〈이 신발은 걷기 위해 만들어졌네〉라는 노래를 우리에게 헌정했다.

한 상인은 자신의 술잔을 비운 다음 우리에게 걸어오더니 그의 집 눈 덮인 잔디밭에서 캠핑을 해도 된다고 말했다. 그는 집 안에까지 우리를 초대하는 것은 꺼림칙해했지만 새벽 6시쯤 내의 차림으로 나와 뜨거운 차를 주면서 우리의 여행을 축복해주었다.

어느 날 아침, 로브는 버려진 어린이용 썰매를 발견했다. 그는 우리 짐을 그곳에 담고 마치 남극 탐험을 할 때처럼 끌었다. 얼음 같은 바람을 얼굴에 맞으며 하얀 들판 위로 썰매를 끌며 걸었다. 지치고 추웠지만 오랫동안 남극에 대한 책을 읽고 꿈을 꾸었기에 스콧 선장처럼 느껴졌다! 남극이 아니라 19번 나들목 부근의 어디쯤인 허트포드셔를 지나고 있었지만.

얼마 뒤 썰매가 망가지자 로브는 버려진 쇼핑 카트에 짐을 옮겨 실었다. 잿빛 거리에서 쇼핑 카트를 밀고 가는 모습은 코맥 맥카시의 소설 『더 로드(The Road)』의 등장인물 같았다. 한 여자가 개를 끌고 지나가다 시선을 돌리고는 빠르게 지나쳐갔다. 우리를 떠돌이 일꾼으로 여겼나 보다.

우리의 주식인 케첩 샌드위치가 줄어들었다. 사우스밈즈 휴게소의 화려한 모습에 눈길이 갔다. 어둠 속을 걸으면서도 따뜻한 온기와 음식이 환상처럼 떠올랐다. 위협적인 개 조심 안내판이 가득한 공포의 폐차장을 지났다. 하지만 어둠 속에 길을 잃어 A1 도로를 지나 휴게소로 가는 길을 찾느라 허둥거렸다. 마침내 우리는 녹초가 되어 밝은 불빛의 휴게소에 도착했다. 그 순간의 기쁨이란 휴게소에 있는 어떤 사람보다도 더 했을 것이다.

휴게소에서 저녁만 먹는 데 만족하지 않고 주차장 옆 숲에서 잠을 잔 후 이른 아침도 그곳에서 먹기로 했다. 아침을 먹으면서 사람들이 내 시선을 피하는 것을 깨달았다. 배낭은 설명할 것도 없고, 더럽고 부스스한 내 몰골은 야만적이고 무섭게 보였을 것이다.

에섹스에서는 온도가 조금 올라가 진흙탕이 된 길을 걸어야 했다. 양말 위에 비닐봉지를 씌워 발이 젖는 것을 막았다. 침낭도 젖고 발도 아파서 저절로 넋두리와 신음이 나왔다. 마구간을 쓸고 있던 한 여성이 우리를 보고는 차를 끓여주었다.

> "내 아들도 당신 둘처럼 미쳤어요. 걔도 모험을 좋아하거든요.
> 뜨거운 차가 도움이 될 거예요."

그동안 6개 지역을 지나면서 만난 다양한 경치와 자연, 지역은 놀랍도록 흥미로웠다. 여러 타입의 사람들이 사는 집들이 얼마나 확연하게 분리되어 있는지도 놀랐다. 상류층이 사는 서레이, 시크교도 거주지, 화이트칼라 거주지, 런던 북쪽의 사람들은 집을 교외로 옮겨갔다.

M25 도보 여행은 인간의 통제하에 있는 환경이지만 자연의 힘이 여전히 살아 있다는 느낌을 받았다. 게다가 우리가 여기 있다는 것을 아무도 모르는 그런 익명성의 느낌이 좋았다.

일주일간의 힘든 도보 여행 끝에 템스 강에 걸쳐 있는 퀸 엘리자베스 2세 다리의 거대한 교각이 다시 시야에 들어왔다. M25의 31개 나들목을 모두 걸어서 통과한 것이다. 일주는 말 그대로 완벽했다.

눈과 야외 캠핑, 케밥 가게, 울타리 뛰어 넘기, 쇼핑 카트 등 정말 특별한 한 주였다. 우리는 몹시 지쳤지만 동시에 예상했던 것보다 훨씬 더 승리감이 도취되었다. 극도로 현대화된 잉글랜드에서도 성공적으로 모험을 찾아냈다. 호기심을 발휘해서 주도로에서 조금만 벗어나도, 모든 사람이 이용하는 뻔한 길에서 살짝만 벗어나도, 항상 다니는 그 길에서 살짝만 비껴나도 세상을 다르게 볼 수 있다.

분명히 그건 쉬운 코스는 아니었다. 사람들이 거의 다니지 않아 안내판이 없고, 조언해줄 사람도 없으며, 다음 구비에는 무엇이 있는지도 모른다.

> 하지만 길이 어디로 이어지고, 무엇이 기다리는지에 신경 쓰지 않는다면,
> 그리고 대신 뭔가를 발견하고 싶은 호기심이 있다면
> 이는 걸어볼 만한 멋진 길이다.

이제 남은 것은 다리를 건너 여행을 완성하는 것이다. 종점에 거의 다 왔다. 샤워와 음식, 집이 그리웠다. 걸어서 다리를 건널 수 없다는 것은 알고 있었다. 교통경찰이 보행자나 자전거를 태워준다는 소문을 들었다. 다리에는 전화기가 있는데, 다리를 건네달라고 요청할 수 있는 직통 전화였다.

"미안해요." 전화기 반대편의 남자가 말했다. "요즘은 자전거 탄 사람만 건너게 해주고, 보행자는 안 됩니다."

"왜죠?" 내가 물었다.

"건강과 안전 때문이죠, 친구."

현대의 모험으로 이보다 완벽한 마무리가 있을까? 🔥

TIP 1 국립 공원 활용하기

이 책은 여러분이 어디에 살건 쉽게 찾을 수 있는 작은 야생 지대에서의 활동에 초점을 맞추고 있다. 영국은 미개발지가 줄어들고 있지만 야생 지대를 찾는 좋은 방법이 있다.

잉글랜드에만 9군데의 국립 공원이 있다. 그 외에 노퍽과 서퍽 브로즈 역시 국립 공원에 맞먹는다. 모두 더하면 이 지역들은 잉글랜드 땅의 8퍼센트를 차지한다. 웨일스의 세 국립 공원—스노도니아, 펨브로크셔 코스트, 브레콘 비콘스는 웨일스 지역의 20퍼센트에 이른다. 스코틀랜드에는 두 곳의 국립 공원, 로크 로몬드와 케언곰스가 있다. 여기에 특별 자연 경관 지역(AONB)과 지방 공원, 국립 자연 보호 지구, 자유 접근 지대(길이 없어도 들어갈 수 있는 곳)까지 포함하면 세상은 훨씬 살기 좋은 곳으로 느껴진다.

마이크로 어드벤처는 규모가 중요한 것은 아니다. 캄리 스트리트 자연 보존 지구의 작은 야생 지대는 런던에서 내가 가장 좋아하는 곳 중 하나다. 킹스 크로스 역 뒤편에 있는 이 조용한 장소는 도시의 따분한 일상에 지친 영혼에게 위안을 준다.

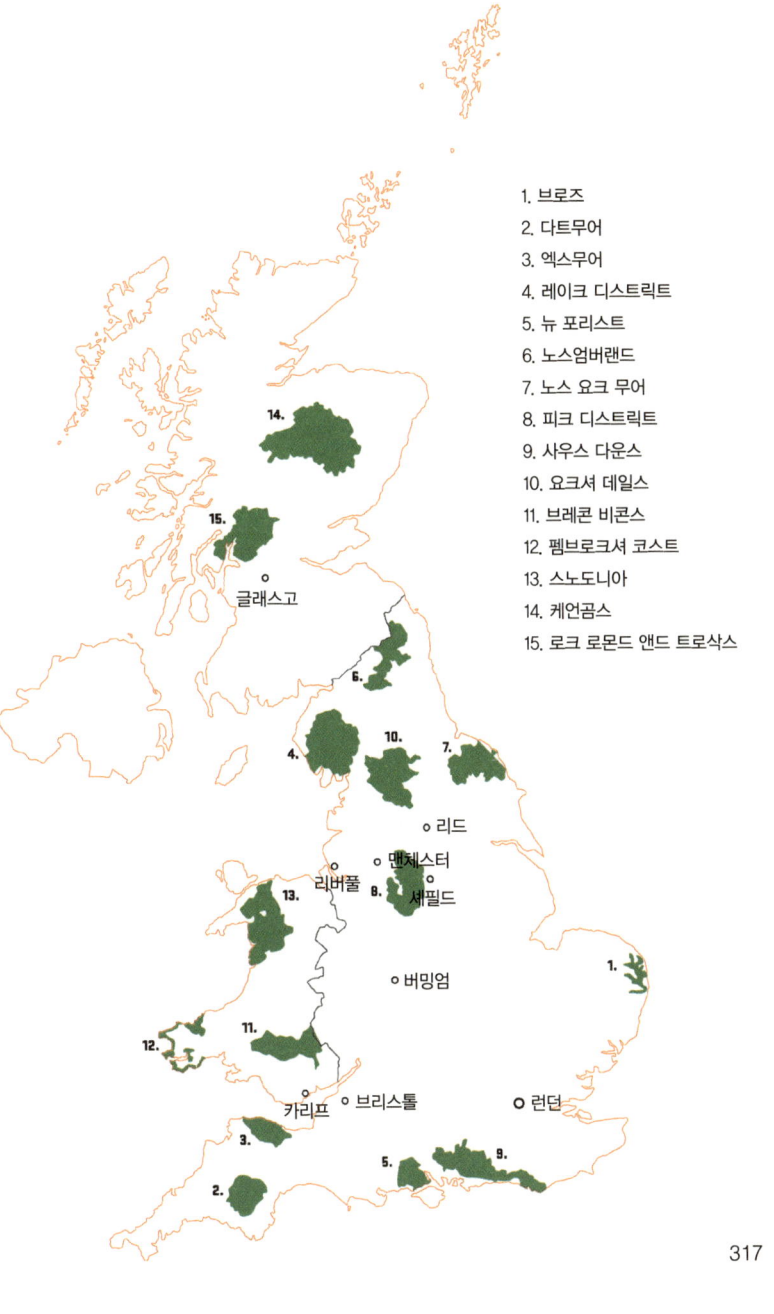

1. 브로즈
2. 다트무어
3. 엑스무어
4. 레이크 디스트릭트
5. 뉴 포리스트
6. 노스엄버랜드
7. 노스 요크 무어
8. 피크 디스트릭트
9. 사우스 다운스
10. 요크셔 데일스
11. 브레콘 비콘스
12. 펨브로크셔 코스트
13. 스노도니아
14. 케언곰스
15. 로크 로몬드 앤드 트로삭스

글래스고

6.

10.
4.
7.

리드

맨체스터
리버풀
8. 셰필드

13.

버밍엄

1.

11.
12.

카리프 브리스톨 런던

3.

5. 9.

2.

TIP 2 마이크로 어드벤처 달력 만들기

달력을 이용하면 연중 스스로 할 수 있는 계절별 마이크로 어드벤처 아이디어를 만들 때 도움이 된다. 각 달에 자신만의 아이디어를 적으면 계획을 짜기 쉽고 실천하기도 쉬워진다. 매달마다 보름달과 초승달이 있고, 사리(조수 차가 가장 클 때—옮긴이)와 조금(조수 차가 가장 작을 때—옮긴이)이 있다는 점을 기억하면 계획을 세우는 데 도움이 된다.

핑계 없애기

지금까지 이런 모험을 해본 적이 없을 수도 있다. 그래서 하고는 싶지만 망설여진다면 펜을 들고 아래의 차트를 채워보자. 써보면 자신을 막고 있는 요소가 무엇인지, 마이크로 어드벤처를 하기 위해 그것을 극복할 가치가 있는지 마음속에서 조금 분명해질 것이다.

왜 나는 마이크로 어드벤처를 하려고 하는가	내가 별로 경험하고 싶지 않은 것들은 무엇인가
마이크로 어드벤처를 하면 내게 무슨 악영향이 발생할까	마이크로 어드벤처를 하면 내게 무슨 이득이 있을까

MICROADVENTURES CALENDAR

Jan
- 새해 첫날 수영
- 산악자전거 대회
-

Feb
-
-
-

Mar
- 춘분
- 마라톤 대회
-

Apr
- 야생 버섯 시즌
-
-

May
-
-
-

Jun
- 하지
-
-

Jul
- 강 어드벤처
-
-

Aug
- 음악 페스티벌
-
-

Sep
- 추분
-
-

Oct
-
-
-

Nov
-
-
-

Dec
- 동지
- 크리스마스 도보 여행
-

TIP 3 야외에서 텐트 없이 자는 기술

해질 무렵 청정한 산꼭대기에서 침낭에 들어가기만 하면 되는 매력적인 단순함에도 불구하고, 대부분 처음 비박을 할 때 어려움을 느낀다. 특히 다음과 같은 점에서 그렇다.

- 텐트 없이 침낭에서만 자야 하는 것
- 야생에서 자는 것의 합법성과 안전성
- 침낭에서 자는 것의 실용성
- 야외에서 자는 데 대한 걱정(특히 여성이거나 혼자일 경우)

처음으로 침낭 비박을 하는 것은 분명히 불안한 경험이다. 하지만 믿을 수 없을 정도로 간단하고 값싸고 재미있고 해방감을 준다. 단지 처음에만 용기를 내면 된다. 야외에서 수없이 잤음에도 나 역시 침낭에서 자는 것은 텐트보다 더 노출된다고 느낀다. 자연스러운 것이다. 하지만 느끼는 것보다 훨씬 더 안전하다. 마음을 안정시킬 수 있는 몇 가지 방법을 소개한다.

- 친구 한두 명과 함께한다. 대담해지고 덜 무서울 것이다.
- 실제로 텐트가 없는 편이 훨씬 더 눈에 잘 띄지 않는다.
- 길에서 벗어나 숲속으로 몇 미터 들어가거나 해변의 가장 끝을 잠자리로 선택한다. 유령은 없지만 농부나 이른 아침에

애견과 산책하는 사람은 흔하다. 그들이 자고 있는 당신을 본다고 해도 화를 내거나 위협하지는 않을 것이다. 재미있어 하거나 호기심을 보일 가능성이 훨씬 높다. 다만 야외에서 자고 있는 내 모습을 남이 볼까 조금 걱정되는 것뿐이다.

- 처음에는 이 방법을 써보자. 먼저 잘 장소를 찾은 다음 카페나 편안한 수풀로 가서 어두워질 때까지 쉰다. 밤이 된 다음 다시 그곳으로 가는 것이다. 날이 밝아지면 바로 떠난다.

- 비박은 스코틀랜드에서만 합법이다. 잉글랜드와 웨일스는 법적으로 비박이 안 되지만 실제로는 '어디서든 가능하다'.

- 상식과 예의는 언제나 기본이다. 사유지에서 소란을 피우지 말고 허락 없이 누군가의 집 옆에서 자지 않는다. 옥수수 밭 한가운데 텐트를 치고 큰 모닥불을 피우는 것과, 마을에서 몇 킬로미터 떨어진 산에서 조심스럽게 침낭을 펴고 다음 날 아침 일찍 떠나는 것은 큰 차이가 있다.

- 비박 장소를 찾는 것은 일종의 타협이다. 바람만 피해도 훨씬 더 따뜻하기 때문에 산꼭대기에서 비박을 한다면 바람이 불지 않는 방향으로 몇 미터 정도 내려가서 잔다. 해변에서 잔다면 파도가 가장 높을 때보다 더 높은 곳을 선택하라(물에 씻긴 막대기나 해초류가 모여 있는 선 이상).

- 도시나 마을과 정말 가까운 곳에서 발견할 수도 있다. 작은 길을 따라 도로에서 조금만 벗어나서 울타리나 수풀에 기대면 된다. 이런 길은 아무도 다니지 않는다. 나는 말라가 중심가의 빌딩 숲부터 두바이 외곽의 고속도로 갓길에 이르기까

지 터무니없는 곳에서 수없이 잤다.

• 누군가 허락을 요구하면 공손하게 양해를 구하라.

언젠가 나는 바닷가에 있는 호텔에서 열린 행사에서 강연을 한 적이 있다. 역에서 호텔로 걸어가는 도중 바닷가 옆의 조용하고 아늑한 풀밭을 발견했다. 강연이 끝난 후 나는 호텔을 빠져나왔다. 호텔에서 잔 밤보다 별 아래서 자고 새벽 수영을 즐긴 그날이 훨씬 더 기억에 남는다. 비박은 세상을 바라보는 방식을 바꾼다. 마이크로 어드벤처는 이동의 자유를 넓혀준다. 캠핑장에 묶여 있을 때보다 훨씬 더 멀리 모험을 떠날 수 있다. 화이트 섬을 자전거

로 일주할 때 나와 같은 자전거 여행자를 만났다. 그는 내가 섬의 남쪽 해안으로 곧장 가는 것을 부러워했다. 그는 저녁에 캠핑장으로 돌아가야 했지만 나는 내가 원하는 대로 마음껏 갈 수 있었던 것이다. 또한 한두 가지 이유로 세상이 나를 으깨버릴 듯이 위협할 때, 비박은 내가 미치지 않도록 구해주었다. 신선한 공기와 새로운 경치라는 단순한 경험이 탈출구가 되었다.

목가적인 잠자리를 찾는 데는 기술이 필요하지만 야생의 도움 속으로 들어가는 것 이상은 별로 없다. 산꼭대기에서 자려고 누우면 굉장한 해방감과 조금 바보 같은 느낌도 들 것이다. 하지만 곧 편안해지면서 자연 속에 있는 신선함을 즐기게 될 것이다.

TIP 4 퇴근 후 모험할 장소 찾는 방법

일단 지도에서 내가 사는 곳을 찾는다. 디지털 시대라도 커다
란 종이 지도를 펴놓고 그 위에 과자 부스러기를 흘리거나 차를
쏟기도 하면서 상상하는 것이 좋다. 지도를 펴고 계획을 세우자.

집 주변에서 조금 확대해서 마을이 없는 작은 지역을 찾는다.
너무 멀리 있는 전원 지대를 찾을 필요는 없다. 지역의 외곽을 둘러보면서 철도역이 있는 작은 도시나 마을을 찾아도 된다. (열차 여행을 가정하면) 그곳이 바로 도시를 벗어나 전원으로 데려다줄 문이다. 열차에 뛰어오르면 여러분은 자유다!

너무 많은 역이 있어서 선택이 어려울 수도 있다. 그래서 선택의 폭을 좁히는 좋은 방법을 소개한다. 평소에 열차를 탈 때 정차하는 장소에 귀를 기울여보자. 한 번도 들어본 적 없고 시골 느낌이 나는 역명이 있으면 그곳으로 가는 것이다. 지금 당장.

멋진 마이크로 어드벤처를 찾을 수 있는 시간은 인생에서 충분히 많다. 어려운 것은 특별히 야생적인 장소와 시원한 전망을 찾는 것이 아니다. 힘든 것은 첫 번째 여행을 정말로 시작하는 것이고, 타성을 깨고 추진력을 쌓는 것이다. 그렇기 때문에 첫 번째 퇴근 후 마이크로 어드벤처로는 어떤 장소라도 괜찮다.

이제 생각해야 할 것은 역부터 하룻밤을 보낼 곳까지 걸을지 자전거로 갈 것인지를 고려하는 것이다. 역을 중심으로 원을 그리고 그 반경 안에서 찾으면 적당한 장소로 좁혀질 것이다.

이제 전체 지도에서 좁은 원 안으로 영역을 좁혔다. 축하한다! 여러분은 첫 번째 퇴근 후 마이크로 어드벤처에 나설 준비가 되었다. 다음은 적당한 잠자리를 찾아내는 방법을 소개할 것이다.

TIP 5 밤에 잘 곳을 찾는 방법

일단 어디로 갈 것인지 대략 정했다면, 완벽한 야외 취침 장소를 찾기 위한 몇 가지 조언이 필요할 것이다. 지도를 보고 잠자리를 찾으려면 정상이 조금 평탄한 등고선(산, 언덕)과 푸른색의 숲, 파란색의 물, 주택가에서 떨어진 들판 지역 같은 것들을 찾아야 한다. 한적한 지대로 이어지는 작은 비포장 길을 찾아본다. 이런 길을 조금 걸어가면 머리를 누이기에 딱 좋은 장소를 분명히 찾을 수 있다.

옆의 지도 위에다 후보지에 동그라미를 해놓았다. 가본 적은 없지만 동그라미 친 곳은 하룻밤 침실로 충분할 것이라고 확신한다. 위쪽의 위성 사진은 아래쪽 지도와 같은 지역을 나타낸다. 위성 사진으로 보면 지도에서 조용하고 아름다운 장소를 찾는 것이 굉장히 쉽다는 것을 재확인할 수 있다. 괜찮은 곳을 찾기 위한 약간의 햇빛만 있다면 정말 쉬운 일이다.

하지만 어두울 때 도착했다고 해도 괜찮다. 과정은 오히려 더 쉽다. 어둠은 마이크로 어드벤처의 친구다. 일단 어두워지면 피시 앤 칩스를 들고 마을을 벗어나 처음 눈에 띈 조용한 곳에서 자면 되기 때문이다. 푹 자고, 일출을 즐긴 다음 떠나면 된다. 말 그대로 쉽다.

아침에 열차를 타고 직장으로 돌아가면, 사무실 동료들은 미쳤다고 하겠지만 동시에 여러분을 부러워할 것이다!

TIP 6 숙면을 취하는 방법

거짓말은 하지 않겠다. 들판보다는 5성급 호텔에서 당연히 훨씬 더 편하게 잘 수 있다. 하지만 전망은 들판이 더 낫다. 그리고 훨씬 더 싸다. 들판에서 편하게 잘 수 있는 몇 가지 요령을 소개한다.

- 충분히 따뜻한지 확인한다. 어린 시절 나는 보다 가뿐하게, 힘들게, 도전한다는 생각으로 추운 밤을 수없이 견뎠다. 그건 멍청했거나 혹은 멍청한 일이었다.
- 따뜻한 옷을 충분히 챙긴다. 밤중에 추워서 잠이 깼을 때 그대로 떨면서 누워 있지 않는다. 억지로라도 일어나 옷을 더 입고 잔다. 실행보다 말이 쉽기는 하지만 정말 효과적이다. 귀찮고 추운 시간을 5분만 견디면 밤의 나머지 시간을 따뜻하게 보낼 수 있다. 나는 이것을 뒤늦게 마스터했고, 이는 정말 가치 있는 행동이다.
- 슬리핑 매트를 꼭 챙긴다. 좋은 슬리핑 매트는 돈 이상의 가치가 있다. 최소한으로 스스로를 시험한다고, 감동시키려고 여자에게 줘서, 등의 이유로 슬리핑 매트 없이 잤을 때는 모두 비참했다.
- 공기로 부풀리는 베개는 훌륭한 투자다. 이것이 없으면 여벌 옷을 비닐 백에 담아 사용해도 된다. 신발이나 맥주 캔을 베

개로 사용할 수도 있지만 불쾌함을 감수해야 한다.

- 잠자기에 좋은 평탄한 땅을 찾는 데 충분히 시간을 들인다. 작은 요철도 밤에는 포악스럽게 커진다. 경사진 곳 역시 마찬가지다.

- 나는 보통 비단 라이너를 침낭 안쪽에 넣는다. 이렇게 하면 침낭을 깨끗하게 유지할 수 있고(침낭을 자주 세탁하는 것은 번거롭기도 하지만 침낭에도 좋지 않다) 조금 더 보온이 된다.

- 젖은 옷을 입고 자지 않는다. 자기 전에 마른 옷으로 갈아입거나 아예 벗고 잔다. 아침에 잠깐의 고통을 참으며 젖은 옷을 다시 입는 편이 정신적으로도 좋고, 옷을 말리기에도 가장 좋은 방법이다.

- 낮 동안에 장비는 비닐 백에 담아서 건조하게 유지한다. 젖은 침낭은 정말 최악이다. 나는 경험을 통해 절감했다. 만약 제대로 보관하지 않아서 젖었다면 나로서는 동정할 수 없다. 힘든 교훈을 배울 준비를 해야 할 것이다.

- 내가 거듭 확인한 것처럼 야외에서의 밤은 상당히 시끄러울 수 있다. 잠귀가 예민하다면 귀마개를 하는 것이 좋다. 여름에는 안대를 하는 것도 좋은 방법인데, 나는 털모자를 눈까지 내려 쓴다.

Tip 7 퇴근 후 마이크로 어드벤처 장비 리스트

　마이크로 어드벤처의 포인트는 시간과 돈, 필요한 장비가 많지 않다는 것이다. 여기에 첫 번째 모험을 떠나기 위해 필요한 필수 장비를 소개한다. 사고 싶은 추가 장비는 예산이나 열정이 넘친다면 더 갖춰도 될 것이다. 여정이 멀어질수록 구급 키트나 수리 공구 같은 특별 장비가 필요할 것이다. 하지만 여기서는 짧은 마이크로 어드벤처에 맞는 것만 소개한다.

　부탁컨대 구입을 미루거나 갖출 능력이 되지 않는다고 생각지 말기 바란다. 기본 장비 리스트에 있는 물품의 대부분은 아마도 이미 가지고 있을 것이다. 만약 아웃도어 장비의 정비나 개선, 수리에 드는 물건이 필요하다면 일부 장비는 친구에게 빌리거나 사고 싶은 물건은 값싸게 또는 중고로 구매할 수 있다. 한편 이베이에는 많은 장비를 구입했다가 비에 맞거나 모기에 뜯긴 후 다시는 이 바보 같은 짓을 하지 않겠다고 맹세한 사람들의 아웃도어 장비로 넘쳐난다.

기본 장비 리스트

1. 배낭 : 30리터 정도 크기면 충분하다. 장비를 젖지 않게 보관할 수 있는 비닐 백도 함께 갖춘다.
2. 침낭 : 특별히 비싼 것을 사지 않아도 된다. 따뜻하지 않다면 옷을 더 꺼입어라.
3. 방수포 : 젖은 날씨에 비비백으로 유용하다. 온라인이나 캠핑 숍에서 값싸게 구입할 수 있으며, 침낭에 함께 넣어둔다.
4. 폼 슬리핑 매트 : 조금이라도 편하게 잠을 자려면 필요하다. 침낭 바깥에 둔다.
5. 플래시 : 배터리 상태를 반드시 확인한다.
6. 비옷 : 여름에도 필요하다.
7. 털모자 : 여름에도 필요하다.
8. 밤에 입을 따뜻한 옷 : 점퍼를 말아서 베개로 쓴다.
9. 조리가 필요 없는 음식, 또는 출발하기 전에 식사를 마친다.
10. 물 : 2리터면 충분하다.
11. 미리 치약을 묻힌 칫솔을 랩으로 쌌다가 아침에 사용한다.
12. 필요하다면 모닥불을 피울 성냥 또는 라이터를 준비한다.
13. 휴지 : 어머니의 조언에 따라 출발하기 전에 다녀왔다고 해도.
14. 메모지와 펜 : 평소에 일기를 쓰지 않아도 생각, 결심 등을 적을 수 있는 좋은 기회다.
15. 카메라 : 폭우를 대비해 비닐 백에 담는다.
16. 다른 사람에게 어디로 가고 언제 돌아오는지 알려준다. 그리고는 출발!

다음 단계: 추가로 필요한 것들

- 캠핑용 버너
- 맥가이버 칼 또는 멀티 공구
- 냄비 : 집에 있는 것 중 하나를 가져간다. 모닥불에서 요리를 하면 냄비가 망가진다.
- 라면이나 파스타, 참치, 페스토 같은 간단한 음식. 차와 커피. 포리지
- 컵, 스푼
- 적당한 비비백(방수포)
- 비를 막아줄 타폴린(바샤를 만드는 법은 TIP 12 참조)

호화 장비: 위의 장비 외에 추가로 더 필요한 것들

- 완전한 치약 하나
- 부풀릴 수 있는 슬리핑 매트(폼 슬리핑 매트 대신)
- 에스프레소 머신
- 베개 또는 부풀릴 수 있는 베개
- 파자마, 갈아 입을 옷
- 맥주 캔, 돌려 따는 와인 또는 휴대용 위스키
- 깨끗한 바지 : 추우면 겹쳐 입을 수 있다. 아침에 문명 세계로 돌아갈 때 갈아 입는다.
- 멋진 야외 식사를 위한 음식들

불필요한 장비 리스트

모험을 떠날 때 꼭 가져가야 할 장비 외엔 짐만 된다. 마이크로 어드벤처의 목적은 산꼭대기에 집을 만드는 것이 아니다. 단순화, 최소화해서 핵심만 챙기는 것이다. 스스로 즐기되 심플한 감각을 유지해야 한다. 양념을 줄인 소스가 더 풍부한 맛을 내는 법이다.

- 필요할지도 모른다 싶은 것은 가져가지 않는다. "할 수 있는 것은 생각할 필요가 없다. 없으면 안 되는 것을 생각하면 된다."
- 비싸고 특별한 아웃도어 의류와 장비. 말로리와 어빈은 모직 트위드와 울 점퍼만을 입고 에베레스트를 올랐다. 물론 그러라는 것은 아니다.
- 비싸고 특별한 캠핑용 식품.
- 지나친 양의 여벌 옷. 물론 온기와 편안함을 위해 충분한 옷을 가져가야 하지만 시베리아도 아닌 스윈돈에서, 그것도 여름에 60리터 배낭을 옷으로 꽉 채울 필요는 없다. 하지만 젖은 옷을 입고 자는 것은 좋지 않고, 날씨가 나쁜 밤에 온기를 유지할 수 있도록 여벌의 마른 옷을 가져가야 한다. 날씨가 괜찮다면 여벌 옷을 가져가기보다 밤에 잘 때 겉옷만 벗는 것이 낫다. 아침에 젖은 옷을 다시 입는 것은 끔찍하지만, 몇 분 지나면 적응된다.
- 여벌 옷을 얼마나 가져가야 하는지는 개인적인 위생 관념과 다음 날 어디로 가서 무엇을 하는지에 달려 있다. 다음 날 강연이 있을 경우 나는 정장을 가져간다. 하지만 바로 집으로 돌아온다면 새 양말이나 속옷도 가져가지 않는다. 우리 엄마에겐 비밀이다.
- 사진 장비를 가져가면 좋다. 하지만 정교한 카메라가 있어야만 좋은 사진을 찍을 수 있다고 생각지 말자. 요즘은 휴대폰으로도 질 좋은 사진과 동영상을 찍을 수 있다.
- 지나치게 많은 화장이나 세면 도구. 산에서 하룻밤을 자는 것이지 최고의 모습을 뽐내려는 것이 아니다. 만약 이런 상황을 견디기 어렵다면 샤워를 할 때까지 모자를 눌러 쓰

고 짙은 선글라스를 낀다.

- 대재앙 때나 필요한 생존 장비는 필요 없다. 작은 주머니칼과 라이터, 스푼 정도면 충분하다.

물론 위의 리스트가 완벽한 것은 아니다. 여러분이 가방에 장비를 챙길 때 체크 리스트일 뿐이다. 하나하나 챙길 때마다 단순한 두 가지 질문을 해보자.

1. 이걸 두고 가면 나는 죽거나 실패할까?
2. 이걸 두고 가면 나는 훨씬 덜 즐거울까?

하나라도 '그렇다'가 아니면 두고 간다.

TIP 8 위대한 비비백

마이크로 어드벤처를 위해 한 가지 장비만 사야 한다면, 그것은 바로 비비백(침낭 외부에 씌우는 방수포. 체온을 보호하는 용도로도 쓸 수 있다. 국내에는 보급되어 있지 않아 방수포나 타폴린 등으로 대체할 수 있다—옮긴이)이다. 비비백은 실로 놀랍다!

물론, 비가 쏟아진다면 비비백 속에서 인생에서 가장 쾌적한 밤을 보내기는 어렵겠지만, 멋진 이야깃거리는 될 것이다. 비비백은 대부분의 마이크로 어드벤처에서 필수 장비다. 비비백은 마이

크로 어드벤처의 정신과 완벽하게 어울린다. 즉 비비백은 간단하고 값싸며 덜 번거롭고, 그리고 조금은 유치하다.

비비백을 침낭의 비옷이라고 생각해보자. 비비백은 얇고 방수가 되며 침낭의 맨 윗부분까지 감싸서 텐트 없이도 야외에서 젖지 않고 밤을 보낼 수 있게 해준다. 모든 아웃도어 용품과 마찬가지로 비비백은 가격과 품질에 따라 천차만별이다.

물론 비가 내리면 텐트나 5성급 호텔에 있는 것보다는 덜 쾌적하다. 바람이 윙윙거리고 빗물이 목을 타고 내린다면 비비백에서 보내는 밤은 정말 비참할 것이다. 만약 비가 올 것 같으면 바샤나 텐트를 고려하고, 아니면 집으로 돌아가 텔레비전 앞에서 밤을 보내는 것이 낫다.

하지만 별 아래에서 보내는 따뜻하고 건조한 밤들의 흥분은 때로 생길 수 있는 비참한 밤을 감수할 가치가 있다. 마지막으로, 아무리 좋은 비비백도 침낭에 습기를 남긴다. 하룻밤이라면 문제가 되지 않지만 장기간이라면 거의 매일 침낭을 널어서 말려야 한다.

어떤 비비백을 고를지 쉽지 않다. 습기를 막는 가장 값싼 방법은 오렌지 서바이벌 백(판초 같은 일종의 방수포─옮긴이)이다. 크기가 작아서 산에 갈 때 언제라도 휴대할 수 있다. 이처럼 통기성이 없는 제품의 단점은 밤새 몸에서 얼마나 많은 수증기가 빠져나오는지를 아침에 알게 된다는 것이다. 하지만 하룻밤의 마이크로 어드벤처라면 아무 문제 없다. 이런 제품은 몇 천원이면 구입할 수 있다.

더 좋은 품질을 원한다면 무게와 통기성, 방수성, 가격 같은 요소를 고려해야 한다. 영국 육군용 비비백은 정말 좋다. 고어텍스로 만들어졌고, 연한 초록색이며 굉장히 크다(너무 커도 단점이 있다). 나는 이 책의 모험에서 알프킷, 라브, 마운틴 웨어하우스, 마운틴 이큅먼트의 비비백을 사용했는데, 꽤 가격 차이가 난다. 테가 들어간 비비백도 선택할 수 있다. 특히 모기가 많은 시즌에 좋지만 이는 비비백이라기보다 1인용 소형 텐트로 봐야 한다. 2인용 비비백도 구할 수 있다. 이는 완전히 새로운 마이크로 어드벤처의 가능성을 열어줄 것이다.

그럭저럭 괜찮은 날씨에서 첫 번째 비박을 경험했다면, 비비백이 마이크로 어드벤처를 위한 최고의 투자 중 하나라는 데 동의할 것이다.

비비백이 텐트보다 나은 점

- 텐트보다 싸다.
- 텐트보다 훨씬 작다.
- 텐트보다 포장과 운반, 건조, 보관이 쉽다. 간단한 모험에 최적이다.
- 쓰임이 자유로워서 아주 작은 평지만 있어도 잠을 잘 수 있게 해준다.
- 텐트처럼 주변 환경과 단절되지 않는다. 텐트 안에 있는 것은 형편없는 실내에 있는 것과 비슷하다. 야외에 나가서도 하늘과 세상으로부터 숨을 것이라면, 답답하고 눅눅하며 허술하고 울퉁불퉁한 집보다는 그냥 본래 집에서 자는 것이 나을 것이다. 비비백에서 자는 것은 정말로 야외에 있는 것이다. 얼굴에 닿는 실바람을 느낄 수 있고 별이 보이며 아침에 일어나면 멋진 풍경이 기다린다.
- 비비백에서 보내는 밤은 텐트보다 훨씬 흥분되고 야생적이다.

비비백을 사용하는 팁

- 비비백으로 침낭의 외부를 감싼다. 계획적인 사람이라면 이 작업을 나중에 어둠 속이나 쏟아지는 빗속에서 하기보다 집을 떠나기 전에 미리 해놓을 것이다.
- 비비백을 머리 위로 한껏 끌어당긴 다음 끈을 당겨서 조인다. 그리고 침낭의 후드에 머리를 넣는다. 이 과정에서 상하로 씰룩씰룩 움직이거나 꼼지락거려야 하는데, 내부에 물방울이 생기는 것을 최소화하기 위해 숨 쉴 공간을 조금 남겨둔다. 답답한 밀실 공포증은 금방 사라질 것이다.
- 나는 슬리핑 매트를 비비백 바깥에 두는 편이지만, 날씨가 나쁘거나 잘 때 많이 움직이고 비비백이 대형이라면 안에 두는 것이 낫다.
- 자루 형태의 커다란 비닐 백을 가져가서 밤 동안 배낭을 포함한 다른 장비를 넣어둔다. 나는 신발과 배낭을 베개로 이용하는데, 보다 편안한 해결책이 있을지도 모른다.
- 비비백에서 자는 것은 텐트보다 춥기 때문에 따뜻한 옷을 충분히 입는다. 계절에 관계없이 나는 항상 털모자를 쓴다. 여름에도. 눈 위까지 내려쓸 수 있어 동이 틀 때도 깨지 않는다.
- 아침에 정리할 때는, 침낭과 비비백을 배낭에 넣기만 하면 된다. 비비백과 침낭을 접을 때는 발쪽부터 시작해야 나중에 풍선처럼 부풀지 않는다.
- 집에 돌아오면 침낭과 비비백 모두 완전하게 잘 말려서 보관해야 한다.

TIP 9 침낭

침낭은 가장 선택이 힘든 장비 중 하나다. 꿈의 세계에서는 아마도 아래 같은 제품을 다 갖출 것이다.

- 1계절용 다운 침낭으로 매우 가벼운 여름용(또는 다운 재킷과 비단 침낭 라이너)
- 2계절용 다운 침낭. 안락한 여름용
- 2계절용 합성 침낭. 습한 여름용
- 3계절용 침낭
- 매우 비싼 4계절용 다운 침낭. 드물지만 정말로 추운 밤용

분명히 이것은 모든 사람에게 실용적인 방법은 아니다. 따라서 침낭 고르기는 모든 것이 타협으로 귀결된다. 일반적으로 가격이 올라가면 침낭의 성능도 높아지고, 무게 대비 보온성의 비율도 올라간다. 그밖에 침낭 가격에 큰 영향을 미치는 것은 내부 충전재가 다운(오리털)인지, 또는 합성 섬유인지다. 다운은 더 따뜻하고 가벼우며 더 비싸다. 하지만 젖은 조건에서는 최악이 되고, 이때는 합성 제품이 훨씬 낫다.

나는 대개 가벼운 침낭에 옷을 많이 입는 것을 선호한다. 한 가지 장비를 다양한 용도로 활용하는 것이 중요하다. 다운 재킷은 활동할 때 입기 좋고, 잘 때 입어도 된다. 무거운 침낭은 잘 때만 유용하다. 하지만 가지고 있는 모든 옷을 다 껴입고 팔 굽혀 펴기를 많이 했는데도 뼛속까지 추워서 집에 두고 온 푹신한 대형 침낭만을 생각하며 날이 밝을 때까지 견디는 길고 끔찍한 밤보다 더

최악은 없다.

장기간의 모험이 아니라 마이크로 어드벤처를 위한 침낭을 찾고 있다면 새것을 사기보다 이미 가지고 있는 것을 이용하고, 가능한 많은 여벌 옷을 가져갈 것을 권한다. 자주 사용할 것도 아닌데 약간의 온기와 가벼움을 위해 많은 돈을 쓰는 것은 요점에서 벗어난다. 진심으로 말하지만 어떤 낡은 침낭이라도 털모자와 몇 벌의 점퍼만 있으면 충분하다.

새 침낭을 사려고 마음먹었다면, 다음 핵심 질문을 해서 선택의 폭을 좁힌다.

1. 침낭을 사용할 상황의 기온은 보통 어느 정도인가?
2. 직접 겪은 가장 낮은 기온은 얼마인가? (다른 말로 하면, 죽지 않으려면 얼마나 많은 보호가 필요한가?)
3. 주위 자연 환경이 건조한가(다운 침낭을 산다), 아니면 주로 습한가(합성 침낭을 고른다).
4. 예산은 얼마 정도인가?

몇 년 전 얼어붙은 남극해에서 나는 대형 합성 침낭과 깔개를 쌓아서 사용했다. 남극해를 노 저어 건널 때는 테스코 침낭을 이용했다. 달리 말하면, 올바른 침낭은 무슨 용도로 사용할 것인가에 따라 크게 좌우된다.

TIP 10 슬리핑 매트

슬리핑 매트는 구입해야 할 장비 중에서 가장 중요한 것 중의 하나다. 슬리핑 매트는 산 또는 고사리 밭에서 잘 때 엄청 사치만 추구하지 않는다면 어디서건 편안한 잠자리를 제공한다. 다른 아웃도어 장비와 달리 슬리핑 매트 고르기는 그다지 복잡하지 않다. 대체로 지불하는 만큼의 가치를 갖는다. 슬리핑 매트를 고를 때 어떤 요소가 가장 중요한지 체크해보자.

- 가격
- 무게
- 포장 부피
- 내구성
- 편안함

대체 용품은 길쭉한 버블 랩(속칭 뽁뽁이—옮긴이)을 사용하는 것이다. 공기 거품이 클수록 좋다. 깨지기 쉬운 물건을 산 위까지 가져갈 때 버블 랩은 간편한 방법이다. 그 외에 배낭을 비워서 그 위에 누울 수도 있고, 여벌 옷을 이용해 쿠션과 단열 기능을 얻을 수도 있다.

가장 간단하고 적당한 슬리핑 매트는 폼(발포) 제품으로, 가격은 9천 원 내외다. 누웠을 때의 길이에 딱 맞춰 땅바닥에 깔면 단열과 쿠션 기능을 한다. 비쌀수록 더 따뜻하고 편안하다. 폼 제품은 가장 값싸면서 오래가는 슬리핑 매트다. 만약 바위가 많은 지역에서 잔다면 내구성은 매우 중요하다. 필요한 만큼의 길이로 자르면 부피를 줄일 수 있다. 나는 이런 종류의 슬리핑 매트를 극지 탐험과 바위가 많은 사막 지대에서 사용했다.

또 다른 종류는 공기로 부풀리는 방식이다. 집에 손님이 왔을 때 다락방에서 꺼내는 공기 침대와 혼동하지 말길. 이런 매트는 아주 작은 사이즈로 접을 수 있는데 내가 가진 가장 작은 것은 맥주 캔 정도로, 공기 침대보다 가볍고 산꼭대기에서 훨씬 유용하다. 길이는 풀 사이즈와 3/4 중에서 고르고(나는 풀 사이즈를 쓴 적이 없다), 포장 부피와 가격 중 어디에 더 신경 쓸지도 결정한다. 이렇게 하면 여러분에게 가장 알맞은 브랜드와 제품으로 폭을 좁히는 데 도움이 될 것이다. 나는 이런 매트를 세계 일주 자전거 여행과 인도 도보 횡단 때 사용했다.

TIP 11 장비를 마르게 보관하는 방법

아무리 여름이라도 장비를 마르게 보관하는 것에 주의해야 한다. 갑작스런 폭우나 강을 건너다 침낭이 젖는 것처럼(지켜보는 친구는 재미있겠지만) 여행을 망치는 것은 없다. 따라서 배낭 안에 방수백을 사용하는 것은 좋은 습관이다. 방수백은 장비를 건조하게 유지해줄 뿐 아니라 장비를 포장하고 푸는 것도 더 쉽게 해준다. 나는 방수백 하나에는 침낭을 넣고 다른 것에는 카메라 장비를, 또 다른 데는 다른 것을 넣는 식으로 짐을 싼다.

래프팅이나 수영, 그냥 소풍을 나왔다고 하더라도 방수백보다 장비를 더 잘 보호할 수 있는 것은 없다. 방수백은 크기, 내구성, 방수 수준에 따라 다양한 종류가 있다. 방수백을 배낭 안에 넣는다면 내구성은 크게 중요하지 않지만 백이 바위나 나뭇가지 등에 부딪힐 가능성이 높다면 튼튼한 제품을 골라야 한다.

방수백을 올바로 사용하는 방법은 간단하다. 모든 물건을 안에 넣고 재킷이나 침낭 같은 부드러운 것을 입구 근처 맨 위에 놓는다. 윗부분을 조심스럽게 몇 번 말아서 끈을 조이면 된다. 방수백을 구입할 때는 방수 성능을 정확히 확인해야 한다. 조금 의심스러우면 두 개를 겹쳐서 사용한다. 하룻밤 여행이나 섬까지의 즉흥적인 수영이라면 방수백 대신 비닐봉지도 괜찮다. 비닐봉지는 확실히 밀봉될 때까지 입구를 여러 번 묶어야 한다. 내부에 공기를 적당히 남겨두면 수영할 때 물에 잘 뜬다.

TIP 12 폭풍우 피하는 방법

나는 비비백이 마이크로 어드벤처 정신과 맞는다고 믿지만, 비가 쏟아지면 인격 수양을 하는 기분일 것이다. 당연히 즐거울 리 없다. 그래서 추가 장비인 바샤를 고려해야 한다.

바샤는 타폴린(방수 천막)으로 만든 간단한 숙박 장비로, 군대에서 쓰는 속어적인 표현이다. 비비백 위쪽에 설치하면 눈이나 폭우에도 방해받지 않고 잘 수 있다. 하룻밤을 젖지 않고 자는 것은 비용, 추가적인 몇 백 그램의 무게, 설치하는 약간의 번거로움을 감수할 만큼 가치 있다.

바샤를 칠 때는 상황에 따라서 해야 한다. 여러분이 할 일은 잠자리 위쪽에 지붕을 만드는 것이다. 담장과 나무, 벽, 심지어는 자전거도 활용할 수 있다. 몸을 뉘일 평평한 땅을 찾았으면 그 위쪽에 타폴린을 고정할 몇 군데의 포인트만 있으면 된다. 만약 비가 많이 내리면 빗물이 땅을 가로질러 흐를 수 있다. 혹시라도 웅덩이가 될지도 모르는 곳에 눕지 말기 바란다. 빗물과 눈이 타폴린에서 흘러내리도록 설치하여 머리 위에 물웅덩이가 생기거나 눈이 쌓이지 않게 해야 한다.

만약 날씨가 터무니없이 나쁘다면, '어떤 바보도 비참할 수 있다'는 옛말을 잊지 말자! 민박 또는 집으로 돌아가거나 그냥 다음 기회로 연기한다. 그렇다고 여러분을 겁쟁이라고는 생각하지 않을 것이다, 정말로.

바샤 설치에 필요한 것

- 펀치 구멍이 달린 타폴린 : 할인점이나 천원숍 또는 온라인으로 구매할 수 있다. 색깔과 사이즈는 선택하기 나름이며 2.5×3미터 정도면 충분하고 두 사람까지 쓸 수 있다.
- 고무줄 : 최소한 2개가 필요하고, 6개가 있으면 다양하게 칠 수 있다.
- 텐트용 페그(고정용 못) : 최소한 2개가 필요하고, 6개면 다양하게 칠 수 있다.
- 노끈 : 선택 사항이다. 있으면 바샤를 보다 다양하게 칠 수 있다.

TIP 13 벌레를 피하는 방법

텐트 없이 자기 싫어하는 이유 중 하나는 밤에 나오는 벌레 때문이다. 도끼 살인마나 유령에 대한 걱정처럼 히스테리가 아니라 실질적인 걱정이다. 하지만 영국은 호주가 아니다. 쥐며느리와 지렁이는 있지만 상자해파리와 검은과부거미는 없다. 유일하게 독이 있는 뱀인 살무사는 매우 소심해서 아주 열심히 찾지 않으면 보기도 어렵다.

하지만 대체로 평온한 영국의 야생에서 한 가지 예외는 각다귀(모기와 유사─옮긴이)다. 각다귀를 과소평가하면 안 된다. 각다귀는 아주 작지만 가장 침착하고 차분한 사람도 성난 야수로 돌변하게 만든다. 여름철 특히 북쪽의 시골 지역에 만연하다.

각다귀의 악몽을 최소화할 수 있는 주의 사항이 몇 가지 있다. 각다귀는 어두운 색깔의 옷을 좋아하므로 밝은색 옷을 입는다. 따뜻하고 고요한 아침과 저녁에 더욱 활동적이기 때문에 이 시간에는 움직이고 있거나 실내에 머문다. 모기장(머리를 덮거나 전신을 덮을 수 있다)은 아주 유용하고, 방충제도 좋다. 강인한 스코틀랜드 사람 여러 명이 바디로션이 꽤 효과적이라고 추천했다.

연중 각다귀가 가장 극심한 시절에는 비비백보다 텐트가 확실히 낫다. 하지만 실제로 유일하게 효과적인 해결책은 높고 바람부는 장소에서 자는 것이다. 인터넷에서 각다귀 예보 정보도 찾을 수 있다.

각다귀는 저녁 시간을 망칠 수는 있지만 크게 해를 끼치지는 않는다. 한편 진드기는 하루를 망치지는 않지만 더 큰 문제를 유발할 수 있다. 전원 지대를 돌아다닐 때는 진드기를 조심하는 게 중요하다. 라임병은 감염된 진드기를 통해 인간에게 전파되는 세균성 전염병이다. 진드기가 물어도 알아차리기 어려워 몸에서 떨어질 때까지 며칠간 붙어서 피를 빨기도 한다. 진드기가 오래 붙어 있을수록 감염 위험도 높아진다.

진드기에 물리지 않기 위한 예방법

- 긴소매 셔츠를 입는다.
- 바짓가랑이를 양말에 집어넣는다.
- 방충제를 사용한다.
- 자신과 아이들, 애완동물에 진드기가 붙어 있지 않은지 수시로 살핀다.
- 피부에 붙어 있는 진드기를 발견했을 때는 최대한 부드럽게 잡아서 제거한다. 작은 핀셋을 사용하는 것이 좋다. 불붙은 담배나 성냥 또는 방향유는 절대 사용하면 안 된다.

TIP 14 내게 맞는 자전거를 고르는 방법

자전거 고르기는 쉬운 일이 아니다. 수많은 종류가 있어서 새 자전거를 사기 전에 가능하면 많이 타보는 게 좋다. 많이 타보면 내가 어떤 타입의 자전거를 좋아하는지, 얼마나 좋아하는지, 그리고 예산을 얼마나 써도 되는지 감을 잡을 수 있다.

나의 제안은, 일단 어떤 자전거로도 시작할 수 있다는 것이다. 산악자전거, 로드바이크, 시티바이크, 접이식 자전거 모두 마이크로 어드벤처에 잘 맞는다. 어떤 자전거로도 세계 일주까지 가능하다. 그러니 자전거를 이유로 야외로 나서는 것을 꺼리지 말기 바란다. 많이 타볼수록 뭐가 필요한지 알게 될 것이다.

패니어(바퀴 옆에 다는 가방—옮긴이)는 자전거로 모험을 떠날 때 장비를 운반하기에 가장 좋은 방법이다. 하지만 패니어를 장착할 수 있는 랙(받침대—옮긴이)을 앞뒤에 달아야 한다. 일부 자전거는 랙을 설치할 수 없는데, 이때는 안장 아래의 시트포스트에 달면 된다. 그러면 매우 무거운 짐까지는 무리지만 짧은 1박 2일 여정에는 적당하다. 구식이지만 안장 가방도 비슷한 양의 장비를 넣을 수 있다.

아니면 배낭에 넣으면 된다. 책에 나온 대부분의 자전거 모험에서 나는 배낭을 이용했다. 배낭을 메고도 어깨너머로 교통 상황을 볼 수 있고, 무게 때문에 불안정해지지도 않는다. 하지만 등에 땀이 많이 날 것이고, 평소보다 엉덩이가 조금 더 아플 것이다.

이제 괜찮은 자전거를 구입해도 될 만큼 자전거를 좋아한다면, 지역의 자전거 숍에 가서 궁금한 것은 모두 물어보자.

마이크로 어드벤처에 필요한 자전거 장비

- 헬멧 : 영국에서 헬멧 착용은 법적인 강제 사항은 아니지만 착용하는 것이 좋다. 블랙베리를 따는 그릇으로도 쓸 수 있다.
- 라이트 : 야간에 탈 때를 대비해서 갖춘다.
- 펌프 : 마케도니아에서 개의 공격을 피할 때 유용했다.
- 예비 튜브, 펑크 수리 키트, 타이어 레버
- 맥가이버 칼처럼 생긴 휴대용 공구 세트
- 멀리 갈 때는 케이블 타이와 강력 테이프를 휴대하는 것이 좋다. 가져갈 때는 약간만 잘라서 감아 간다.

TIP 15 휴대용 부엌

정기적으로 마이크로 어드벤처를 한다면 캠핑용 버너는 정말 유용한 장비다. 여러 가지 타입의 버너들과 휴대용 부엌용품을 소개한다.

- **가스버너** : 값싸고 간단하며 사용하기도 쉽다. 버너의 연결부에 가스통을 돌려 끼운 다음 밸브를 열고 성냥이나 라이터로 불을 붙이면 된다. 그다음은 부엌에 있는 가스레 인지와 똑같이 작동한다. 가스는 모든 캠 핑 숍에서 구할 수 있으며, 크기는 여행  기간에 따라 고르면 된다. 해외로 나가 는 장거리 여행에는 절 대 가져 않는데, 꼭 맞는 가스통을 구하 기 어렵기 때문이 다. 제트보일은 가 스버너의 고성능 버 전으로 본격적인 등산 이나 항해에 탁월하다.

- **알코올버너** : 간단하고 효율적이며 향수를 자극한다. 부피가 크고 다루기가 성가시며 요리 속도도 느려 요즘은 거의 사용하지 않는다.

 - **바고 티타늄 헥스 스토브** : 접이식 스토브로, 가볍다는 장점이 있다. 돌 세 개를 잘 배치하면 비슷한 효과를 낼 수 있다. 일회용 가스통을 사 용하는 것에 비하면 매우 친환경적이다.

• **MSR** : 장거리 여행이나 먼 모험을 떠난다면 MSR 레인지가 정답이다. 값은 비싸지만 탁월한 선택이 될 것이다. 거의 모든 종류의 연료를 사용할 수 있어 캠핑 숍을 찾기 어려운 지역을 여행할 때 최적이다.

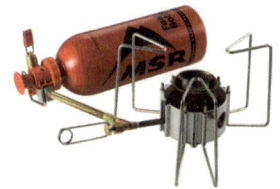

• **켈리 케틀** : 이 주전자는 기분 좋은 복고풍 디자인에 효율도 좋다. 약간의 나뭇가지만으로도 물을 굉장히 빨리 끓일 수 있다. 젊은 가족에게 특히 좋은데, 상대적으로 안전하고 구조가 단순해서 아이들이 캠핑 기술을 배우기에 적당하다.

• **맥주 캔 스토브** : 천재적인 발명품이다. 아름답기까지 하다. 경량 마니아들에게는 필수품이다. 만들기도 쉽고 친구들에게 자랑하기도 좋다. 놀랄 정도로 효과적이다. 만들기 전에 맥주에 좀 취해야 한다. 약국에서 파는 순수 알코올을 이용한다. 맥주 캔 스토브 만드는 방법은 QR 코드를 참조한다.

• **포이키 또는 철제 압력솥** : 주철 냄비는 1인용부터 다인용까지 크기가 다양하다. 값이 비싸고 정말 비현실적이지만 성능은 놀랍다. 야외에서 요리하는 것을 좋아한다면 이용해보라. 한 번 사면 평생 동안 쓸 수 있다.

• **냄비** : 요리를 하려면 버너와 함께 냄비가 필요하다. 매우 싸고 기본적인 휴대용 제품을 선택해도 된다. 나중에 가볍고 비싼 티타늄 냄비로 업그레이드하고 싶을 수도 있다. 나의 조언은 필요보다 좀 더 큰 것을 사라는 것이다. 하루에 팔 굽혀 펴기 10번을 더 하면 20그램 늘어난 냄비 무게정도는 충분히 감당할 수 있다.

- **나이프와 포크류** : 자전거로 세계 일주를 할 때 나는 대학 구내식당에서 빌린 스푼 하나만 가져갔다. 하룻밤을 떠난다면 그냥 스푼을 가져가거나 정교한 스포크(스푼, 나이프, 포크가 하나로 된) 또는 굉장히 가볍고 비싼 티타늄 스푼을 쓸 수도 있다. 이제 내가 무게를 줄이는 데 얼마나 집착하는지 눈치 챘을 것이다. 무게가 매우 중요한 레이스에 참가할 때는 어린이용 플라스틱 스푼(어린이용 칫솔도)을 사용했다. 간단한 여행에서 내가 유일하게 가져가는 기구는 멀티툴과 스푼이다. 거대한 냄비를 가져간다면 국자와 PVC 도마 그리고 심지어는 괜찮은 부엌칼도 챙겨야 한다.

- **은박 바람막이** : 모든 버너에 유용한 용품이다. 불꽃을 보호해서 열 손실을 최소화하고 요리 시간을 줄여준다. 나는 항상 두 개의 라이터와 부싯돌, 쇠막대기 또는 성냥을 가져간다.

- **멀티툴** : 레더맨이나 스위스아미 나이프 같은 멀티툴은 모든 마이크로 어드벤처에서 유용하다. 제품의 종류와 크기는 놀라울 정도로 다양하다. 스스로 결정해야 할 것은 어떤 공구가 가장 필요한지, 그리고 무엇을 가지고 놀고 싶은지, 또는 무엇을 친구에게 자랑하고 싶은지 등이다.

- **커피** : 아침에 괜찮은 커피 한 잔을 즐기고 싶다면 모카 포트 에스프레소 메이커를 위한 공간을 남겨두자. 사이즈는 여러 가지다. 필터 커피가 더 맞다면 밀봉된 커피 프레스 머그잔을 고려해본다. 가볍게 여행하는 것이 더 중요하다면 인스턴트 티백 커피와 접이식 머그가 있다.

TIP 16 야외에서의 드링킹

아니, 그런 종류의 마시는 게 아니고, 야생에서 식수를 찾는다는 뜻이다. 조금 무모할 지도 모르지만(따라서 보다 과학적이고 전문적인 조언은 인터넷을 찾아보시길), 나는 영국 전역에서 흐르는 냇물을 그대로 마셨지만 한 번도 문제를 일으킨 적이 없다. 나보다 조심스럽고 민감하다면 물을 정수해야 한다. 강의 발원지에서 멀면 멀수록 정수의 필요성은 더 높아진다. 정수를 대체할 수 있는 방법은 끓이거나 정제하는 것이다. 나는 지난 18년 동안 90개 국을 돌아다닌 모든 여행에서 요오드 정수법을 사용했지만 여전히 나는 살아 있다. 하지만 최근 EU에 의해 요오드를 정수용으로 사용하는 것이 금지되었다. 물을 정수하는 다른 방법은 거르는 것이다. 캠핑 숍이나 온라인에서 물 필터를 구할 수 있다. 이건 나도 사용해보지 못했지만 괜찮고 필요할 것이라고 확신한다.

TIP 17 불 피우는 방법

캠프파이어 주변에 둘러앉아 마시멜로를 굽는 동안 이야기를 나누는 것은 어떤 마이크로 어드벤처도 마법처럼 만들어준다. 하지만 불은 이 책에서 다룬 다른 어떤 내용보다 상식과 예의가 요구된다.

• 불이 번질 가능성이 있는 곳에서는 불을 피우지 않는다. 토탄이 깔린 황야와 옥수수 밭, 마른 숲, 주유소 앞마당 등이 그런 곳이다. 불을 피울 때는 언제든지 끌 수 있다는 확신이 있어야 한다. 허락 없이 사유지에 불을 피워서는 안 된다. 사유지에 무단으로 불을 피우는 것은 범법 행위이자 흉물스런 모습이다. 일반적으로 말하자면, 불을 피운 흔적이 모두 사라질 때까지 아무도 올 것 같지 않은 곳에서 불을 피워야 한다. 불은 언제나 작게 유지한다.

• 가능하다면 구덩이를 파고 불을 피운다. 이렇게 하면 바람을 막을 수 있어 불을 보존하기 좋다. 아침에 흙과 잔디를 돋우면 (일단 불이 완전히 꺼진 다음에) 보기 흉하게 그을린 자국을 없애고, 불을 피웠다는 시각적인 충격도 최소화해준다. 구덩이를 파기 힘들다면 큰 돌을 빙 둘러 세워도 된다. 하지만 부드럽고 속이 비었거나 젖은 돌은 폭발할 수 있기 때문에 사용하면 안 된다. 땅바닥이 매우 젖었거나 눈 위라면 통나무

를 밑에 깔아서 불이 제대로 타기 시작할 때까지 젖은 땅에 닿지 않게 한다.

- 불이 잘 붙으려면 세 가지 조건이 필요하다. 열과 연료 그리고 산소. 이 중 어느 하나라도 없으면 불은 붙지 않는다. 이 세 가지를 잘 기억하면 불을 붙이려고 애를 쓸 때 무엇이 잘못 되었는지를 파악하는 데 도움이 된다.

- 처음에는 불쏘시개로 마른 잔디와 낙엽 또는 종이를 쌓는다. 그 위에 아주 작고 마른 나뭇가지로 피라미드 꼴을 만든다. 손 가까이에 더 많은 불쏘시개를 둬야 하며, 직경 2~3센티미터 정도의 막대기와 조금 더 큰 나뭇가지도 필요하다. 처음 사용하는 나무는 모두 말라 있는 것이 굉장히 중요하다. 가장 좋은 나무는 나무에 걸려 있는 죽은 가지이고, 바닥에 떨어진 것은 습기를 머금어 잘 타지 않는다. 나무를 모아서 잘 설치했다면 이제는 불을 피울 차례다. 다른 아웃도어 마니아처럼 나는 성냥을 사용하지 않는다. 라이터가 훨씬 편하다.

- 불쏘시개에 불을 붙인다. 맨 위에 있는 불쏘시개에 불이 붙으면 불꽃 위로 부드럽게 입김을 불어준다. 최대한의 효과를 위해 꾸준하게 분다. 불길이 생기면 더 강하게 불어준다. 차츰 더 큰 나무를 불에 넣는다. 불이 완전히 붙었다고 확신하면 더 큰 가지를 넣는다. 불 위에서 요리를 하고 싶다면 숯불이 만들어지도록 가능하면 빨리 큰 나뭇가지를 태운다.

TIP 18 구름 보는 방법

구름에 대해 알면 일기 예측에 도움이 되고, 야외 활동의 즐거움도 커진다.

- 층운 : 대개 약한 비가 곧 내릴 것이라는 신호다.
- 적운 : 흩어져 있으면 맑은 날씨가 예상된다.
- 적란운 : 모루(대장간에서 뜨거운 금속을 올려놓고 두드릴 때 쓰는 도구─옮긴이)를 닮은 인상적이고 거대한 구름으로, 대체로 폭풍우의 징조.
- 권층운 : 이 구름이 하늘을 뒤덮는다면 24시간 내에 비가 내릴 가능성이 높다.
- 권운 : 극히 높은 곳에 있는 구름으로 맑은 날씨에 나타난다. 움직이는 방향을 살펴서 기상 전선이 어느 방향에서 오는지를 확인한다.
- 권적운 : '고등어 하늘이면, 폭풍우가 온다'는 옛말이 있지만(구름 형태가 고등어 무늬와 닮았다) 항상 그런 것은 아니다.

367

TIP 19 캠프파이어 요리

모닥불 위에서 요리를 하려면 냄비를 얹을 수 있도록 돌을 이용해 불 위에 삼각대를 만들어야 한다. 이는 공기가 순환하게 하고 불이 바깥으로 나가는 것을 막아준다. 또 숯불 양을 조절해서 요리하는 온도를 맞춘다. 냄비에 긴 손잡이가 달려 있으면 낚싯대 같은 막대기에 걸 수도 있다. 이때 막대기는 충분히 강해야 하고, 땅에 단단히 고정되어야 하며, 타지 않아야 한다. 저녁거리가 불 위로 쏟아지는 것은 누구도 절대로 원하지 않을 테니까.

일반인도 좋아할 채소 요리

타이어 튜브를 타고 강을 여행한 마이크로 어드벤처에 참가했던 루벤은 채식주의자였다. 그가 우리 모두를 위한 요리를 담당했다. 처음 먹어본 채식주의 식사였지만 정말 좋았다. 그래서 레시피를 요청했다.

- 작은 불에서 시작한다. 큰 냄비를 가져간다.
- 냄비에 올리브 오일을 뿌린다.
- 양파 하나와 마늘 1쪽을 다져 넣는다.
- 당근과 호박, 고구마 몇 개, 가지 하나를 썰어 넣는다. 그리고 적당량의 피망과 파프리카 한 줌, 으깬 토마토를 약간 넣는다.
- 남은 야채와 레드 와인 반병을 넣는다. 불 옆에서 남은 와인을 마시면서 다른 먹거리도 즐긴다.
- 야채가 거의 다 익었으면 쿠스쿠스(으깬 밀로 만든 북아프리카 음식─옮긴이) 한 컵을 넣고 몇 분 더 끓인다. 국물이 더 필요하면 두 번째 레드 와인 병을 딴다.
- 불에 따뜻하게 데운 빵과 함께 멋진 전망을 보면서 먹는다.

궁극의 마이크로 어드벤처 스튜

반대로 기본으로 돌아가 자급자족하는 마이크로 어드벤처를 함께한 닉은 '먹이 찾는 학교'를 운영하는 육식주의자다. 닉이 '궁극적인 마이크로 어드벤처 스튜'라고 묘사하는 레시피를 공개한다. 위안을 주는 이 요리는 전통적인 소고기 스튜와 굴라시(고기에 파프리카를 넣은 헝가리 스튜—옮긴이) 중간쯤에 해당한다. 오랫동안 끓일수록 더 맛있다.

필요 기구
• 큰 냄비(주의 사항 : 캠프파이어에 사용하면 냄비가 상당히 망가지기 때문에 어머니가 아끼는 것은 가져오지 말 것!)
• 긴 스푼, 국자
• 칼, 도마(아니면 출발하기 전 집에서 미리 재료를 손질해 온다.)

4인 기준 재료
오일
삼위일체(셀러리 줄기 2개, 크고 붉은 양파 1개, 당근 2개)
피망 2개(빨강 1, 초록 1)
마늘 2쪽
월계수 잎 2장
대형 봄 로즈메리 1개(또는 섞은 허브)
구운 쿠민 씨 1스푼
파프리카 조금
찌개용 살코기(스튜용 살코기, 소고기 안창살 또는 정강이살) 500그램
소금과 후추
으깬 고형 소고기 육수 1개
레드 와인 1잔
다진 토마토 캔 1개(언제나 가장 싼 것이 제일 좋다. 전혀 나쁘지 않다.)
타바스코 소스와 우스터셔 소스(선택적, 하지만 강력 추천!)
스튜 냄비를 가득 채울 물
딱딱한 빵이 있으면 추가로 준비한다.

만드는 법
• 냄비에 오일을 넣어 가열하고, 삼위일체와 피망을 썬다. 마늘은 잘게 다진다. 허브와 구운 쿠민 씨, 파프리카를 넣는다. 요리가 되기까지 5~10분간 서서히 익힌다.

- 소고기를 덩어리로 잘라 뜨거운 냄비에 넣는다. 소금과 후추를 적당량 넣고, 다진 고형 소고기 육수를 더하면 고기는 모두 갈색이 된다. 준비가 됐으면 레드 와인을 넣고 30초 간 끓인 다음 나머지 재료를 넣는다. 물을 조금 넣고 저으면 좋다. 가능한 오랫동안 익 도록 둔다. 한 시간 정도 기다리면 좋다.
- 딱딱한 빵과 함께 먹으면서 재미있는 농담과 좋은 포도주를 곁들이면 더욱 좋다.

캠프파이어에 적당한 다른 요리들

구운 감자
은박지로 감자를 감쌀 필요 없이 그대로 뜨거운 숯불에 던져 넣고 몇 분마다 뒤집어준다. 감자에 포함된 물기 때문에 타지 않는다. 구운 감자는 맛있지만 익는 시간이 오래 걸린다. 그래서 시간 여유가 많은 긴 저녁의 식사로 좋다.

옥수수 구이
초록색 겉껍질이 붙어 있는 옥수숫대를 산다. 그 상태 그대로 뜨거운 숯불 위에 두고 주기 적으로 돌려준다. 이렇게 익힌 옥수수는 지금껏 먹어본 것 중 최고의 옥수수 맛이 될 것이 라고 확신한다. 특히 버터와 소금을 곁들이면 더욱 맛있다.

바바 가누쉬
스튜나 감자 구이가 다 될 때까지 시장기를 잠시 속일 수 있는 훌륭한 캠프파이어 전채 요 리다. 아울러 세련된 분위기도 살려준다. 가지를 좋아하지 않더라도 분명히 해볼 만한 가 치가 있다.
재료 : 가지(하나로 3, 4명이 먹는다), 올리브 오일(가능한 한 최고급품을 산다), 소금과 레 몬 주스(있으면 좋지만 꼭 필요한 것은 아니다), 타히니(참깨를 으깬 반죽 또는 소스—옮긴 이, 있으면 좋지만 꼭 필요한 것은 아니다)
만드는 법 : 뜨거운 불 위에 가지를 놓고 껍질이 모두 부풀어 올라 몸체가 찌그러질 때까 지 기다린다. 이렇게 되려면 10분 정도 걸린다. 식을 때까지 잠시 기다린 다음 가지 껍질 을 벗긴다. 살 부분을 꺼내서 나머지 재료와 섞은 다음 으깨서 딱딱한 빵을 살짝 찍어서 먹는다.

배넉
모닥불에 구울 수 있는 넓적한 빵이다. 집을 나서기 전에 재료(밀가루 3컵, 분유 1컵, 라드 또는 올리브 오일 1스푼, 소금 약간, 베이킹파우더 1티스푼)를 큰 밀폐 용기에 담는다. 모닥불이 살아나고 숯불이 충분하다면 빵을 구울 준비가 된 것이다. 마르고 깨끗한 막대기를 하나 구한다. 길이는 90센티미터, 두께는 2~3센티미터 정도면 적당하다. 막대기 끝을 20센티미터 정도 껍질을 벗겨낸다.

용기 속에서 빵과 재료를 섞는다. 조금씩 물을 넣고 함께 이겨서 밀가루 반죽을 만든다. 밀가루 반죽을 막대기에 감고 꼭 눌러 떨어지지 않게 한다. 뜨거운 숯불 위에 막대기를 얹고 빵이 구워질 때까지 규칙적으로 돌려준다.

마시멜로

캠프파이어라면 필수다. 열기가 미치지 않는 곳에서 마시멜로를 막대기에 꽂는다. 그다음 뜨거운 불 위에 올린다. 바깥 부분이 캐러멜처럼 녹을 때까지 막대를 돌린다. 안쪽은 끈적거리고 매우 뜨겁기 때문에 조심한다.

TIP 20 알아두면 좋은 매듭법

이 책은 등산가를 위한 가이드북이 아니다. 매우 높은 절벽에서 라펠을 타고 내려오거나, 엘 캡(미국 요세미티 국립 공원에 있는 높이 1,000미터의 수직 암벽—옮긴이)을 오르려고 한다면 바라건대, 절대로 이 책만 참고하지는 말기 바란다.

여기에 소개하는 매듭법은 뗏목 또는 쉼터를 만들고, 망가진 장비를 고치는 데 가볍게 활용할 수 있다. 사실 대부분의 문제는 진부한 격언으로 극복할 수 있다. "매듭법을 모르면 무조건 많이 묶어라." 하지만 몇 가지 매듭법을 알아두면 유용하기도 하고 미학적으로도 어필한다.

여기에 소개하는 것은 내가 가장 좋아하는 5가지 매듭법이다. 만약 여러분이 좋아하는 매듭법을 빠뜨려서 기분이 나쁘다면, 여러분은 이 책의 내용 이상을 이미 알고 있는 것이다.

1. 감은 매듭

말을 매는 데 아주 좋은 매듭법일 뿐 아니라 매듭을 짓기가 쉽고, 뗏목 묶기를 할 때도 유용하다(뗏목 제작을 위해서는 4각 묶기도 추가로 익힌다).

2. 겹새발 매듭

로프 두 개를 연결하는 구식의 옭매듭보다
훨씬 용도가 다양하고 멋진 방식이다.

3. 나비 매듭

로프의 끝에 고리를 만드는 매듭이다. 매듭 짓
기가 쉽고 나중에 큰 압력이 걸려도 쉽게 풀
수 있다. 이 매듭은 '토끼가 굴에서 나와 나무
를 돈다(매듭짓는 과정을 비유한 것—옮긴이)'로
기억하면 외우기 쉽다.

4. 트럭 운전사 매듭

뭔가를 정말 튼튼하게 꽉 조일 때, 이를테면 트럭
뒤에 타폴린을 묶을 때 아주 유용하다. 사진에서
보는 것보다 실제는 훨씬 배우기 쉽다.

5. 8자 매듭

매듭 짓기가 매우 간단하다. 작은 구멍을 만들거
나 밧줄 걸이 막대, 멜빵 벨트를 연결해 미끄러지
는 것을 막는다.

알아두면 좋은 나무의 종류

영국에서 가장 상징적인 나무들이다. 모두 알아볼 수 있는지?

1. 서양 물푸레나무   2. 너도밤나무   3. 느릅나무   4. 떡갈나무
5. 서어나무   6. 자작나무   7. 서양 흰버들   8. 마로니에
9. 유럽 적송   10. 산사나무

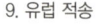

TIP 22 새 울음소리

우리가 여전히 야생에 살고 있음을 재확인하는 쉬운 방법은 (정원도 작은 야생이다) 새들의 노래 소리를 익히는 것이다.

집 앞 정원을 찾는 동물들은 길들여지지 않았다. 어쩌면 수천 킬로미터 떨어진 먼 곳에서 와서 잠시 정원에 머물다 마음 내키면 훌쩍 떠나는 것일 수도 있다. 이들은 도시 계획이나 그린벨트, 울타리의 한참 위에 있다. 이들은 야생이다.

나는 새들의 울음소리를 잘 모르지만 알아갈수록 정말 보람이 느껴진다. 새 소리는 글로 설명할 길이 없으니 인터넷에서 찾아서 직접 소리를 들어보자(www.rspb.org.uk/wildlife/birdguide/name). 비슷한 기능을 가진 앱도 스마트폰에서 찾을 수 있다.

어디에서 시작해야 할지 잘 모르겠다면 아래의 새들부터 시작해보자. 정원이나 전원 지대에 흔하고, 소리가 독특해서 구분하기 쉽다. 아주 좋은 출발점이 될 것이다.

1. 찌르레기	2. 개똥지빠귀	3. 까치	4. 청딱다구리
5. 마도요	6. 제비	7. 종달새	8. 뇌조
9. 말똥가리	10. 당까마귀	11. 꿩	

TIP 23 별자리 찾는 방법

　침낭에서 첫 밤을 보내며 하늘의 별들을 올려다보고 경외감으로 놀라지 않는다면 그야말로 냉혈한일 것이다. 눈이 어둠에 익숙해질수록 달이 하늘을 가로질러 꾸준히 움직이는 것과 금성이나 위성의 움직임, 흐릿한 은하수를 찾아내고 지켜보는 것을 좋아한다.

카시오페이아

카시오페이아는 그리스 신화에 등장하는 아름답지만 허영심 많은 여왕의 이름에서 따온 것으로, 가장 찾기 쉬운 별자리 중의 하나다. 거대한 W 자를 닮았다(위치에 따라 M 자로 보이기도 한다).

북극성

북두칠성

북두칠성(국자 또는 큰곰자리로도 알려졌다)은 알아보기 쉬울 뿐 아니라 북극성을 찾는 데도 매우 편리하다.
북두칠성은 프라이팬처럼 보인다. '프라이팬' 입구 부분 직경의 두 배 정도 떨어진 곳을 보면 다른 밝은 별을 만나게 되는데, 이것이 북극성이다. 북극성은 북극 위에 거의 고정되어 있어서 밤에 북쪽을 가늠하는 데 유용하다.

가장 두드러진 몇 개의 별자리를 알아볼 수 있다면 하늘을 보는 즐거움은 배가 될 것이다. 여기 소개하는 별자리는 북반구에서 모험을 할 경우 연중 볼 수 있고 찾기 쉬운 것들이다.

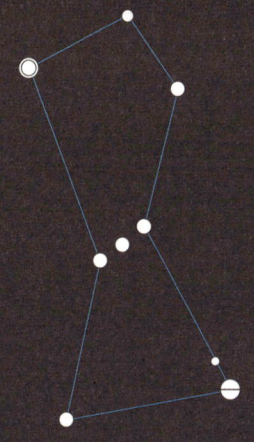

플레이아데스

'일곱 자매'라고도 알려져 있는 플레이아데스는 쉽게 설명하기가 어렵다. 이것을 고른 이유는 밝고 촘촘하게 모여 있어서 밤이면 자주 내 시선을 끌기 때문이다. 나의 조잡한 찾는 방법은 이렇다. 먼저 왼쪽 페이지에 설명된 대로 북극성을 찾는다. 북극성을 찾았으면 작고 밝은 성운이 보일 때까지 오른쪽으로 시선을 옮긴다. 이 별자리를 몇 번 보았다면 훨씬 더 자주 시선이 가게 될 것이다.

오리온

오리온, 더 정확하게는 오리온의 허리띠는 아마도 가장 유명한 '별 트리오'일 것이다. 겨울 저녁에 특히 찾기 쉽다. 세 개의 밝은 별이 서로 가까이 모여서 반듯한 일직선을 이룬다. 별 트리오를 찾았다면 하늘에서 가장 밝은 별인 시리우스도 알아볼 수 있다(별 트리오를 왼쪽으로 5배 정도 연장하면 아주 밝은 별이 있다).

TIP 24 마이크로 어드벤처의 매너

- 점점 줄어들고 있는 우리의 자연을 보호하고 지킨다.
- 허락을 얻고 우아하고 공손한 태도를 갖는다.
- 늦게 도착하고 빨리 출발한다.
- 같은 장소에서 일을 하거나 레저 활동을 하는 사람들과 유연하게 지낸다.
- 자연을 즐기고 자연 속의 생명과 일을 존중한다.
- 불의 모든 위험을 조심한다.
- 개는 가까이 두고 통제한다.
- 농경지를 지날 때는 길을 이용한다.
- 담장과 울타리, 담을 넘을 때는 문과 통로를 이용한다.
- 가축과 곡물, 농기계는 손대지 않는다.
- 쓰레기는 가져간다.
- 모든 물이 깨끗이 유지되도록 돕는다.
- 야생 동물과 식물, 나무를 보호한다.
- 불필요한 소음을 내지 않는다.
- 흔적 남기지 않는다. 모든 쓰레기는 다시 가져간다.
- 화장실 가야 한다면, 길과 수원지에서 멀리 떨어진 곳에 깊이 15센티미터 정도의 구덩이를 파고 이용한다. 구덩이를 메우고 흙이나 나뭇잎으로 잘 덮는다. 화재의 위험이 없는 곳이라면 휴지는 불에 태워도 좋다. 만약 좀 더 헌신적인 사람이

라면 분해에 오래 걸리는 휴지는 집으로 가져갈 것이다.

- 사고 예방을 위해, 다른 사람에게 어디로 가고 언제 돌아올 것인지를 말해둔다.

- 고지대에서는 구급낭과 호각, 완충된 전화기, 플래시, 따뜻한 옷, 비상식량도 갖춰야 한다.

- 구조신호를 기억한다. 여섯 번 길게 불고, 잠시 쉰 다음 반복한다.

- 심각한 사고 상황이 아니라면 모든 것을 스스로 해낼 수 있는 것을 목표로 한다.

- 휴대폰으로 응급 도움을 요청할 전화번호를 미리 알아둔다. 신호가 약하거나 말을 할 수 없는 상황에 대비한다. 자기 위치를 알려줄 지도나 GPS 좌표를 알아둔다.

- 출발하기 전에 일기예보를 확인한다.

- 멍청하게 행동하다가는 다른 사람들의 생명까지 위험하게 만들 수 있다. 스스로의 행동에 책임감을 가지고 공인된 단체를 통해 산에서 안전하게 지내는 방법을 많이 익혀둔다.

- 야생의 장소는 취약성, 이를테면 기술과 장비, 용기, 판단력을 그대로 드러낸다. 자연은 가혹하고 무자비하다. 이는 자연이 가진 매력이자 위험이기도 하다. 스스로 도전하는 것은 자연의 유혹 때문이기도 하지만, 합리적이고 계산된 위험 부담과 무모함 사이에는 확실한 선을 그어야 한다.

- 현재 처한 위험을 판단할 수 있고, 스스로 안전하게 그 상황에서 벗어날 만큼 충분한 경험이 있는지 돌아본다. 확신이

없다면 좀 더 쉬운 것부터 시작하자.

- 몇 가지 기본적인 응급 처치법을 알고 있어야 한다. 과민성 반응, 화상, CPR(심폐소생술), 질식, 절개 상처와 출혈, 머리와 척추 부상, 저체온증과 발열, 부상자의 안전한 이송, 쇼크, 골절, 탈구 등.
- 나침반 사용법을 숙지한다.
- 지도 보는 법을 숙지한다. GPS 사용법을 알면 편리하다. 하지만 지도와 나침반은 휴대하고 또 볼 줄 알아야 한다.
- 태양을 이용하여 방향 찾는 법을 알아둔다. 해가 뜨는 곳이 동쪽, 지는 곳이 서쪽으로 보는 것은 대략적인 방향 관측법이다. 따라서 정오에 해를 마주하면 대략 남쪽을 보고 있는 것이다. 이것을 이해하면 시계를 이용해 대략적인 방향을 알 수 있다. 아날로그 시계의 시침을 태양 쪽으로 맞춘 다음, 시침과 시계의 12시에 그은 가상의 선이 남쪽이다.

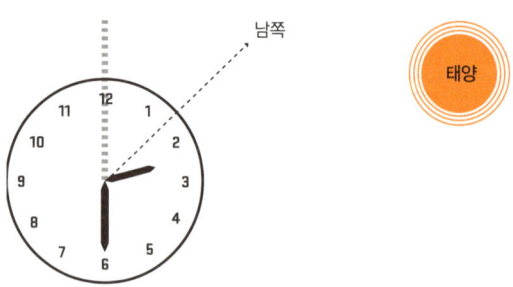

- 방향 찾기 기술은 태양 외에도 달과 별, 행성, 동물, 날씨 등을 이용할 수도 있으며, 인터넷에서 'natural navigation(자연 항법)'을 쳐서 정보를 검색할 수 있다.

- 태양의 위치를 이용하면 일몰까지 얼마나 남았는지도 계산할 수 있다. 손바닥이 보이도록 팔을 수평으로 쭉 뻗어서 손바닥 아래가 지평선에 닿도록 한다. 엄지를 제외한 네 손가락의 길이는 태양이 대략 1시간 동안 움직이는 거리가 되기 때문에 해질 때까지 시간이 얼마나 남았는지를 알 수 있다. 이 방법은 굉장히 유용한데, 밤이 될 때까지 얼마나 활동할 수 있는지를 파악할 수 있다.

- 마지막으로 마이크로 어드벤처의 경험을 기록하고 사람들과 공유한다. 모험은 다양한 방식으로 기록할 수 있다. 예전에 킬리만자로를 오르면서 이젤과 페인트, 대걸레를 가져간 여성을 만난 적이 있다. 그녀는 대걸레로 그림 그리는 것을 좋아했다. 나도 가끔은 콴톡(잉글랜드의 산악 지대—옮긴이)에 가서 그림을 그리고 싶다.

- 오늘날 대부분의 사람들은 자신의 일상을 디지털로 기록한다. 나는 무엇을 기록하기를 원하고 어떻게 실행할 것인가에 대한 여러분의 생각을 고무시키고 싶다.

- 가장 중요한 것은 왜 이런 모험을 하고 싶은가를 확립하는 것이다. 이런 것들을 명확히 이해하면, 사진과 동영상, 녹음 또는 글 중 무엇을 선택할지 알 수 있다.

- 기록 작업을 철저히 하면 경험을 한층 보완해준다.

- 그냥 겉멋으로 카메라를 가져가는 것이 아니라 마이크로 어드벤처 사진을 찍기 위해서 제대로 휴대하는 게 중요하다. 좋은 장비를 갖추자는 게 아니라 휴대폰 카메라라고 해도 날씨와 상관없이 주기적으로 사진 찍는 습관을 들이는 것이 좋다. 실제로 가방에서 꺼내 들고 다니며 사용하자! 빤한 말 같지만 정말 큰 차이를 만든다.

- 사진을 찍으려면 그냥 찍지 말고 이상적인 촬영 장소를 찾아 움직여야 한다. 다가서거나 물러서고, 숙이고, 엎드리고, 나무에 오르는 등 여러 가지로 실험해본다. 구도, 안내선, 프레임, 초점, 공간, 플래시 같은 테크닉을 익힌다.

- 지금 여러분이 멋진 산꼭대기에 있고 점점 어두워지지만 사랑스럽고 부드러운 빛이 아직 남아 있다면, 또 바로 앞에 침낭과 배낭이 멋지게 놓여 있다면 사진을 찍고 싶어질 것이다. 잘 찍어두면 훌륭한 사진이 될 것이다. 다양한 앱들을 활용해보자.

- 그러나 조심스럽게 말하고 싶은 것은, 실질적인 경험을 즐기라는 것이다. 카메라에서 떨어져 한동안 조용히 앉아 정적을 바라보고 귀를 기울이자. 겨울 공기가 코와 귀를 할퀴는 것을 느끼고, 혼자서(가식적이지만 중요하다) 또는 마이크로 어드벤처 동료들과(재미있으면서 중요하다) 의미 있는 시간을 보내자.

TIP 25 나만의 마이크로 어드벤처 공유하기

이 책이 자신만의 마이크로 어드벤처를 시도하는 데 영감을 주기를 바란다. 여러분이 얼마나 바쁘건, 얼마나 큰 도시에 살건, 아무리 몸이 엉망이라고 해도 자연으로 나가 일몰을 보고 별을 보며 잘 수 있다. 이 책은 시작일 뿐이다.

더 많은 정보와 동기가 필요하다면 페이스북과 트위터 또는 웹사이트를 통해 내게 연락하기 바란다. 나는 여러분을 돕거나 고무하는 데 최선을 다할 것이다.

마이크로 어드벤처를 시도했다면 그 이야기와 사진을 온라인에서 공유하자. 이야기와 사진에 #microadventure 태그를 달아 누구나 볼 수 있게 하면 모두 공유할 수 있을 것이다. 마이크로 어드벤처가 여러분에게 즐거움과 유익함을 주었다면, 관심 있는 다른 사람들에게도 알리자.

홈페이지 : www.alastairhumphreys.com/subscribe
이메일 : alastair@alastaihumphreys.com

옮긴이의말 여행과 모험을 보는 새로운 관점

이 책의 가장 놀라운 점은 많은 사람들이 꿈꿔온 탈출의 욕망과 현실의 좌절감을 가장 멋지게, 그리고 간단하게 해결해준다는 것이다. 나 역시 오랫동안 등산과 야영, 자전거를 타면서 비슷한 꿈을 꿔왔고 실제로 보통사람들보다는 훨씬 자유롭게 많은 여행과 모험을 누렸다고 생각하지만 어떤 테마나 특별한 개념을 가지고 시도한 것은 아니었다. 그런데 저자는 '마이크로 어드벤처'라는 한 마디로 모든 걸 정리해주었다. 역시 세계를 자전거로 일주하고 극지를 탐험한 모험가의 경륜과 사색에서 우러난 명쾌한 해법이다. 나는 이 책을 본 순간 "그래, 바로 이거야!" 하며 절로 쾌재를 불렀다. 산악자전거를 본격적으로 타면서 일부러 산 밑의 집을 골랐는데, 언제라도 자전거로 산에 오르면 가장 가깝고 쉽게 모험을 할 수 있다고 생각했기 때문이다. 소백산 꼭대기와 가야산 중턱에서 혼자 야영하며 극도의 고독과 공포를 맛보기도 했지만 그 특별한 해방감과 탈속감은 지금도 잊지 못한다.

저자가 말하는 마이크로 어드벤처를 요약하면 여행과 모험을 보는 '새로운 관점'이다. 집 바로 옆에서도 모험을 할 수 있다는 이 관점을 유지하면서 자전거와 걷기, 수영, 카누를 이동 수단으로 활용한다. 특별히 강조하는 것은 야영인데, 우리가 생각하는 캠핑이 아니라 거의 비박에 가깝다. 텐트를 치지 않고 침낭에서만 자는 것이 처음에는 비현실적으로 느껴졌지만 텐트도 자연과 하늘을 단절시키는 '허술한 실내'일 뿐이라는 저자의 일갈에 정신이 번쩍 들었다. 태초의 인간처럼 자연 속에서, 그것도 문명이 일순간에 사라지는 야생의 어둠 속에서 잠을 잔다는 것은 그 자체만으로 엄청난 탈출이고 모험이다. 우리나라는 산이 많아서 어떤 도시라도 1시간만 벗어나면 대자연 속으로 들어설 수 있다. 내가 특별히 주목하는 것은 수영과 카누, 보트 같은 수상 활동이다. 우리나라는 3면이 바다이고 강과 호수가 지천인데도 서구에 비하면 수상 활동이 매우 저조한 편이다. 전국의 강은 사실상 텅 빈 채 농업용수나 홍수 조절 외에는 아무런 의미 없이 방치되고 있다고 해도 과언이 아니다.

지금 우리나라는 등산, 걷기, 자전거, 캠핑 등 온통 아웃도어 열풍이지만 호화롭고 세속적이며 안락함은 그대로 유지하는 '관광'에서 그치고 있는 것은 아닌지. 이 책은 혼자, 또는 마음 맞는 소수끼리 즐길 수 있는 작은 모험의 세계가 무궁무진하다는 것을 재발견하게 해주는 '깨달음을 위한 지침서'이다. 그러니 실천을 통해 깨달음의 경지를 확인해보자. 그 '실천'의 방법이란 게 아주 쉽고 간단하며 작은(micro) 규모라는 데 주목하자. 아이디어는 조금 기발해야 하고 반드시 시도를 해봐야 한다. 외곽 순환 고속도로 따라 걷기, 집 근처 야산에서 비박하기, 명절에 고향까지 걸어가기 등 특별하지는 않지만 미처 생각지 못했던 수많은 작은 모험들이 우리를 기다린다. 이렇게 할 일, 갈 데가 많아지니 갑자기 삶이 즐겁고 희망적으로 느껴지지 않는가.

김병훈

김병훈

고려대 철학과를 졸업하고 일간지와 잡지 기자를 거쳐 2002년 국내 최초로 본격 자전거 잡지 월간 〈자전거생활〉을 창간했다. 〈자전거생활〉 편집장을 지냈고 지금은 발행인이다. 시골에서 10대 시절을 보낸 옮긴이는 12살 때부터 변속기도 없는 구식 자전거로 비포장 길을 달리며 주변 지방을 여행하는 것을 가장 큰 즐거움으로 삼았다. 자전거가 주는 놀라운 행복과 효과를 널리 알리기 위해 자전거와 여행 관련 책을 다수 집필했다. 주요 저서로는 『자전거의 거의 모든 것』 『주말이 기다려지는 행복한 자전거 여행』 『길에서 읽는 자전거 책』 『매혹의 자전거 코스 BEST 77』 『대한민국 걷기 사전』(공저) 『제주 자전거 여행』 『산성 삼국기』 등이 있고, 옮긴 책으로는 『자전거를 좋아한다는 것은』 『모험은 문 밖에 있다』 등이 있다.

모험은 문밖에 있다
MICROADVENTURES

- 초판 1쇄 2015년 8월 20일
- 지은이 앨러스테어 험프리스 • 옮긴이 김병훈
- 펴낸이 이주애, 홍영완
- 편집 장정민, 김진희 • 디자인 조은영 • 마케팅 김진겸
- 펴낸곳 월북
- 출판등록 제406-17호 • 주소 413-120 경기도 파주시 회동길 209
- 전자우편 willbook@naver.com • 블로그 blog.naver.com/willbooks
- 페이스북 facebook.com/Willbooks • 전화 031-955-3777 • 팩스 031-955-3778
- ISBN 979-11-5581-053-8 (13690)